Iovine

**Du wirst das Kind
schon schaukeln**

Die Autorin

Vicki Iovine. Die Beststellerautorin und Mutter von vier Kindern knüpft hier an ihren ersten TRIAS-Erfolg »Beim ersten Kind gibt's tausend Fragen« an. In ihrem unnachahmlich witzigen, augenzwinkernden Stil beschreibt sie nun, was nach Schwangerschaft und Geburt im ersten Jahr mit dem Baby wichtig ist.

Vicki Iovine

Du wirst das Kind schon schaukeln

Das erste Jahr mit dem Baby – was Hebammen
nicht sagen, Männer nicht wissen und nur die
beste Freundin verrät

SPECIAL

AUA!

Die
10 *schlimmsten Schrecken*
beim Kinderkriegen

Hospital

1. Wie dick du während der Schwangerschaft geworden bist.

2. Wie dick du beim Verlassen des Krankenhauses immer noch bist.

3. Was für eine blutige Angelegenheit Entbindung und Wochenbett sind.

4. Wie sehr du dich davor fürchtest, jemals wieder Stuhlgang zu haben.

5. Wie aufgedunsen dein Gesicht auf dem Video und den Fotos von der Entbindung aussieht.

6. Wie sicher du dir bist, niemals wieder Sex haben zu wollen.

7. Wie unverantwortlich man im Krankenhaus war, dir dieses zerbrechliche Baby anzuvertrauen. Schließlich hast du bis gestern noch nie eine Windel gewechselt.

8. Wie kompliziert Stillen in Wirklichkeit ist.

9. Wie sehr du dem Baby bereits verfallen bist.

10. Dass dir niemand vorher gesagt hat, wie sehr die Geburt WIRKLICH wehtut.

Vorwort

Muttersein: mehr als nur ein Job. Ein Abenteuer!

Hier ist es nun also, dein Baby! Und da bist nun du, eine Mutter! Grund genug, dass dir der Atem stockt. Ein wirkliches Wunder hat sich ereignet, die großartigste Erfahrung deines Lebens (auch wenn du dich momentan noch so mitgenommen fühlst, dass du mir nicht recht glauben magst). Klar, du bist nicht die Erste, die ein Kind zur Welt bringt, aber das schmälert in keiner Weise die Ehrfurcht und Ergriffenheit, die du empfindest, wenn es dir selbst widerfährt. Schließlich wäre es ja auch nicht weniger himmlisch, einem Engel zu begegnen, nur weil er schon vorher jemandem erschienen ist.

Herzlichen Glückwunsch!

Endlich können wir Freundinnen uns alle um dein Bett versammeln und deinen kleinen Liebling willkommen heißen. Wir versprechen auch, den neuen Erdenbürger nicht zu berühren und gebührenden Abstand zu bewahren! Du hast ganz recht: Es ist das schönste Baby, das uns je zu Gesicht gekommen ist! Und du selbst siehst auch richtig gut aus, vielleicht noch etwas verschwollen um die Augen, aber nichts, das sich mit der Zeit nicht geben würde. So, nun ist das Baby also da und das Schlimmste wäre geschafft, nicht wahr?

»Warum?«, kreischst du. Warum wir dir nicht gesagt haben, wie es wirklich ist, ein Kind zu bekommen? Nun, erstens wussten wir, dass du uns sowieso nicht geglaubt hättest, und zweitens wollten wir dir keine Angst einjagen. Alle zukünftigen Mütter, ob sie nun schwanger sind, ein Kind adoptieren oder es per Katalog bestellen, haben ein verklärtes Mutterbild vor Augen. Seit ihrer Kindheit haben sie dieses Bild gehegt und gepflegt: eine Art Mosaik, das sich zusammensetzt aus dem Bild der eigenen Mutter, der Wunschvorstellung einer Mutter und zu viel Fernsehen. Es ist anzunehmen, dass zu diesem idealisierten Bild nicht unbedingt Nadelstiche, Blutergüsse, geschundene Knochen, geplatzte Äderchen und weiß der Himmel was noch gehörten. Auch war dir sicher nicht bewusst, dass bei der ganzen Sache so viele verschiedene Körperflüssigkeiten ausgeschieden werden. Deine Brustwarzen sondern Milch oder Kolostralmilch ab, aus deiner Vagina kommt blutiger Schleim und aus den Augen stürzen dir Tränen vor Angst und Freude (oft gleichzeitig). Und irgendwie schwant dir, dass dein Leben nie mehr so sein wird, wie es einmal war (was auch zutrifft).

Die ganze Schwangerschaft hindurch hast du dich in dem Glauben gewiegt, du würdest in diesen neun (zehn) Monaten wie in einer anderen Welt leben, nach der Entbindung aber wieder in die reale Welt zurückkehren. Nun ist es an der Zeit, dass wir, die wir dich lieben (und es besser wissen), dir die Wahrheit sagen. Das Leben von früher ist vorbei. Peng! Für immer futsch! Stell dir das folgendermaßen vor: Ein Kind zu bekommen ist Karneval für immer, und zwar bei dir zu Hause. Ein atemberaubendes Abenteuer, auch wenn dir dein Spiegelbild ziemlich mitgenommen entgegenblickt, du deinen Orientierungssinn verloren hast und dir in der Dunkelheit mühsam den Weg ertasten musst – selbst wenn du dich plötzlich in Situationen befindest, die dir eine Heidenangst einjagen. Entweder du suchst dann panisch nach dem Ausgang oder atmest tief aus und sagst dir »Take it easy, altes Haus«. Im ersten Jahr nach der Geburt geht es hauptsächlich darum, dein Leben neu einzurichten.

Die Nachwehen dieser neuen Situation werden noch Jahre später und in so vielen verschiedenen Bereichen spürbar sein, dass wir hier noch nicht im Einzelnen darauf eingehen wollen. (Keine Sorge, nach und nach kommen wir auf alles zu sprechen.) Große und kleine Erschütterungen werden sich überall, von deiner psychischen Verfassung bis hin zu deinem Sexualleben, von der Schuh- bis zur

BH-Größe, von deinem Arbeitsleben bis zu deinem Auto bemerkbar machen. Nichts wird mehr so sein, wie es war. Es wird vielleicht schwieriger, es wird ganz sicher schöner, aber es wird nichts mehr sein, wie es war. So viel können wir Freundinnen dir garantieren.

Du bist es, um die wir Freundinnen uns Sorgen machen. Die meisten Mütter würden sich, ohne zu zögern, den Finger abhacken, wenn sie damit ihrem schreienden Baby helfen könnten. Aber schlag mal denselben großherzigen Frauen vor, sich ein Schaumbad oder ein Nickerchen zu gönnen, wenn sie entnervt und völlig geschafft sind. Auf der Stelle bekommst du dann nämlich eine Million Gründe zu hören, warum an einen solch unnötigen Luxus nun wirklich nicht zu denken sei. In unserem ersten Ratgeber »Beim ersten Kind gibt's tausend Fragen« wurde das Geheimnis gelüftet, dass im Krankenhaus keine Auszeichnungen an die Frauen verteilt werden, die die Entbindung frohgemut und ohne Medikamente meistern. Genauso wenig werden Noten für deine Leistungen als Mutter vergeben. Schließlich weiß niemand, wann die Arbeit erledigt ist und bewertet werden kann. Das ist wie bei dem Wettrennen in »Alice im Wunder-

WISSEN

Sei unbesorgt ...

Zu Anfang gleich die wichtigste Information: Dein Baby wird nicht nur deine Mutterschaft überleben, es wird sich sogar prächtig entwickeln und in null Komma nichts zu deinem Herrn und Meister werden. Verschwende keinen weiteren Gedanken daran, was für eine Dilettantin du doch als Mutter bist und ob du überhaupt dazu in der Lage bist, dich um einen Säugling zu kümmern. Wetten, dass du dich in jeder Beziehung aufopfern wirst, um es deinem kleinen, unwiderstehlichen Tyrannen so bequem wie möglich zu machen?

9

land«: Du rennst die ganze Zeit in einem großen Kreis herum, ohne Start- oder Ziellinie. Unser Rat: Lass es schön langsam angehen, denn dieses Rennen dauert länger, als du dir vorstellen kannst, und wir sprechen hier gerade mal über das erste Jahr. Gönn dir hin und wieder eine Pause (und vielleicht sogar das Schaumbad). Das Rennen wird auch ohne dich weitergehen, und nach einer Erholungspause kannst du wieder einsteigen.

Während des ersten Jahres kommen wir Mamas alle mächtig ins Schleudern und geraten oft nur dank der Unterstützung einer anderen Mutter nicht völlig aus dem Gleichgewicht. Dafür sind Freundinnen ja schließlich da.

Nimm ruhig unsere Hilfe in Anspruch, wenn du nicht weißt, wie du mit so wenig oder überhaupt keinem Schlaf auskommen sollst, wie eine so aufregende Person wie du sich in ein so langweiliges, hässliches Entlein verwandeln konnte, wie du jemals mit der Stillerei zurechtkommen sollst (und ob sich die ganze Tortur überhaupt lohnt), warum dein Mann anscheinend nicht so sehr leidet wie du und ob (und warum) du zulassen solltest, dass dir dieser Mann jemals wieder so nahe kommt, dass du vielleicht *noch einmal* eine Schwangerschaft und Entbindung durchstehen musst!

Jetzt aber schnell! Leg dich hin – und zwar jedes Mal, wenn du dieses Buch in die Hand nimmst. Der wichtigste Rat für heute lautet schlicht und einfach:

Steh nicht, wenn du sitzen kannst, sitz nicht, wenn du liegen kannst, und bleib nicht wach, wenn du schlafen kannst.

Warum ich dieses Buch geschrieben habe. Was fällt dir auf, wenn du in einem x-beliebigen Buchladen an den Regalen mit der Rubrik Säuglings- und Kinderpflege entlanggehst? Richtig, sie biegen sich unter dem Gewicht zahlloser Ratgeber, die sich mit Babypflege, Intelligenzförderung, Durchschlaftechniken, Tischmanieren und Sauberkeitserziehung befassen oder Tipps geben, damit dich deine Kinder als Erwachsene nicht bei ihrem Therapeuten anschwärzen (als ob du das jemals verhindern könntest).

Jetzt nimm diese Regale mal genauer unter die Lupe. Siehst du auch nur ein einziges Buch für uns Mütter? Und damit meine ich jetzt nicht die Exemplare, in denen uns erzählt wird, wie wir uns zu ernähren haben, um die optimale Milch für unsere Babys zu produzieren! Ich spreche von einem Buch, das sich nur mit uns beschäftigt und der verblüffenden Tatsache, dass sich unser Leben mit der neuen Mutterrolle für immer verändert hat. Spar dir die Mühe, noch weiterzusuchen (da du erst seit Kurzem Mama bist, hast du wahrscheinlich sowieso schon wieder vergessen, wonach du gesucht hast).

Dies hier ist das Buch: Das Buch für diejenigen unter uns, die geglaubt haben, ein Kind zu bekommen, wäre in etwa so, als sei zu Hause ein winziger, neuer Mitbewohner eingezogen. Sogar besser als ein Mitbewohner, denn schließlich muss man mit dem Baby die ersten paar Jahre nicht das Badezimmer teilen. Dies ist das Buch für diejenigen unter uns, denen die Tränen kommen, wenn sie ihr Baby in den Armen halten, sich aber nicht ganz sicher sind, ob aus inniger Liebe oder aus Panik. Ein Buch für diejenigen von uns, die insgeheim die Befürchtung hegen, der Aufgabe nicht gewachsen zu sein, das Baby aber nicht zurückgeben wollen. Ein Buch für diejenigen von uns, die es genießen, ihr Baby im Bett zu stillen und anschließend gemeinsam einzuschlafen, sich aber danach sehnen, sich mit richtigen Erwachsenen zu unterhalten, die Zeitung lesen und wenigstens einen der Filme gesehen haben, die dieses Jahr für den Oscar nominiert wurden. Es ist für diejenigen von uns, die um nichts in der Welt auf das Elternsein verzichten möchten, sich aber fragen, ob sie – während sie dieser Aufgabe nachkommen – auf den Rest der Welt verzichten. Es ist ein Buch für diejenigen von uns, die an einem Spiegel vorbeihasten und einen Moment lang glauben, ihre eigene Mutter gesehen zu haben, und prompt für den Rest des Tages in Tränen aufgelöst herumlaufen.

Du kannst uns glauben: Dies ist dein härtestes Jahr (die Pubertät wollen wir im Moment mal aus dem Spiel lassen). Wenn du diese Monate bewältigst – und das wirst du –, bist du bis zum ersten Geburtstag deines Kindes ein alter Hase. Wir Freundinnen sind wieder hier, um dir nun, wenn du dich den Herausforderungen des Mutterseins stellst, mit moralischer Unterstützung, Informationen, Anekdoten und Ratschlägen zur Seite zu stehen. Bei Fragen zum Wohlbefinden deines Babys kannst du in einem Ratgeber nachschlagen. Hast du aber Fragen zu deinem eigenen Wohlbefinden, bist du hier an der richtigen Adresse. Wir alle kennen die völlige Ratlosigkeit und all die irrationalen Ängste, die dich nun plagen. Und wir wissen, dass einem bei dem Gedanken, man hätte sein Baby in irgendeiner Weise im Stich gelassen, fast das Herz bricht, ob nun durch den Entschluss, wieder zu arbeiten oder – das abscheulichste aller Verbrechen – ein zweites Kind zu bekommen und deine Liebe somit zu teilen. Wir kennen aber noch ein viel besseres Geheimnis: Dein Leben wird dir sinnvoller als je zuvor erscheinen, weil du nun Mutter bist.

Nur ruhig Blut, denn wir Freundinnen stehen an deiner Seite. Wir tragen unsere Schwangerschaftsstreifen so stolz wie die Soldaten ihre Abzeichen. Wir machen beim Lachen schon mal unser Höschen nass oder bleiben mitten im Satz stecken, weil wir das Ende schon wieder vergessen haben, aber was wir wissen, teilen wir mit dir. Wir sind hier, um im kommenden Jahr jedes Detail, jeden cleveren Trick, jede Stunde der Schuld und Unsicherheit, jeden Moment des Glücks mit dir zu teilen. Und bevor du dich versiehst, planen wir auch schon – ganz souverän – Babys erste Geburtstagsparty. »Kinderspiel!«, wirst du erklären (Wortspiel beabsichtigt). Dann setzen wir uns zusammen, um uns zu gratulieren. Kaum haben wir allerdings Platz genommen, springen wir auch schon wieder auf. Denn Baby lernt nun laufen, und das ist schon wieder ein Kapitel für sich.

Das Abenteuer beginnt!

Rückkehr nach Hause

Nachdem du die ersten Tage nach der Geburt deines Kindes in der sicheren Obhut des Krankenhauses verbracht hast, ist es aufregend, mit deinem kleinen neuen Familienmitglied nach Hause zurückzukehren. Neun (zehn) Monate lang hast du auf diesen Moment gewartet und möchtest nun endlich diesen neuen Lebensabschnitt beginnen. Endlich darfst du dem Baby sein Zimmer zeigen, es dem geliebten Familienhund vorstellen (bitte nicht zu nah), es auf deinem Bett fotografieren und den Schaukelstuhl ausprobieren, der zwar das Budget gesprengt hat, den du aber trotzdem gekauft hast. Es wird dir vorkommen, als ob du eine ganze Ewigkeit lang weg gewesen bist, und die vertrauten Töne deines eigenen Betts und Kühlschranks werden wie Musik in deinen Ohren klingen. Ich hoffe nur, du hast ein paar Freundinnen darum gebeten, Ersteres frisch zu beziehen und Letzteren mit Leckerbissen vollzupacken. Wenn du erst einmal wieder zu Hause bist, wirst du nämlich ein paar Tage keinen Schritt vor die Tür setzen, wenn es sich vermeiden lässt. Also sollte auch jemand für dich im nächsten Geschäft einen Vorrat an Dingen wie Windeln, Binden, Mineralwasser, Toilettenpapier, Saft und Revolverblättern (der bevorzugte Lesestoff aller übergewichtigen, übermüdeten und ans Haus gefesselten jungen Mütter) besorgen.

Die Rückkehr nach Hause mit dem Baby ist, als ob man sich in einen Kokon einspinnt und die Seidenfäden hinter sich verklebt. Es wird einige Zeit dauern, bis du das Gefühl hast, wieder Teil der Welt da draußen zu sein: Du teilst nicht ihren Rhythmus, nicht ihre Sorgen und, wenn du es dir aussuchen könntest, ganz sicher auch nicht die Bakterien ihrer Bewohner. Wenn dir während dieser Kokonperiode der Sinn nicht nach Besuch steht, ist das noch lange kein Grund zur Besorgnis; du hast wirklich das Recht dazu. Wahrscheinlich musst du erst einmal all deine Aufmerksamkeit darauf verwenden, dieses neue Lebewesen kennenzulernen, das sich da in eurer Mitte niedergelassen hat, ohne dich schön machen und deinen Gästen Häppchen anbieten zu müssen. Die nächsten Wochen sollen vielmehr eine Phase der Ruhe, Erholung und Eingewöhnung sein. Verstau also erst einmal dein Adressbuch in der Schublade und schalte den Anrufbeantworter ein – wenigstens so lange, bis du nicht mehr zwei Binden gleichzeitig einlegen musst. In dem Kapitel »Was tun gegen den Babyblues?« kommen wir darauf zu sprechen, wann diese Kokonperiode zu lange dauert.

Den Ausbruch planen

Lass dir gesagt sein, dass die Rückkehr nach Hause sehr viel zeitaufwendiger sein wird, als du dir je hättest träumen lassen. Im Folgenden listen wir auf, was noch alles ansteht, bevor du endlich deine Haustür öffnen kannst:

1. Du musst duschen und dich anziehen

Wenn du seit der Geburt nicht mehr unter die Dusche gekommen bist, wirst du es ganz sicher in vollen Zügen genießen. Anschließend bist du vermutlich sehr erschöpft. Am besten kalkulierst du hier eine zusätzliche halbe Stunde ein: So kannst du gleich nach der Dusche noch ein Nickerchen machen oder in aller Ruhe gegen eine Ohnmacht ankämpfen, die eintreten könnte, wenn du deine geschwollene Dammnaht berührst (ratsamer wäre es, ein paar Tage zu warten, bevor du irgendetwas da unten berührst).

Die Körpertemperatur einer jungen Mutter spielt noch einige Wochen nach der Entbindung völlig verrückt, und das häufigste Anzeichen dafür sind Schweißausbrüche. Für den Nachhauseweg ist Kleidung aus weicher Baumwolle besonders angenehm, denn vermutlich wirst du schon beim Anziehen ganz schön ins Schwitzen kommen.

2. Das Baby muss angezogen werden

Wenn du bis jetzt noch nicht ins Schwitzen gekommen bist, dann ganz sicher beim Anziehen des Babys. Mal ehrlich: Du brauchst dem Baby wirklich kein besonderes Outfit anzuziehen. Das Kleine hätte sicher überhaupt nichts dagegen einzuwenden, wenn du ihm einfach die vertraute Kleidung aus dem Krankenhaus anlassen würdest. Aber erstens musst du diese zurückgeben und zweitens wäre das ja langweilig! Also ran an Body, Strampelanzug, Hemdchen, Mützchen, Schühchen und so weiter. Dabei haben wir die ganze Zeit über panische Angst, dem Winzling das Genick zu brechen, seine Fontanelle zu berühren oder ihm die Arme auszukugeln. Wie du trotz allem die

---

PRAXIS

Ein bisschen Styling schadet nie

Wenn du Lust auf Make-up und Haarstyling hast, dann mach dich richtig schick zurecht. Falls nicht, solltest du dir zumindest die Haare föhnen und etwas Kajal und/oder Lippenstift in Erwägung ziehen. Diesen Rat geben wir dir nicht, weil uns etwa dein Aussehen wichtig wäre, denn wir lieben dich, egal wie du aussiehst. Du solltest nur daran denken, dass man eine ganze Menge Fotos von dir machen wird, und vielleicht ist es dir nicht so recht, wenn du ein dickes Album voller Bilder hast, auf denen du dich nicht ausstehen kannst. Etwas Lippenstift kann also nicht schaden.

Nerven behalten kannst: Überlass diese Aufgabe deiner Mutter oder Schwiegermutter. Sie weiß, was sie tut, und wird das Kleine dabei liebend gern etwas eingehender betrachten.

3. Du musst das Baby füttern

Mit einem schreienden, hungrigen Baby im Auto kann auch die kürzeste Autofahrt unendlich erscheinen. Da der Tag der Entlassung oft mit dem Tag zusammenfällt, an dem das Baby richtig munter wird, musst du damit rechnen, dass es jederzeit unruhig und hungrig werden kann. Auch wenn dir noch so viele Leute erzählt haben, dass ein Baby in der Regel nur alle zwei bis drei Stunden Hunger bekommt – diese Regel trifft heute nicht zu! Fütter dein Baby lieber noch einmal im Auto, bevor du dich und das Kleine anschnallst und bevor sich das Auto auch nur einen Millimeter bewegt! Wenn das Kleine erst einmal satt ist, schläft es vielleicht den ganzen Nachhauseweg über.

4. Du brauchst deine Schmerzmittel

Ich kenne diese Fernsehwerbungen, in denen junge Mütter erklären, ihr Arzt habe ihnen nach dem Kaiserschnitt ein bestimmtes rezeptfrei erhältliches Schmerzmittel gegeben. Am liebsten würde ich da brüllen: »Du dummes Ding!« Ich kann nur von mir ausgehen, aber das einzige rezeptfrei erhältliche Mittel gegen meine Schmerzen wäre ein Holzhammer gewesen. Die holprige Fahrt nach Hause ist womöglich unangenehmer als erwartet, und während du auf dem Rücksitz hin und her rutschst, um dich um das Baby zu kümmern, können Schmerzen im Scheidenbereich hervorgerufen werden. Wenn du Schmerzmittel einnimmst (der Vollständigkeit halber möchte ich hier betonen, dass dies nur unter ärztlicher Aufsicht geschehen sollte, ob es sich nun um frei erhältliche oder rezeptpflichtige Medikamente handelt), solltest du eine (oder zwei) Tabletten mindestens eine Dreiviertelstunde vor Verlassen des Krankenhauses einnehmen. Im Gegensatz zu Babys Trinkrhythmus kann man sich

17

bei Schmerzmitteln jedoch darauf verlassen, dass die Wirkung zwei bis drei Stunden anhält.

5. Du brauchst einen Autositz

Ich möchte zwar nicht endlos auf diesem Punkt herumreiten, aber es ist einfach so wichtig, dein Baby in einem Autositz zu befördern und den Sitz korrekt anzubringen, dass ich es riskiere, dir noch einmal für einen Moment lang auf die Nerven zu gehen. Kein Krankenhaus sollte ein Baby aus den Händen geben, ohne sich vorher vergewissert zu haben, dass die Eltern einen angemessenen Autositz benutzen und dieser korrekt mit dem Sicherheitsgurt befestigt wurde.

Autositze für Säuglinge müssen immer gegen die Fahrtrichtung angebracht werden, auch wenn du annimmst, dass das Baby lieber beobachten möchte, wie sich die Landschaft nähert, als wie sie sich entfernt. Vergiss nicht: Es ist eben erst auf die Welt gekommen und weiß noch nicht, dass es eine Wahl hat. (Gewöhn dir Folgendes am besten gleich an: Fühl dich nicht verpflichtet, deine Kinder ständig zu Rate zu ziehen. Manchmal geht es eben nur so, wie Mama das will.) Wenn in deinem Auto auf der Beifahrerseite ein Airbag angebracht ist, darfst du den Autositz dort nicht befestigen. Als hysterische Mutter weiß ich, dass man sein Kind am liebsten neben sich auf dem Beifahrersitz hat, um mit ihm sprechen und es zum Atmen ermuntern zu können, aber du müsstest schon hinterm Mond leben, wenn du immer noch nicht wüsstest, dass bei der Explosion eines Airbags dein Baby oder Kleinkind ernsthaft verletzt werden kann. Befestige den Autositz auf dem Rücksitz, vorzugsweise in der Mitte, und bring einen zusätzlichen Rückspiegel auf der Innenseite der Windschutzscheibe an, damit du Babys Kopf im Auge hast. Wenn du beunruhigt bist, kannst du immer noch nach hinten fassen, um deine Hand über seine Nase zu halten und seinen Atem zu kontrollieren. Wenn dich das auch noch nicht beruhigt, halt kurz am Straßenrand an und vergewissere dich. Wenn du völlig verunsichert bist, könntest du ihm auch einen kleinen mütterlichen Stupser geben, um zu sehen, ob es einen Laut von sich gibt (aber ich will dich da nicht auf falsche Gedanken bringen).

6. Du brauchst ein Spucktuch

Du solltest ein Tuch oder eine Decke in Reichweite haben. Du hast das Kleine ja wahrscheinlich erst vor Verlassen des Krankenhauses gefüttert, und es wird daher ganz sicher ein Bäuerchen machen, besonders in dieser neuen, halb sitzenden Haltung. Lass dich nicht aus der Ruhe bringen, wenn das Baby spucken sollte (ja, ich weiß, diese ganze Fahrt ist ein Alptraum, aber dieses Spucken sollte im tosenden Leben einer jungen Mutter kaum großes Gewicht haben). Spucken heißt nicht zwangsläufig, dass dem Baby beim Autofahren schlecht wird und du es den restlichen Weg tragen musst. Mach es einfach sauber und fahr weiter. Übrigens: Hab keine Hemmungen, dir mit diesem Tuch auch die Tränen zu trocken, die dir mittlerweile wahrscheinlich die Wangen hinunterlaufen. Sie sind hygienisch genug.

7. Du brauchst einen Schnuller

Bei hysterischem Babygeschrei kann eine Mutter ganz schön ins Schwitzen kommen. Für Eltern – und besonders für junge Eltern – ist es menschenunmöglich, weiter konzentriert und ruhig Auto zu fahren, wenn auf dem Rücksitz sich ein kleines Geschöpf gerade die Seele aus dem Leib schreit. Wenn du anhalten musst, um deine Fassung wiederzuerlangen, lass dich nicht davon abhalten. Derjenige, der das Baby beaufsichtigt, sollte es als Erstes mit einem Schnuller probieren. Zwar hast du dir geschworen, niemals einen zu benutzen, ihn aber gekauft, weil die Freundinnen darauf bestanden haben. Steck ihn dem Baby so in den Mund, dass der abgeflachte Teil des Saugers zum Gaumen zeigt, denn so saugt das Baby auch an der Brust. Du wirst dabei etwas energisch sein müssen, denn zu diesem Zeitpunkt öffnet das Baby seinen Mund noch nicht in freudiger Er-

19

wartung des Schnullers; es empfindet ihn eher als störend, schließlich weiß es noch nicht, dass das Saugen an einem dieser kleinen Dinger auf wundersame Weise beruhigt und besänftigt. Du kannst es ruhig zugeben: Selbst in unserem Alter kommen wir noch in Versuchung, ab und zu mal an dem guten alten Schnuller zu saugen ... aber ich schweife ab. Wenn du dem Baby erfolgreich den Schnuller in den Mund gesteckt hast und es wie verrückt daran saugt, kannst du die restliche Autofahrt vielleicht in Ruhe und Frieden fortsetzen.

Ich weiß zwar nicht, warum, aber die meisten erfahrenen Freundinnen stupsen den Schnuller in Babys Mund leicht mit der Fingerspitze an, wenn es das Interesse daran zu verlieren scheint. Vielleicht ist der Schnuller für das Baby interessanter, wenn er vibriert, oder die Mutter befriedigt nur eine Art Urbedürfnis, eine physische Verbindung mit allem herzustellen, das in den Mund des Neugeborenen wandert. Nennen wir es einfach einen »Mama-Tick« – du weißt schon, so wie man einen Säugling lieber auf der linken Seite trägt oder immer genau weiß, mit welcher Melodie man sein unruhiges Baby am besten in den Schlaf schaukelt oder wiegt.

Noch eine letzte Bemerkung zu Schnullern, zumindest fürs Erste: Nur weil du dein Neugeborenes während einer einzigen Autofahrt mit einem Schnuller beruhigt hast, muss es nicht zwangsläufig zu einem dieser schüchternen Vierjährigen werden, die so abhängig von ihrem »Schnulli« sind, dass sie aussehen, als ob man sie verkorkt hätte, bis der Wein ausgereift ist. Meine Kinder hatten alle vier einen Schnuller, während ich sie stillte; sonst hätten sie den lieben langen Tag an meinen wunden Brustwarzen genuckelt. Wenn sie keinen Hunger hatten, war ich sehr dankbar, meinen beanspruchten Brüsten eine kleine Verschnaufpause gönnen zu dürfen – und vielleicht sogar zum ersten Mal am Tag meine Bluse zuknöpfen zu können. Auf jeden Fall wollten alle vier keinen Schnuller mehr, als sie schließlich Milch oder Fertigmilch aus der Flasche bekamen.

8. Du brauchst Selbstbeherrschung

Wenn dein Baby immer noch schreit, hat es vielleicht Hunger. Auch wenn du das Kleine beim Verlassen des Krankenhauses gestillt hast, muss es vielleicht wieder etwas auftanken. Die Verdauung bei Babys arbeitet erstaunlich schnell, besonders wenn sie gestillt werden, und noch ist es viel zu früh, nach einem anderen Rhythmus zu stillen als dem, den es selbst von Stunde zu Stunde aufs Neue vorgibt.

Als Erstes musst du anhalten. Ein schattiges Plätzchen mit etwas Privatsphäre ist besonders angenehm, aber auch jeder sichere Ort, wo du parken kannst, erfüllt seinen Zweck. Halte immer an, denn du musst das Baby aus dem Autositz nehmen, um es richtig füttern zu können, ob du nun stillst oder ihm die Flasche gibst. Du darfst das Baby niemals aus dem Autositz nehmen, solange sich das Auto noch bewegt, auch wenn es noch so schreit. Solange sich das Auto bewegt, ist ein Kind in den Armen der Mutter niemals sicher, auch wenn sie noch so vorsichtig ist. Es ist eine Tatsache, dass sich ein Baby im Falle eines Unfalles ernsthafter verletzen kann, da Mamas Körper eine größere »Schubkraft« darstellt, als es der Körper des Babys je könnte, wenn es einfach nur unangegurtet auf dem Sitz liegen würde. Du weißt, wir Freundinnen wollen dich niemals herumkommandieren oder belehren, aber in diesem Fall müssen wir eine Ausnahme machen. Fast täglich sehe ich Frauen, die noch immer vorn im Auto mit Babys oder Kleinkindern auf dem Schoß sitzen, fälschlicherweise in dem Glauben, dass die Kleinen abgesichert sind, wenn sie sich mit ihnen anschnallen. Dem ist aber nicht so!!!

Nachdem du angehalten hast, kannst du das Baby aus dem Autositz holen, es ausgiebig knuddeln und füttern. Zweifellos finden die Kleinen diese Position bei Weitem angenehmer als den Autositz, aber nach Füttern und Windelcheck wäre eigentlich Zeit für ein Nickerchen. Nachdem du deinen Liebling also erfolgreich wieder in seine Weltraumkapsel gesetzt hast, kannst du die Autofahrt in aller

Ruhe fortsetzen. Während das Baby auf deinem Schoß sitzt, kannst du Köpfchen und Hände überprüfen. Wir alle verspüren nämlich den unwiderstehlichen Drang, unsere Babys so warm einzupacken, dass sie jedes Klima außerhalb der Antarktis als Sauna empfinden. Lockere die Kleidung ein wenig oder schäl das Kleine aus ein oder zwei Schichten und sieh, ob ihm das Erleichterung verschafft. Dein kleiner Liebling hat vielleicht geschrien, weil ihm wärmer war als in einem türkischen Bad.

Wenn du alles versucht hast und das kleine Geschöpf trotzdem nicht dazu zu bewegen ist, es sich in seinem perfekt ausgetüftelten Autositz bequem zu machen (dessen Sitzschale sich auch als Babytrage verwenden lässt), bleibt dir nichts anderes übrig, als die Zähne zusammenzubeißen und ruhig Blut zu bewahren. Setz das Baby wieder in den Autositz! Mittlerweile bist du wahrscheinlich schon halb verdurstet, also nimm einen Schluck aus der Wasserflasche, die du während des nächsten Jahres ständig in deiner Reichweite haben solltest. Atme tief durch und wiederhole folgendes Mantra: »Schreien hat noch niemanden umgebracht, Schreien hat noch niemanden umgebracht.« Dem Baby schadet es ganz sicher nicht, außerdem wird es müde davon (was ja durchaus kein Nachteil ist). Und auch wenn du eine Migräne davon bekommen solltest und die Tränen nicht zurückhalten kannst – du wirst das alles überleben!

Mach das Radio an. Mit melodischer klassischer Musik lockern sich vielleicht deine verkrampften Schultern und dein verspannter Nacken. Bei lauter Rockmusik beruhigt sich das Baby unter Umständen sogar; oftmals reagieren die Kleinen nämlich instinktiv auf monotone, dumpfe Geräusche wie die von Staubsaugern und Föhnen und schlafen sofort ein. In Fachkreisen ist dieses Phänomen auch unter dem Begriff »Abschottungsreflex« bekannt. Also ein nützlicher Tipp für die nächsten Wochen, wenn dein schreiendes Kind sich partout nicht trösten lässt. Viele schreiende Babys fielen schon in engelsgleichen Schlaf, wenn Mama sie in einen Tragesack vor die Brust setzte und schwungvoll zu staubsaugen begann.

Wenn du und dein Partner (der ja wahrscheinlich fährt) euch wieder gesammelt habt, könnt ihr die Autofahrt fortsetzen. Sieh es doch einmal so: Du kannst auf Dauer nicht im Auto leben, also kannst du dir ebenso gut ein Herz fassen und dich wieder aufmachen in das gelobte Land, in dem dich Dinge wie ein Stubenwagen, Essen und ein sauberes und vertrautes Badezimmer erwarten. Und wenn du Glück hast, stehen eine liebevolle Großmutter oder eine andere Person (ob nun blutsverwandt oder angeheuert durch eine Au-pair-Agentur) schon bereit, um den kleinen Liebling in die Arme zu schließen, mit ihm zu gurren und seinen wunderbaren Duft zu schnuppern.

9. Du brauchst Vertrauen

Während der Fahrt vom Krankenhaus nach Hause wird dir irgendwann schlagartig bewusst werden, dass du eher eine Autoreparatur vornehmen könntest, als für ein Baby zu sorgen. Plötzlich läuft dir ein Schauer über den Rücken und deine Hände werden ganz feucht. Hier liegt ein Irrtum vor! Man kann dir dieses Baby nicht einfach anvertrauen! Und wenn du noch so unwissend bist – dein Mann ist höchstwahrscheinlich noch unbedarfter! Schnell, wende das Auto: Du kannst das Baby in der Notaufnahme ablegen und dich gleich wieder aus dem Staub machen, bevor die Polizei hinter dir her ist!

TIPP
Es ist nun einmal so, liebe Freundin: Du weißt vielleicht nicht viel, aber du weißt genug für den heutigen Tag, und morgen wirst du noch mehr wissen und mit jedem weiteren Tag immer noch mehr. Gewöhn dich einfach an das Gefühl, ständig kurz vor einem Nervenzusammenbruch zu stehen. Das ist bei Eltern ein chronischer Zustand.

Auf keine Situation ist man je wirklich vorbereitet; am besten verlässt du dich auf dein Gefühl, fragst um Rat und improvisierst bei jedem Schritt aufs Neue. (Von den heftigen Streitereien, die du hin und wieder mit deinem Partner in puncto Erziehungsfragen haben wirst, erst gar nicht zu sprechen!)

Das ist auch der Grund, warum Großmütter oft die besseren Mütter sind: Bei der Erziehung der eigenen Kinder konnten sie nämlich ihre Erfahrungen sammeln, bei der Ankunft unserer Kinder sind sie dann Vollprofis.

Atme tief durch und nimm einen Schluck aus der Wasserflasche, die du ständig im Auto oder in der Wickeltasche bei dir haben solltest. Du wirst eine klasse Mutter sein. Dein Baby wird dich für den Mittelpunkt des Universums halten. Du bist eine Heldin. Du wirst dein Bestes geben (und um all deine Versäumnisse wird sich später der Therapeut deines Kindes kümmern). Du bist Mutter!

Bevor du mit dem Kleinen dein Zuhause betrittst, bleib einen Moment lang stehen und präge dir dein Haus oder deine Wohnung noch einmal fest ein, damit du dich immer daran erinnern kannst. In unserer mobilen Gesellschaft wird dein Kind höchstwahrscheinlich nicht nur an diesem einen Ort leben, bevor es ins Studentenwohnheim zieht. Vielleicht ziehst du noch zwei- oder dreimal während seiner Kindheit um, besonders wenn dir das Muttersein gefällt und du noch weitere Kinder bekommst. Aber dies wird immer Bethlehem für dich bleiben, der Ort, an dem deine Familie geboren wurde. Du weißt es vielleicht noch nicht, aber deine wertvollsten Erinnerungen entstehen hier. In einigen Jahren wirst du vergessen haben, dass die Wohnung schlechte sanitäre Anlagen hatte oder einen merkwürdigen, ausgefransten Teppich. Es ist der Ort, an den du dein erstes Kind gebracht hast. Willkommen zu Hause, Freundin.

Dein Körper braucht jetzt Erholung

Schadensfeststellung

Autsch! Es tut wirklich weh, ein Kind zu bekommen, nicht wahr?! Während der ganzen Schwangerschaft konntest du dir lebhaft vorstellen, dass es kein Kinderspiel werden würde, das Baby von drinnen nach draußen zu befördern, aber ich wette, selbst an deinen hysterischsten Tagen hast du nicht damit gerechnet, dass dazu so viel Dehnen, Reißen und Bluten gehört. Das sind die kleinen Details, die wir Veteraninnen nicht unbedingt vor der Geburt preisgeben wollten. Hätten wir dir vorher davon erzählt, wärst du während der ganzen Schwangerschaft auf der Suche nach einem Fluchtweg gewesen. Aber nun weißt du Bescheid und brauchst keine Energie mehr damit zu verschwenden, dich auf das Schlimmste einzustellen, denn das hast du bereits hinter dir. Natürlich hat sich aber auch etwas Wunderschönes ereignet, denn nun ist dein hinreißendes, vollkommenes Baby da. Aber wir wollen für einen Moment noch einmal auf dich zurückkommen. Wenn du Wehen und Geburt mit links hinter dich gebracht hast, herzlichen Glückwunsch. Solche Fälle gibt es. Meine Freundin Sondra nahm nach der Geburt ihrer Tochter eine Dusche im Krankenhaus, ging anschließend nach Hause und machte für ihre ganze Familie ein großes Frühstück, sehr zum Ärger von uns Freundinnen. Aber wenn du das Gefühl hast, nie mehr die Einzelteile deines Körpers aufsammeln und zu etwas zusammensetzen zu können, das zumindest entfernt deinem früheren Selbst ähnelt, sind wir Freundinnen für dich da, um dir bei der Schadensfeststellung zu helfen und mit den Reparaturarbeiten zu beginnen. Dies ist nur eine flüchtige Bestandsaufnahme. Im Laufe des Buches werden wir uns noch eingehender mit den verschiedenen Aspekten deiner Erholung befassen.

Bestandsaufnahme: von Kopf bis Fuß

Dein Kopf

Beginnen wir mit dem Kopf, der nach der Geburt einer der mitgenommensten Körperteile ist. Deine Haare sind natürlich ein totales Durcheinander, aber wahrscheinlich kannst du sie vor Verlassen des Krankenhauses waschen. Ansonsten werden sie erst wieder in ein paar Monaten problematisch, wenn sie büschelweise ausfallen. Aber dazu später. Bei vielen meiner Freundinnen schwoll das Gesicht in den ersten zwölf Stunden nach der Entbindung an. Sie wurden noch pausbäckiger als zuvor und die Augen waren so verschwollen, dass sie nur noch geradeaus sehen konnten. Meine arme Freundin Monique dachte, sie würde platzen, und niemand machte sich die Mühe, ihr zu versichern, dass sie nicht für den Rest ihres Lebens wie eine Witzfigur aussehen würde. Ich weiß, ich weiß, nach einer Geburt soll man eigentlich durch den Wasserverlust Gewicht verlieren, und das wirst du auch, aber erst nach ein oder zwei Tagen. In der Zwischenzeit bitte jede Person in Weiß, die an deinem Zimmer vorbeikommt, dir zwei kühlende Umschläge zu bringen – einen für den Scheidenbereich und einen für die Augen. Oder noch besser: Bitte deine Mutter oder deinen Mann, dir ein paar von diesen blauen Eispacks (natürlich gefroren!) in einer kleinen Kühltasche mitzubringen, die du neben deinem Bett platzieren kannst. Zu Hause lassen sich die Schwellungen hervorragend mit Beuteln tiefgefrorener Erbsen lindern, die man zuvor in ein Handtuch eingeschlagen hat. Die Augen können bei der Entbindung auch ziemlich in Mitleidenschaft gezogen werden. Meine Schwägerin und Freundin Janet presste bei der Geburt eines ihrer Söhne so stark, dass einige Blutgefäße im

Auge platzten. Mit diesen blutunterlaufenen Augen und den restlichen Schwellungen und blauen Flecken erinnerte sie ein wenig an einen Vampir. (Wie gesagt, diese ist eine meiner furchteinflößendsten Entbindungsgeschichten. Ich habe zehn Monate gewartet, um dir damit einen Schreck einzujagen, aber ich wollte eine gute Freundin sein und warten, bis du sie verkraften kannst.) Bekanntermaßen befinden sich auch auf dem Gesicht feine Blutgefäße, die während der Entbindung platzen können. Womöglich zieren also Sternbilder aus geplatzten Äderchen deine Wangen. Zum jetzigen Zeitpunkt leistet dir ein Abdeckstift gute Dienste. Die meisten dieser Äderchen werden sich später von selbst zurückbilden, und die verbleibenden kann ein Hautarzt ohne Weiteres verschwinden lassen.

Auch wenn dein Gesicht noch so aufgedunsen ist von den Wassereinlagerungen – deine Lippen und dein Mund werden höchstwahrscheinlich so trocken sein wie altbackenes Brot. Häufig bekommst du von dem Moment an, wo du das Krankenhaus betrittst, nichts mehr zu trinken; es ist also vielleicht schon Stunden her, seit du ein kaltes und erfrischendes Getränk zu dir genommen hast. Und bei denjenigen von euch, die sich an die verschiedenen Atemtechniken erinnert und tapfer versucht haben, diese zur Schmerzbewältigung einzusetzen, sind die Lippen nun wahrscheinlich so aufgesprungen, dass man glatt befürchten könnte, sie kräuselten sich jeden Augenblick zusammen und fielen ab. Am besten hast du immer einen guten Fettstift bei dir und trägst ihn auf, wann immer dein Blick darauf fällt. Und noch wichtiger: Bitte jemanden, dir etwas zu trinken zu bringen. Am ersten Tag nach der Geburt war ich ganz verrückt auf Fruchtsaft, denn dadurch konnte sich mein Blutzuckerspiegel nach all den Stunden harter Arbeit ohne Nahrung wieder regulieren. An dieser Stelle müssen wir fragen: »Hast du Kopfschmerzen, Freundin?« Falls ja, wäre das kein Wunder nach Wehen, stundenlangem Verzicht auf Essen, all den Schmerzmitteln, die katerähnliche Kopfschmerzen verursachen können, und – nicht zu vergessen – der Tatsache, dass du Mutter geworden bist, was an sich schon zu einer Migräne führen kann. Schlaf und Essen sind nun oberstes Gebot, aber auch die Flüssigkeitszufuhr muss im gleichen Atemzug genannt werden, denn die ganze Erholungsphase hindurch und, falls du stillst, noch länger, wirst du einen ständigen Kampf gegen Dehydrierung führen. Das erste Anzeichen für eine Dehydrierung, also einen übermäßigen Wasserentzug, sind für gewöhnlich Kopfschmerzen. Wenn du nicht daran gedacht hast, Wasser und Snacks mit ins Krankenhaus zu bringen, bitte eine Freundin oder Verwandte, dir umgehend etwas zu besorgen. Schick deinen Mann lieber nur im Notfall, denn wahrscheinlich ist auch er sehr hungrig und kann eventuell der Versuchung nicht widerstehen, es sich bei einem schönen Frühstück in der Cafeteria gemütlich zu machen und dir erst nach der dritten Tasse Kaffee einen mickrigen Müsliriegel und eine Banane zu bringen.

Dir ist doch aufgefallen, dass man während der Schwangerschaft besonders schöne Haare bekommt? Tja, wie kann ich es dir möglichst schonend beibringen? Du darfst diese Haare nicht behalten. Mutter Natur hat noch eine ziemlich gemeine Überraschung auf Lager. Dein Haar wird nämlich büschelweise ausfallen, für gewöhnlich dann, wenn dein Aussehen dir sowieso schon schlaflose Nächte bereitet. Bei jeder Frau passiert es zu einem anderen Zeitpunkt, aber irgendwann zwischen nächster Woche und nächstem Jahr wirst du feststellen, dass deine Haarbürste plötzlich so wuschelig ist wie ein Welpe und der Abfluss in der Dusche sehr viel öfter als sonst verstopft ist. Auch wenn dir der Haarausfall monströs erscheint, keine Bange: Ich kann dir versprechen, du wirst keine Glatze bekommen. Einigen meiner Freundinnen gingen die Haare wirklich büschelweise aus, und ich konnte beim besten Willen keinen Unterschied zu vorher feststellen. Du hast nämlich keinen richtigen Haarausfall; dein Körper stößt nur die Haare ab, die in der Schwangerschaft zusätzlich gewachsen sind. Mit anderen Worten: Es waren sowieso nie deine. Sie gehörten dem Baby. Du wirst wieder das gleiche Haarvolumen bekommen wie in der Zeit vor der Schwangerschaft. Stärkerer Haarausfall kann unter Umständen auf ein anderes Problem, wie zum Beispiel Vitaminmangel, hindeuten. Diesbezüglich solltest du deinen Arzt sofort ansprechen.

Obwohl du mit Sicherheit davon ausgehen kannst, dass du deiner ursprünglichen Haarfülle nicht beraubt wirst, kann man ansonsten keinerlei Prognosen wagen. Schätzungsweise jede dritte Mutter, die ich kenne, behauptet felsenfest, ihre Haare seien früher blond gewesen und während der Schwangerschaft braun geworden oder dass sie vor dem Baby glatte Haare gehabt hätte und nun Locken – oder jede andere vorstellbare Variante. Diese Frauen sind nicht etwa verrückt, sondern so etwas kommt wirklich vor. Zu meinem Leidwesen zierte mich nicht plötzlich ein Haupt voller Engelslocken oder glattes, flachsblondes Haar. Mir fiel lediglich auf, dass mein Haaransatz schneller nachwuchs (obwohl ich sowieso schon skandalös lange damit herumlaufe) und die Frisur nie so saß, wie sie sollte.

Am meisten zu schaffen macht deinem Kopf wohl aber das Wechselbad der Gefühle, das du durchlebst. Im einen Moment gerätst du noch in Euphorie angesichts deiner Meisterleistung, dann überkommt dich grenzenlose Liebe zu dem hinreißenden Engelchen, das der Himmel da in deinen Schoß hat plumpsen lassen, und im nächsten Augenblick wiederum schlägt dieses Hochgefühl in die Gewissheit um, dass du das Kleine bei der nächsten Einkaufstour womöglich im Supermarkt vergessen könntest. Ganz davon abgesehen, dass du niemals in der Lage sein wirst, es zu einem Goldmedaillengewinner bei den Olympischen Spielen oder zu einem Studenten an einer Elite-Universität heranzuziehen. Und habe ich schon die penetrant-nörglerische Stimme in deinem Hinterkopf erwähnt, die ständig flüstert: »Ich habe es mir doch anders überlegt. Ich habe es mir doch anders überlegt. Ich habe es mir doch anders überlegt.«? Diese Stimmungsschwankungen sind so umfassend und komplex, dass wir Freundinnen darauf in späteren Kapiteln noch genauer eingehen wollen. In der Zwischenzeit begnügen wir uns damit zu sagen, dass es völlig normal ist, wenn du im Moment viele verschiedene

30

Gesichter hast. Es ist chemisch bedingt, es ist hormonell bedingt und es ist logisch auf seine eigene, charmant-unlogische Art und Weise. Kämpf also nicht gegen Mutter Natur an – sie sitzt immer am längeren Hebel.

Dein Nacken und deine Schultern

Viele von uns Freundinnen sind auch unter optimalen Bedingungen im Nacken- und Schulterbereich verspannt. Diese Schwäche wird noch verstärkt durch die Entbindung, das Schlafen in einem Krankenhausbett mit dem dazugehörigen typischen Kissen (falls du unseren Rat ignoriert hast, ein eigenes Kissen mitzubringen), das Halten eines Neugeborenen, das zerbrechlicher zu sein scheint als Meißner Porzellan, das Stillenlernen (oder auch nicht), mal ganz abgesehen von deinem leicht erhöhten Stresspegel. Mit einer Schultermassage kann dein Partner dir jetzt – und in den kommenden Jahren – wirklich etwas Gutes tun. Sicher geht er mit dem nötigen Ernst an die Sache, wenn du durchklingen lässt, dass dadurch deine Libido eventuell schneller wieder angeregt werden könnte. Du kannst dich sicher noch daran erinnern, dass heterosexuelle Männer die Eigenheit haben, fast alles zu tun, um Sex zu haben. Weißt du noch, wie dein Liebster dir bei eurem ersten Rendezvous erzählt hat, wie gern er sonntags morgens über den Flohmarkt bummelt? Diese Vorliebe hat er dann allerdings fürs Fußballspielen aufgegeben, sobald er dich regelmäßig vernaschen konnte. Nun, er hat jetzt so viel Lust auf Sex wie seitdem nicht mehr – du kannst also testen, ob die Regel immer noch gilt.

Dein Rückgrat

Wenn du »Rückenwehen« gehabt hast (und wer diese Wehen hatte, weiß, wovon ich spreche), brauche ich dir gar nicht erst zu erzählen, wie beansprucht dein Rückgrat jetzt sein muss. Bei einigen Frauen haben die Babys während der Entbindung so stark gegen

31

das Rückgrat gedrückt, dass ihr Kreuzbein stark in Mitleidenschaft gezogen wurde. Es kann Monate dauern, bis diese Verletzungen am Kreuzbein völlig abheilen. Es braucht dich also nicht zu erschrecken, wenn dein Baby bereits ins Krabbelalter kommt und du immer noch Probleme damit hast. Die Schmerzen werden irgendwann völlig verschwinden! Bei anderen jungen Müttern erstrecken sich die Schmerzen auf den gesamten Rückenbereich, nachdem während der Geburt das Bindegewebe des Rückgrats stundenlang gedehnt und gezerrt wurde. Wir Freundinnen würden dir raten, in den nächsten Wochen einen Termin beim Chiropraktiker auszumachen (der Vollständigkeit halber muss ich allerdings hinzufügen, dass der Bruder meiner Freundin Mindy, zufällig auch der Mann meiner Freundin Mary Anne, Chiropraktiker ist und wir daher für fast jedes gesundheitliche Problem einen Vertreter dieser Berufsgattung empfehlen würden). In der Zwischenzeit kannst du dir mit irgendeinem rezeptfrei erhältlichen entzündungshemmenden Mittel große Erleichterung verschaffen. Noch besser sind Dehnübungen, und wenn du sie langsam und vorsichtig ausführst, kannst du gleich damit beginnen.

Deine Brüste

In den ersten Stunden nach der Geburt wirst du noch genauso große Brüste haben wie am Ende der Schwangerschaft. Vielleicht tritt aus deinen Brustwarzen auch bereits ein wenig Kolostralmilch aus. Wie dem auch sei: Mit Milch brauchst du noch nicht zu rechnen, denn es ist noch keine vorhanden. Wenn du es mit dem Stillen versuchen möchtest, ist jetzt ein guter Zeitpunkt, eine einfühlsame Schwester zu bitten, dir einige »Anlegetechniken« zu demonstrieren. Lass dir auch genau zeigen, wie man den Saugschluss wieder löst, denn wenn du dein saugendes Baby von der Brust wegziehst, wird die Brustwarze fürchterlich in die Länge gezogen und dann mit einem Schnalzen losgelassen. Bei wem wird dann wohl die Überraschung und das Geschrei größer sein – bei dir oder bei dem Baby? Du kannst dich jetzt in aller Ruhe mit dem Stillen vertraut machen, denn erst in ein paar

32

Tagen bekommt das Baby Hunger und der Milcheinschuss stellt sich nun ein, der deine Brüste in unhandliche Fremdkörper verwandelt.

Am zweiten oder dritten Tag nach der Entbindung beginnt dein Körper Milch zu produzieren – und das geschieht niemals unbemerkt. Zuerst spürst du ein Prickeln in der Brust, fast so, als ob du dich unter der Haut kratzen müsstest. Diese Empfindung wird noch verstärkt durch das Gefühl, dass deine Brüste zunehmend wärmer werden, bis du dich fragst, ob sie wohl gerade heiße Schokolade produzieren. Das mag jetzt dramatisch klingen, ist aber eine Kleinigkeit im Vergleich zum neuen Umfang deiner Brüste. In einigen wenigen Stunden können deine Brüste (und vermutlich werden sie das auch) nahezu doppelt so groß werden. Bist du ein heller Hauttyp, ist das Venennetz deutlich sichtbar, und du kannst vielleicht sogar die Milchgänge erkennen, die zur Brustwarze führen. Wenn du mutig genug bist, mit dem Finger einen Milchgang entlang zu streifen, tritt wahrscheinlich Milch aus, wenn du zur Warze kommst. Wer auf einem Bauernhof aufgewachsen ist, den wird diese Technik ans Melken erinnern.

Ich kann mich noch daran erinnern, dass ich am Tag nach der Geburt eines meiner Kinder (wer kann sich schon noch daran erinnern, welches Kind es war?) tief und fest eingeschlafen war. Als ich schließlich nach einem erholsamen Nickerchen wieder aufwachte, befanden sich zwei Wucherungen in Fußballgröße auf meiner Brust, die sich anfühlten, als wären sie lebendig! In der untersten Schublade meines alten Sekretärs habe ich zwei Fotos in einer Schatulle verstaut, die mein Mann von mir gemacht hat, als ich nach der Geburt unseres ältesten Sohnes (ach ja, das Baby war es!) das Stillen lernte, und du kannst mir glauben: Jede Brust hatte mindestens sieben Zentimeter mehr Umfang als der Kopf des armen Kleinen. Ich glaube, ich würde lieber verhungern, als diesen Monstern Auge in Auge gegenüberzustehen!

Das war alles ziemlich erschreckend. Noch schockierender allerdings war die Erkenntnis, dass Muttermilch nicht nur aus einem einzigen Loch vorn an der Brustwarze fließt wie bei einer Babyflasche, sondern aus mehreren Löchern rund um die Warze wie bei einem Gartensprenkler! Du meine Güte, wie um alles in der Welt konnte ich 34 Jahre alt werden, ohne jemals davon gehört zu haben? Und stell dir mal vor: Es war auch für sämtliche meiner Bekannten neu, die zum ersten Mal Mutter geworden waren. Ich glaube, die einzige Person, die noch entsetzter war als ich, war mein Mann, der die Verunstaltung seiner Lieblingsspielzeuge mit ansehen musste.

Wie schon erwähnt, wird der Beginn der Milchbildung in der Fachsprache auch als »Milcheinschuss« bezeichnet. Ein schöner Moment, denn dein Baby wird nun munterer, weil es den Milchshake riecht. Manchmal kann allerdings ein »Milchstau« entstehen. Obwohl nicht jede junge Mutter davon betroffen ist, kommt es doch so häufig vor, dass wir darauf näher eingehen wollen. Ein Milchstau entsteht durch Schwellungen der Brüste aufgrund von Wasseransammlungen und der plötzlichen Bildung von Milch, die sich in den zur Brustwarze führenden Milchgängen staut. Die Brüste können durch diese Schwellungen so hart werden, dass man sie eher für einen Teil des Mount Everest als für einen Körperteil halten könnte. Wenn man in dieser Situation nicht baldmöglichst einen Teil dieser Milch loswird, kann das sehr unangenehm werden. Zu diesem Zeitpunkt hat sich bei Mutter und Kind das Stillen meist noch nicht ganz eingependelt. Die Herausforderung besteht nun also darin, das Baby dazu zu bringen, dich vom Milchstau zu erlösen, indem es so viel Milch saugt, wie in sein Bäuchlein passt. Das kann schwierig sein, aber wir haben ein paar Tipps und Tricks in einem späteren Kapitel für dich parat. Wenn die Milch bei dir einschießt, verständige eine Schwester oder eine Hebamme, denn du brauchst spezielle Anleitung. Und zwar jetzt gleich!

Dein Bauch

Ich weiß, ich weiß. Dein Bauch sieht aus wie ein Klumpen aufgegangenen Brotteigs. Er ist immer noch dick, aber deiner Meinung nach sieht er jetzt wahrscheinlich schlimmer aus als während der Schwangerschaft, denn da war er wenigstens straff und glatt, während er nun schlaff und faltig ist. Nicht weinen, Freundin: Er wird von Tag zu Tag wieder besser aussehen (wenigstens bis zu den letzten paar Kilos, wenn du wie eine Verrückte Sit-ups machen musst, um überhaupt daran denken zu können, jemals wieder Radlerhosen anzuziehen).

Nach einem Kaiserschnitt ist dein Bauch genauso schlaff und er hat zusätzlich noch einen Schnitt oberhalb der Schambehaarung. Vielleicht fällt dir auf, dass die Haut unter dem Verband gelblich verfärbt ist. Du brauchst dir deswegen allerdings keine Sorgen zu machen, denn dabei handelt es sich lediglich um einen Restbestand der Jodlösung, die vor dem Eingriff aufgetragen wurde. Ein Kaiserschnitt kann mit einer Naht oder Klammern geschlossen werden. Ich selbst hatte Klammern, und du kannst mir glauben – sie sehen zwar grotesk aus, werden aber ein, zwei Tage später wieder entfernt, und das schmerzt kein bisschen. Vermutlich kann man davon ausgehen, dass das bei der anderen Methode auch der Fall ist. Dein Bauch sieht nicht nur ziemlich mitgenommen aus, sondern ist wahrscheinlich auch äußerst empfindlich. Da deine Unterleibsmuskulatur ganz und gar erschlafft ist, ist dein Bauch nun voll und ganz der Schwerkraft ausgeliefert. Drehst du dich auf eine Seite, fällt auch dein Bauch neben dich aufs Bett wie ein Mehlsack. Nach einem Kaiserschnitt solltest du dies auf keinen Fall vergessen, denn bei ruckartigen Bewegungen kann die Narbe schmerzen. Leg dir einfach ein Kissen auf den Bauch und denk daran, dieses, wenn du stehst, dich auf die Seite drehst oder – am schwierigsten – hustest oder niest, leicht gegen dich zu drücken. Dieser Gegendruck hilft ungemein, besonders wenn du daran glaubst. Außerdem gibt es sonst nicht viel, was du bis zur nächsten Schmerzmitteleinnahme tun kannst.

Dein Intimbereich

Durch das intensive Pressen während des Geburtsvorgangs wird der empfindliche Scheidenbereich extrem beansprucht. Jahrelang haben wir diesen Körperteil wie unseren Augapfel gehütet, ihn nicht der Sonne ausgesetzt, jeden Tag mit einem frischen Schlüpfer bekleidet, nach dem Baden gepudert, ihn nur von dem, den wir lieben (und uns selbst) berühren lassen. Und dann kommt dieses kleine Baby daher und reißt das Ganze in Stücke. Richtet Babys Kopf nicht schon genug Schaden an, sorgen ganz bestimmt seine Schultern dafür. Häufig muss der Geburtshelfer einen Schnitt im Dammbereich (dem Gewebe zwischen Vagina und After) vornehmen, um mehr Raum für das Baby zu schaffen. Die zugrunde liegende Theorie ist, dass ein Schnitt nach der Entbindung leicht wieder vernäht werden kann, während ein Riss in einem anderen Teil der Schamlippen oder der Vagina nur schwer abheilt. Wie du wahrscheinlich bereits weißt, wird dieser Schnitt auch Dammschnitt genannt. Im Moment gibt es zwei Dinge, die du darüber wissen solltest: Erstens, nachdem die Periduralanästhesie oder örtliche Betäubung nachgelassen hat, wird dir bewusst werden, dass der Dammschnitt eine Wunde ist. Zweitens solltest du das Ganze da unten lieber nicht anschauen oder berühren, denn das wird dir für den Rest deines Lebens den Sex verleiden. Du kannst uns glauben: Da unten wird sich alles wieder normalisieren, wenigstens für das bloße Auge.

Ob du dein Baby nun durch Vaginalentbindung oder Kaiserschnitt auf die Welt gebracht hast – du wirst auf jeden Fall einen »Wochenfluss« haben. Das ist ein etwas harmloser Ausdruck für die sturzflutartige Blutung und für Gott weiß was noch alles, was einige Tage lang aus dir herausfließen wird. Wahrscheinlich musst du die ersten zwei oder drei Tage zwei besonders saugfähige Binden übereinander tragen, und selbst dann wirst du Blutflecken auf allem hinterlassen, mit dem du in Berührung kommst. Ich glaube, ich habe es kein einziges Mal rechtzeitig ins Badezimmer geschafft, um die Binden zu wechseln. Mir war das immer so peinlich, dass ich den Großteil meiner Zeit im Krankenhaus, die ich eigentlich meiner Erholung hätte widmen sollen, damit zubrachte, den »Wochenfluss« vom Boden aufzuwischen, damit mein Zimmer nicht wie der Schauplatz eines blutigen Verbrechens aussah. Wenn du einen Kaiserschnitt oder eine Periduralanästhesie hattest und noch etwas wacklig auf den Beinen bist (hauptsächlich, weil du deine Füße noch nicht spürst), wird eine Schwester zielstrebig in dein Zimmer marschiert kommen, deine Decke anheben und die Binden eigenhändig in Augenschein nehmen. Unter normalen Umständen wäre das vermutlich erniedrigend, aber nachdem dich so gut wie jeder im Krankenhaus – außer der Kioskverkäuferin – vaginal untersucht hat, wirst du nicht einmal mit der Wimper zucken. Du wirst sogar dankbar dafür sein, dass sich jemand darum kümmert. Dies ist ein guter Moment, um dich noch einmal an eine der Schwangerschafts- und Geburtsregeln der Freundinnen zu erinnern: Trage niemals deine eigenen schönen Nachthemden im Krankenhaus. Verunstalte lieber die Hemden und Bettlaken, die du dort bekommst – dafür zahlst du schließlich auch eine ganze Menge Geld. Fürs Essen ist es nämlich ganz sicher nicht.

Die Tatsache, dass der Dammschnitt so nah am After (dieses Wort ist mir einfach ein Gräuel!) vorgenommen wird, hat dir wahrscheinlich klargemacht, dass deine Scheide bei einer Vaginalentbindung nicht der einzige Teil deines Intimbereichs ist, der von der Schwangerschaft in Mitleidenschaft gezogen wird. Mutter Natur spielt dir also einen ziemlich üblen Streich: Hämorrhoiden. Die Ursache sind geplatzte Blutgefäße in und um den After (schon wieder!). Sie sehen aus wie winzige Träubchen und fühlen sich auch so an, können beim Sitzen aber so wehtun, dass dir die Tränen in die Augen schießen. Meist entstehen Hämorrhoiden, wenn sich das Baby während der Austreibungsphase durch den Geburtskanal zwängt. So manche

Mutter hat allerdings das Glück, ihre kleinen Träubchen noch früher zu bekommen, zum Beispiel wenn das Gewicht des Kindes im Bauch stark nach unten drückt und den Blutrückfluss von den Beinen zum Herzen behindert (vergleichbar mit einem Auto, das über einen Gartenschlauch fährt). Auch die schwangerschaftsbedingte Verstopfung ist in diesem Zusammenhang nicht ganz unschuldig, denn bei all dem Pressen während des Stuhlgangs kann sich hin und wieder schon mal ein Träubchen bilden. Wir wollten die Hämorrhoiden nur erwähnen, damit du nicht wie ich nach der Geburt meiner ersten Tochter denkst, es seien bösartige Tumore. Mit Sitzbädern (wie normale Bäder, nur mit weniger und heißerem Wasser) sowie mit Creme und einem Sitzring kannst du dir etwas Erleichterung verschaffen, bis die Hämorrhoiden sich zurückgebildet haben.

Deine Gebärmutter ist bei der Geburt die große Heldin und nun wahrscheinlich erst einmal ziemlich geschafft. Sie ist von Faust- auf Fußballgröße angewachsen, hat sich stundenlang zusammengezogen und verkrampft in dem Versuch, ein Baby nach draußen zu befördern, das verständlicherweise keinerlei Eile hatte, sein behagliches Nest zu verlassen. Und nun soll sie sich sofort wieder zurückbilden, als ob nichts geschehen wäre. Nach einem Kaiserschnitt muss die Gebärmutter sogar all dies leisten, nachdem man sie aufgeschnitten und wieder vernäht hat. Beim Stillen fällt dir vielleicht zum ersten Mal wieder auf, dass du überhaupt eine Gebärmutter hast. Durch das Saugen des Babys wird im Körper ein chemischer Stoff freigesetzt, der die Rückbildung der Gebärmutter fördert. Dadurch werden menstruationsähnliche Krämpfe ausgelöst, und nach den Wehen bist du über derartige Flashbacks wahrscheinlich nicht allzu erfreut. Ich weiß, ich weiß, es klingt blödsinnig, wenn man sagt, es gäbe einen Unterschied zwischen »guten« und »schlechten« Schmerzen, besonders nach allem, was du gerade durchgemacht hast, aber diese Krämpfe sind gut.

Übrigens haben wir Freundinnen ein besonders süßes kleines Geheimnis mit dir zu teilen: Das Ziehen während des Stillens löst ziemlich oft dieses höchst angenehme Beben in der Gebärmutter aus, wie es auch während und nach dem Orgasmus auftritt. Großes Ehrenwort! Mein Mann ist allerdings der festen Überzeugung, dass die Schmerzmittel dafür verantwortlich seien. Ich aber kann mich noch genau erinnern, wie ich meinen Sohn drei Tage nach seiner Geburt stillte und so überwältigt war von dem Gefühl der Entspannung und dem »Nachbeben«, dass ich beinahe mitsamt Baby aus dem Bett gefallen wäre. Wahrscheinlich ist noch nie jemand so unglaublich dankbar gewesen für Gitter an Krankenhausbetten wie ich in diesem Moment.

Deine Beine und Füße

Wenn wir nun an deinem geschundenen Körper weiter nach unten sehen, kommen wir zu den Beinen. Hier warten gute Nachrichten auf dich: Mal abgesehen von einer vorübergehenden Resttaubheit im Falle einer Periduralanästhesie hat die Geburt an Beinen und Füßen keine oder nur geringe Spuren hinterlassen. Es kann natürlich sein, dass du wie Monique Wasser in Beinen und Füßen hast, aber das wirst du in ungefähr einem Tag wieder ausgeschieden haben. Wenn du eine außergewöhnlich scharfe Beobachterin bist, wird dir vielleicht aufgefallen sein, dass deine Füße noch nicht wieder so zierlich sind, wie sie es vor der Schwangerschaft waren. Und nun stell dir vor: Das werden sie auch nicht mehr. Eine halbe oder eine ganze Schuhgröße größer sind Teil des Schwangerschaftsvermächtnisses, das dich bis an dein Lebensende begleiten wird. Meiner Meinung nach heißt das: Höchste Zeit zum Schuhekaufen, sobald du herausgefunden hast, wie der Kinderwagen zusammengebaut wird!

Deine Haut

In den ersten Stunden nach der Geburt solltest du in aller Ruhe dein Baby bewundern, dich aber nicht bemühen, einen Spiegel aufzutreiben. Warte damit lieber, bis die Schwellungen und Prellungen ein wenig zurückgegangen sind. Du denkst, ich übertreibe, nicht wahr? Vielleicht ja, vielleicht nein, je nachdem, wie schwer deine Entbindung war. Geplatzte Kapillargefäße auf Wangen, Brust, Oberarmen, sogar in den Augen (erinnerst du dich noch an meine Horrorgeschichte?) kommen ziemlich häufig vor. Einige Frauen bekommen sogar dunkle Augenringe. Mit solchen Augen und den Pausbäckchen sieht eine frischgebackene Mama dann aus wie ein Pandabär.

Zu deiner Erleichterung kann ich dir sagen, dass die Wassereinlagerungen, die ich ständig erwähne, sich in den kommenden Tagen von selbst zurückbilden werden. In den nächsten vier bis fünf Stunden wirst du dich nämlich daran erinnern, wie man uriniert, und auf diese Weise viel Wasser loswerden. Nächtliche Schweißausbrüche können dich ebenfalls von überflüssigen Wassereinlagerungen befreien. In einer der nächsten Nächte wirst du aufwachen und feststellen, dass sich durch dein Schwitzen nicht nur dein Nachthemd in einen Spüllappen verwandelt hat, sondern auch dein Bettlaken völlig durchnässt ist. Diese Schweißausbrüche werden nach der Geburt mehrmals wöchentlich auftreten. Du kannst also auf sie warten und dich schon einmal darauf vorbereiten. Wenn du während des letzten Schwangerschaftsdrittels einen Matratzenschoner verwendet hast, um deine Matratze im Falle eines Blasensprungs zu schützen, lass den Schoner einfach auf der Matratze. Oder leg dir ein Strandtuch unter; es ist viel einfacher, in der Nacht Handtücher auszuwechseln, als das ganze Bett frisch beziehen zu müssen. Während dieser Zeit habe ich auch auf Nachthemden und Pyjamas aus Seide oder Satin verzichtet, denn wenn sie nass werden, fühlen sie sich kalt und feucht an. Ich hielt mich lieber an Teile aus reiner Baumwolle, ob das nun das ausrangierte Hemd meines Mannes oder meine alten Flanellnachthemden waren, Mode hin oder her!

Noch ein paar Worte zum Abschluss

Schnell, wirf noch mal einen Blick auf dein Baby! Ist es nicht einfach unfassbar, dass dieser kleine Engel in dir herangewachsen und so vollkommen ist? Natürlich musst du dich erst noch erholen. Aber das wirst du (fast völlig). Die meisten von euch werden sich sogar so gut erholen, dass sie sich in ein paar Jahren dem Ganzen bereitwillig noch einmal unterziehen werden. Rechne einfach damit, dich nicht sofort wieder vollständig erholt, energiegeladen und erotisch zu fühlen. Es ist uns egal, was andere Bücher oder auch dein Arzt diesbezüglich meinen: Im Schwangerschaftszyklus gilt: Neun (zehn) Monate für die Schwangerschaft und neun (zehn) Monate zur Regeneration. Sei nicht deprimiert, wenn du das Gefühl hast, dich nicht schnell genug zu erholen; viele Frauen gestehen sich nicht die nötige Zeit zu, weil sie meinen, sie müssten schnellstmöglich wieder ein leistungsfähiges Mitglied der Gesellschaft werden. Vergiss nicht, dass nichts weniger zu einer »Freundin« passt als Konkurrenzdenken beim Muttersein. Und damit Ende der Diskussion.

Baby-Euphorie

Dein Baby ist ein Wunder!

Jeder hat mir gesagt, dass ich mein Baby lieben würde, aber niemand hat mich darauf vorbereitet, wie sehr ich es lieben würde!« Ich habe noch nie eine Mutter oder einen Vater getroffen, der oder die nicht innerhalb eines Jahres nach der Geburt ihres Kindes etwas in dieser Art gesagt hätte.

Es gibt wohl tatsächlich kein Gefühl, das gleichzeitig so absolut, amüsant, erfüllend, euphorisch, zauberhaft und erschreckend ist. Bei einigen Mamas beginnt diese Verzauberung sogar noch, bevor sie das kleine Geschöpf zu Gesicht bekommen haben; andere, ebenso wunderbare Mamas werden erst nach und nach von dem Gefühl ergriffen (denk an eine Boa constrictor), aber niemand kann allzu lange widerstehen.

Ich weiß, ich weiß, ich erwähne Mutter Natur schrecklich oft, aber es ist auch wirklich erstaunlich, wie sie dafür sorgt, dass wir mit dem Überleben unserer Sprösslinge so beschäftigt sind, dass sie zu unserer lebenslangen Obsession werden. Nachdem dein Baby dann auf der Welt ist, wirst du dich des Öfteren fragen, was um alles in der Welt du vorher die ganze Zeit so getrieben hast. (Später wird es Momente geben, in denen du dich nach dieser relativ sorglosen Zeit zurücksehnst, aber bleiben wir doch lieber bei deiner momentanen Verzauberung.) Koste diese Zeit also aus, denn – wie gesagt – es kommen auch andere Phasen!

Total verliebt …

Muss ich dich überhaupt darauf hinweisen, was dein Baby für einen hinreißenden Mund hat, wenn es schläft? Du weißt schon, ich meine, wenn es seine süße Schnute macht und nuckelt, als ob es etwas Köstliches zu trinken gäbe. Natürlich weißt du, wovon ich spreche! Beim Füttern spielst du mit seinen Fingerchen, bei jedem Bäuerchen schnupperst du an seinen Speckfältchen im Nacken, tätschelst seinen Popo, wann immer sich die Gelegenheit bietet, als wäre es Buddhas Bauch, der dir Segen bringt. Aber dies beschreibt noch nicht im Geringsten, in welchem Taumel wir frischgebackenen Mamas uns wirklich befinden. Meine Freundin Catherine behauptet steif und fest, als ihr Baby um die drei Monate alt war, wäre sie länger als eine Woche lang weder telefonisch noch über Fax zu erreichen gewesen. Während dieser Zeit wuchsen dem kleinen Engel nämlich auf wundersame Weise dunkle, geschwungene, dichte Wimpern. Catherine verbrachte die ganze Zeit über die Wiege gebeugt, um völlig gebannt zu verfolgen, wie sich jede einzelne Wimper bildete. Angesichts dieses absolut überwältigenden Anblicks verlor alles andere für sie an Bedeutung – Arbeit, Freunde, Sport sowieso und sogar die Mahlzeiten. Leute ohne Kinder sind nun vielleicht der Meinung, bei dieser Baby-Euphorie handele es sich um eine einfallsreiche Entschuldigung – entweder für Mamas Faulheit oder für ihr lächerliches Verhalten. Wir Mütter jedoch nicken verständnisvoll, denn auch wir wissen ganz genau, was für ein hinreißender Anblick es ist, wenn Babys Wimpern auf seinen Wangen ruhen. Du meine Güte, schon bei dem Gedanken daran steigen uns Tränen der Rührung in die Augen.

Alle Babys sind wunderschön, allerdings in verschiedenen Abstufungen, deines aber würde aus jedem Wettbewerb als Sieger hervorgehen. Habe ich recht? Selbst wenn es nach einer schwierigen Geburt noch ein etwas deformiertes Köpfchen hat, auch wenn es gerade von Neugeborenenakne heimgesucht wird oder noch schielt, ist es zweifelsohne das umwerfendste Baby, das je geboren wurde. Wenn dein Baby zierlich ist, kommen dir alle kräftigen, pummeligen Babys plump und wie Karikaturen vor. Ist dein Baby kräftig, findest du alle zierlichen Babys kränklich und dürr. Meine Babys waren in den ersten Lebensmonaten alle recht kahlköpfig, und ich war überzeugt, dass diese kleinen Kojaks adretter und ordentlicher aussahen als die Wuschelköpfe à la Kelly Family von der Entbindungsstation, und daher, zumindest aus meiner nicht ganz objektiven Sicht, Letzteren vorzuziehen waren. Egal wie dein Baby aussieht – genau so wollte Gott, dass Babys aussehen. Alle anderen Babys sind nur Zweitplatzierte. Wenn dein Kind schon älter ist und du von der Schönheit eines anderen Babys gerührt bist, wette ich eine Million, dass dieses Baby aussieht wie deines in dem Alter.

Dein Baby ist nicht nur wunderschön, es hat zweifellos auch Charisma. Du kannst kein Auge von ihm lassen und möchtest ständig in seiner Nähe sein. Man kann einfach nicht anders, als es anzubeten. Es fühlt sich gut in deinen Armen an, duftet himmlisch und sieht dich mit einem Blick an, der bis tief in deine Seele vorzudringen scheint ... Schon gut, ich übertreibe vielleicht ein wenig, aber ich wette, ich bin nicht die Einzige! Es ist eine so anrührende Erfahrung, dein Baby nach und nach kennenzulernen und zu beobachten, dass du buchstäblich zu seinem Groupie werden könntest. Du könntest dir durchaus vorstellen, dein Baby vom Backstage-Bereich aus dabei zu beobachten, wie es draußen in der großen, weiten Welt sein Leben führt.

Um unsere Aufmerksamkeit auf sich zu lenken, wendet das Baby einen äußerst geschickten Trick an: Es verändert sich äußerlich von Tag zu Tag. Auch diejenigen unter uns, die den Winzlingen für gewöhnlich weniger Aufmerksamkeit schenken, sind von Babys Verwandlungskünsten fasziniert. Mit zwei Wochen hat das Baby keinerlei Ähnlichkeit mehr mit dem Neugeborenen auf den Krankenhausfotos. Und das rundliche, pausbäckige Baby, das du mit vier Monaten auf dem Arm hältst, sieht wieder völlig anders aus.

Neugeborene werden meist mit Haaren auf dem Kopf geboren, die ihnen dann alle wieder ausgehen. Die neuen Haare können in einer ganz anderen Farbe und Struktur nachwachsen! Neun Monate lang spannen einen die Kleinen mit ihrer Augenfarbe auf die Folter! Und wir Mamas wissen über ein Jahr lang nicht einmal, von wem unsere Engelchen ihr Lächeln geerbt haben, denn sie führen uns ständig an der Nase herum: Erst lassen sie uns warten, bis sie gelernt haben zu lächeln, dann, bis ihnen ein paar Zähne gewachsen sind, die ihr Grinsen etwas intelligenter aussehen lassen. An einem Tag erkennst du das charmante Lächeln deines Mannes im Nasekräuseln des Kleinen wieder, und am nächsten Tag blickt dir Tante Emma aus Babys Gesicht entgegen – ohne Gebiss. Selbst wenn sie dem Babyalter entwachsen sind, bleibt den Kleinen diese Wandlungsfähigkeit erhalten. Mein neunjähriger Söhn verblüfft mich immer wieder aufs Neue, wenn er sich ungefähr alle sechs Monate in eine völlig neue Person verwandelt. Ich sehe ihn aus den Augenwinkeln an und erblicke eine erwachsene Person. Und für einen Moment stockt mir der Atem vor Stolz und Schmerz.

»Dein Baby und dein Mann sind am Ertrinken – wen rettest du?«

Kein Mann mit etwas Grips würde es wagen, seiner Frau, der Mutter seines neugeborenen Kindes, folgende Frage zu stellen: »Wen liebst du mehr, das Baby oder mich?« Auch wenn er emotional ziemlich stabil ist und das Baby noch so sehr vergöttert, wird er die Antwort nicht verkraften. Neugeborene lassen jeden Konkurrenten meilenweit hinter sich. Wenn du glaubst, dies könnte bei jungen Eltern nicht zu einem Konflikt führen, hast du seit der Geburt noch keine Sekunde zum Nachdenken gehabt. In »Beim ersten Kind gibt's tausend Fragen« habe ich beschrieben, wie ich meinem Mann eines Nachts erzählte, dass ich unser viertes Kind erwartete. Er erklärte mir die Mann-Kind-Hierarchie folgendermaßen:

»Vicki, du bist wie eine Torte. Mit jedem neuen Baby werden nicht die Tortenstücke der anderen Kinder kleiner, sondern meines. Ich möchte ein größeres Stück Torte haben.«

Zunächst ein paar Worte zur Beruhigung, wie das bei uns Freundinnen so üblich ist. Die Tatsache, dass der kleine neue Verführer ganz selbstverständlich zum Dreh- und Angelpunkt deines Lebens wird (die Stellung, die normalerweise dein Partner innehat), ist so normal wie Ameisen beim Picknick. Aber hier eine Botschaft, die du deinem armen, vernachlässigten Mann sofort mitteilen solltest (da auch er dann und wann etwas Zuspruch braucht):

Deine Frau steht momentan unter einem Zauber. Das wird nicht ewig so sein (es sei denn, du bist ein Schwein oder sie hat Probleme, die nur Freud verstehen könnte). Das ist auch richtig so, Mama. Es ist völlig verständlich und akzeptabel, dass du dich im Moment ausschließlich auf dein Baby konzentrierst, schließlich ist es in jeder Beziehung von dir abhängig. Vielleicht ist dein Partner genauso hingerissen wie du – oder sogar noch mehr. Nennen wir diese Liebe »Anbetung«. Um deine Liebe zu bekommen, braucht sich dein Baby an keinen Verhaltenskodex zu halten, deine Liebe nicht zu erwidern, dich nicht für das zu respektieren, was du bist, und dir nicht zu versprechen, nicht mit deiner besten Freundin zu schlafen. Diese Forderungen sind deinem Partner vorbehalten. Um geliebt zu werden, genügt Babys bloße Existenz.

PRAXIS

Was du nie vergessen solltest

Für jetzt und fortan gilt: Dein Job als Mutter ist es, dein Baby einfach dafür zu lieben, dass es existiert. (Du kannst uns glauben, wenn die Kleinen zu eigenständigen Personen werden, wird das schon schwieriger.)

Hier die Kehrseite der Medaille: Dein Baby wird deine Liebe nicht immer erwidern, und trotzdem musst du es weiterhin lieben! Wir Freundinnen sind immer wieder aufs Neue erstaunt, für wie selbstverständlich mütterliche Fürsorge gehalten wird. Kein Kind wird dir später jemals aufrichtig dafür danken, dass du ganze Nächte an seinem Bett gewacht hast, als es die Masern hatte, oder seinen Fußballtrainer angebrüllt hast, der es als lahme Ente beschimpfte.

Es scheint so, als ob das Kredo der Kinder folgendermaßen lautet: »Du gehörst mir. Ich habe in dir gelebt, an deiner Brust getrunken, meine Nase an dir abgeputzt und dich kaum einmal in Ruhe auf die Toilette gehen lassen. Dein Job ist es, mich zu lieben, mich zu beschützen, mir etwas beizubringen und mich dann darauf vorzubereiten, dich zu verlassen. Ich komme nur zurück, wenn mich meine Freundin sitzen gelassen hat oder ich beim Examen durchgerasselt bin. Ich rufe dich an, wenn mir danach ist. Wenn ich ein Junge bin, werde ich alle wichtigen Feiertage bei meinen Schwiegereltern verbringen, und wenn ich ein Mädchen bin, werde ich dich schätzen lernen, wenn ich schließlich selbst Mutter werde.«

Halte dir dies vor Augen, wenn sich dein Mann nach ein paar Streicheleinheiten sehnt. Ich denke, wir können unseren Müttern Glauben schenken, wenn sie im Chor singen: »Vernachlässige deinen Mann nicht wegen deiner Kinder, denn deine Kinder werden dich eines Tages verlassen.« (Natürlich verlassen letztlich auch eine ganze Menge Männer ihre Frauen, aber das ist wieder eine andere Geschichte.) Schwelg ruhig in deiner Baby-Euphorie (als ob dich irgendetwas davon abbringen könnte), aber nimm dir auch Zeit für deinen Lebenspartner. Denk daran: Deine romantische Liebe, anders als deine mütterliche Liebe, basiert auf Partnerschaft, Verantwortung füreinander und körperlicher Intimität (ja, du wirst eines Tages wieder Sex haben wollen, Ehrenwort). Deine mütterliche Liebe basiert auf der Tatsache, dass du deine Rolle als Mutter akzeptierst und dafür sorgst, dass sich dieses kleine Wesen mit deiner Hilfe im Leben gut zurechtfinden wird. Für beide Arten von Liebe ist genügend Platz in deinem Leben. Schließlich bist du eine von uns Freundinnen – und hast ein riesengroßes Herz.

Mein Baby: Mittelpunkt des Universums

Die Baby-Euphorie junger Mütter bewirkt im Allgemeinen auch eine radikale Verschiebung der Perspektive, die sich bereits in der Schwangerschaft bemerkbar macht, jedoch erst nach der Entbindung voll zur Entfaltung kommt. Kein Ereignis, ob nun lokal oder global, wird mit der gleichen intellektuellen Distanz wie vorher betrachtet und bewertet. Alles wird nun unter dem Aspekt gesehen, inwiefern es Babys Leben betreffen könnte. Dabei wird alles – vom Tod Kurt Cobains bis zur Verfügbarkeit von mondänem Nagellack – als mögliche Veränderung, guter oder schlechter Natur, für die zu schützende Familie betrachtet. Wenn eine junge Mutter beispielsweise liest (nein, sagen wir lieber, im Fernsehen sieht, da jedermann weiß, dass frischgebackene Mütter keine Zeit zum Lesen haben), dass die Fluglinien wieder in einen erbitterten Kampf um Flugpreise getreten sind, betrifft sie diese Information nicht als möglichen Fluggast, sondern eher als Mutter, die unter den absurdesten Umständen ihr Baby womöglich per Flugzeug in eine weit entfernte Spezialklinik zu bringen hat oder zu den Großeltern zum Babysitten, während sie in der Nahostkrise als Vermittlerin tätig wird.

Wenn der Benzinpreis steigt, wird sofort folgendes Schreckensszenario vor Mamas geistigem Auge erscheinen: Ihr Kind fällt hin, muss genäht werden, das Auto ist nicht vollgetankt, und sie muss zwei Stunden in einer ewigen Schlange an der Tankstelle warten, während ihr Baby im Autositz beinahe verblutet. Du kannst dir vorstellen, was die Nachricht, dass eines der Kinder aus der Krabbelgruppe gerade Windpocken bekommen hat, in uns auslöst. Wir erkundigen uns nicht etwa nach dem Wohlbefinden des erkrankten Kindes, sondern machen uns sofort Gedanken über die Inkubationszeit und ob unser Kind mit irgendetwas in Berührung gekommen ist, was der kleine Bazillenträger angefasst hat.

Ich kann dieser – zugegebenermaßen recht engstirnigen – Sicht der Dinge einige sehr positive Aspekte abgewinnen. Zum Beispiel kann uns ansonsten sehr zerstreuten Mamas auf diese Weise keinesfalls irgendeine Information entgehen, die uns wirklich betrifft. Ich denke dabei zum Beispiel an Meldungen wie die, dass man Kinder nicht auf einem mit Airbag ausgestatteten Autositz befördern soll. Aber unsere panischen Bemühungen, stets über alles Wichtige auf dem Laufenden zu sein, können uns auch in den Wahnsinn treiben. Vor fünf Jahren war ich der Meinung, dass Biosäfte für meine Babys gesünder seien als die überzuckerten Pendants der großen Billighersteller. Vor drei Monaten zog sich dann die kleine Tochter einer Freundin einer meiner Freundinnen durch einen Bioapfelsaft, der keine Konservierungsstoffe enthielt, eine lebensbedrohliche Vergiftung zu. Einige Wochen lang hielt ich mich dann ausschließlich an Supermarktware, bis ich langsam wieder zu einer gewissen Ausgewogenheit bei der Wahl unserer Lebensmittel zurückfand. Meine Kinder dürfen sich zwar immer noch keine Hamburger im Fast-food-Restaurant bestellen, nicht, weil sie etwa kein rotes Fleisch essen sollen, sondern weil ich panische Angst vor Kolibakterien, diesen Darmbakterien, habe. Andererseits dürfen sie dort Chicken Nuggets essen, bis ihnen Federn sprießen, was wiederum beweist, dass ich nicht die Konsequenz in Person bin. Ich denke mal, auf Grundlegendes sollte geachtet werden, was nicht heißen soll, dass man nicht auch einmal ein Auge zudrücken darf.

Einmal Mutter, immer Mutter

Nachrichten und Informationen werden nicht nur in der eben beschriebenen Mama-spezifischen Sichtweise aufgenommen, sondern dem Ganzen wird auch noch eine Prise mütterliche Solidarität beigemischt. Wird eine Frau Mutter, identifiziert sie sich zum Beispiel mit allen anderen Müttern. Sie mag an einer obdachlosen Frau auf der Straße vorbeieilen, hat diese Frau aber ein Kind auf dem Arm, findet sie sich wahrscheinlich im Haus der Freundin wieder, wo sie mit einem Abendessen, einem Bad und warmer Kleidung für ihr Kind bedacht wird. Dieses Mitgefühl mit anderen Müttern – und nicht etwa Engstirnigkeit oder sogar edelmütige Loyalität – lässt uns Freundinnen auf einer Party zusammenglucken, um unsere Kommentare über die neue junge Schönheit am Arm des Ex-Mannes einer Freundin/ Kolleginnenmutter abzugeben. Wenn wir einmal Babys haben, entsetzt uns der Gedanke, unser Mann könnte uns verlassen. Lesen wir irgendwo, dass jemand sich von seiner Frau scheiden lässt und sein Kind nur noch jedes zweite Wochenende besucht, können wir nicht umhin, sofort ein vernichtendes Urteil zu fällen.

Egal was in der Beziehung wirklich abgelaufen ist – ist die Frau eine gute Mutter, kann sie nichts falsch und dieser miese Feigling von Mann nichts richtig machen. Junge Mütter lieben alle Babys (nun, nicht so sehr wie ihr eigenes, aber sie stehen ihnen auf jeden Fall nicht mehr gleichgültig gegenüber). Wenn in den Nachrichten über Gewalttaten an Kindern berichtet wird, können junge Mütter nicht hinsehen. Wenn ein Nachrichtenmagazin einen Beitrag bringt, in dem mit versteckter Kamera die Grausamkeit von Babysittern an Säuglingen entlarvt wird, muss ich mich ins Bett zurückziehen, so fix und fertig bin ich.

Das »Mamahausen«-Phänomen

Das Leben mit einem Baby ist in den ersten paar Tagen aufregender, als wenn man dich an Bord eines außerirdischen Raumschiffs einladen würde, und in vielerlei Hinsicht vergleichbar mit der Begegnung mit einem Alien. Daher ist es nur zu verständlich, dass junge Eltern, besonders junge Mütter, darauf brennen, die Beobachtungen und Entdeckungen auszutauschen, die sie beim Betrachten des kleinen E.T.s machen, der da bei ihnen zu Hause eingezogen ist. Auch auf die Gefahr hin, äußerst barsch zu klingen, empfinden wir Freundinnen es als unsere Pflicht, dir klipp und klar zu sagen: Niemand anderes auf dieser Welt interessiert sich so sehr für dein Baby wie du selbst. Es tut mir schrecklich leid, dass gerade ich dir das sagen muss, aber es ist die Wahrheit. So wundervoll die Geburt deines eigenen Kindes ist – erfunden hast du das Kinderkriegen nun einmal nicht. Deine Umwelt wird also nicht allzu traurig sein, wenn du ihnen die neueste Geschichte darüber vorenthältst, wie sich der Durchfall deines Sohnemanns gebessert hat oder dass sich deine kleine Prinzessin bereits Wochen vor der Zeit von links nach rechts und von rechts nach links rollen kann.

Du wirst wahrscheinlich der Meinung sein, dass die Geburt und die Entwicklung eines Kindes, besonders die deines eigenen, die spannendsten Themen überhaupt sind. Ich weiß, wovon ich spreche. Du kannst es einfach nicht fassen, dass du, die du doch im Handarbeitsunterricht nicht einmal eine gerade Naht zustande gebracht hast, dieses komplexe, vollkommene und charismatische Wesen geschaffen hast. Jede Kleinigkeit an deinem Baby, vom »Storchenbiss« an seinem Genick (für die Neulinge unter euch: Das ist ein Geburtsmal, das nach einer gewissen Zeit wieder verschwindet) bis hin zu der Art, wie das Kleine mit seinem Kopf wackelt und dir mit fragendem Blick direkt in die Augen blickt, kommt einem Wunder gleich.

Nicht nur, dass dir kein einziges Detail entgeht, du erzählst auch liebend gern davon. Ereignisse im Leben anderer, wie zum Beispiel das letzte Blind Date deiner Freundin oder die Karrierechancen deines Mannes (außer sie haben irgendeine Bedeutung für dein Baby), erscheinen dir lächerlich im Vergleich zu den Wundern, denen du täglich beiwohnen darfst. Meine Freundinnen und ich gestehen alle, dass wir früher oder später schon einmal eine völlig nichtsahnende und kinderlose Freundin mit einer Bemerkung wie dieser völlig vor den Kopf gestoßen haben: »Ich kann jetzt leider nicht mit dir über deine Hochzeit reden, Emily, weil unser Baby morgen die Dreifachimpfung bekommt, sein Zahnfleisch entzündet ist und ich nicht weiß, ob es zahnt oder eine Erkältung bekommt, und falls es doch eine Erkältung sein sollte, sollte es morgen vielleicht lieber nicht geimpft werden, da die Impfung es vielleicht noch mehr schwächen könnte oder es sie nicht verträgt. In diesem Fall könnte eine Impfung sogar Hirnschäden verursachen, das habe ich auf jeden Fall vor einigen Jahren irgendwo gelesen, und ich weiß sowieso nicht so recht, ob ich unserem Kinderarzt vertrauen kann, weil Kate mir erzählt hat, dass er ihr einmal gesagt hat, dass er bei der Dreifachimpfung seiner eigenen Tochter die Polio weggelassen hat ...«

PRAXIS

Ganz im Vertrauen ...

Vergiss nicht, dass andere, vor allem Personen, die nicht im Gegenzug von ihren Kindern schwärmen können, für eine kurze und oberflächliche Antwort auf die Frage »Und wie geht es dem Baby?« dankbar sind. Die meisten geben sich mit einem »Danke, gut. Es kann jetzt laufen« schon völlig zufrieden. Wenn du wirklich rücksichtsvoll sein willst, verzichtest du sogar darauf, die letzten Schnappschüsse deines Lieblings jedem zu zeigen, der dir über den Weg läuft. Davon abgesehen wirst du schnell kapieren, dass du bei jeder privaten Fotoausstellung deines kleinen Sonnenscheins deinem Gegenüber grünes Licht gibst, ein Bildchen des eigenen Lieblings hervorzukramen. Ich weiß, ich bin nicht gerade zimperlich mit dir und will dir sicher nicht den Spaß verderben, aber versuch einfach, dich ein wenig zu mäßigen. Dann wirst du vielleicht auch noch ein zweites Mal eingeladen.

Wenn die arme Emily an dieser Stelle noch nicht aufgelegt hat, nimmst du ihr mit der Bemerkung, mit der alle jungen Mütter ihre Telefonate beenden, ganz sicher endgültig den Wind aus den Segeln: »Oh, ich glaube, das Baby weint! Ich muss jetzt auflegen!«

Obwohl du jetzt weißt, was Sache ist, bist du noch längst nicht vor dem Mamahausen-Phänomen gefeit. Wir alle sind noch immer nicht ganz davon geheilt; mein Mann ist übrigens keinen Deut besser als ich, seit unsere Jungs sich für Sport interessieren.

Hat jemand meine Schlüssel gesehen?

Deine Zerstreutheit setzt zwar bereits in der Schwangerschaft ein, kommt jedoch erst nach der Geburt zur vollen Entfaltung. Sicherlich verlegen sogar kinderlose Frauen gelegentlich ihre Schlüssel, aber wetten, dass sie nicht so oft wie wir vergessen, wo sie ihr Auto geparkt haben? Du kennst doch diesen Alptraum, dein Baby in der Umkleidekabine zu vergessen? Diese Horrorvision quält dich nur deshalb, weil du weißt, dass dein Erinnerungsvermögen stark eingeschränkt ist. Wie oft saß ich schon in der Kirche, der Krabbelgruppe oder beim Kinderarzt mit einem vor Sauberkeit glänzenden, schön herausgeputzten Kind auf dem Schoß und bemerkte plötzlich, dass sich meine Zunge furchtbar pelzig anfühlte. Ich hatte schlicht und einfach vergessen, mir die Zähne zu putzen! Jedes Mal kramte ich dann hektisch in der Wickeltasche nach etwas, das meinen schlechten Atem überdecken würde, und fand meist nichts anderes als eine klebrige Flasche mit Babytee.

Vergesslichkeit ist nicht die einzige Form der Geistesabwesenheit, mit der wir Mamas Erfahrung haben. Uns kommt auch die Fähigkeit abhanden, logische Zusammenhänge zwischen Menschen, Orten und Dingen nachzuvollziehen. So öffnest du beispielsweise den Kühlschrank und wunderst dich, was dort alles aufbewahrt wird.

Ich starrte dann immer eine ganze Weile Milch, Joghurt, Erdnuss-butter und Überreste vom Tag zuvor an und fragte mich, was das ganze Zeug eigentlich war und was ich damit anfangen sollte. Kauf-häuser waren für mich die reinste Hölle. Regelmäßig vergaß ich den Weg zu den Aufzügen oder Rolltreppen, hatte ständig Probleme, die Abteilung für Kinderbekleidung zu finden, und meine Müh und Not mit den Größenangaben. Und zum krönenden Abschluss verirrte ich mich dann noch im Parkhaus.

Junge Mütter bewältigen auch einfache Aufgaben oft nur mit Mühe, weil sie bereits nach den ersten paar Handgriffen schon wieder vergessen haben, was sie eigentlich tun wollten. Bei mir lief das beispielsweise immer folgendermaßen ab: Mir fiel auf, dass der Ab-falleimer im Kinderzimmer eine neue Plastiktüte brauchte, bis nach dem Windelwechseln hatte ich das aber längst wieder vergessen. Ich ging in die Waschküche, wo ich solche Sachen aufbewahre, mein Blick fiel auf all die schmutzigen Handtücher, und ich stellte fest, dass ich überhaupt keine Lust aufs Waschen hatte, also ging ich in die Küche, schaute in den Kühlschrank, bemerkte, dass nicht mehr genug Eier da waren, eilte zum Notizblock neben dem Telefon, nahm anstatt Notizblock und Stift den Telefonhörer in die Hand, begann zu wählen und stellte dann fest, dass ich vergessen hatte, wen ich eigentlich anrufen wollte. Die Mülltüte? Keinen Gedanken mehr da-ran verschwendet. Warten wir mal das nächste Windelwechseln ab.

Du wirst wieder aus dieser geistigen Umnachtung herausfinden, liebe Freundin. Leider muss ich dir dennoch mitteilen, dass du nie mehr das ausgezeichnete Gedächtnis zurückerlangen wirst, das du vor der Schwangerschaft besessen hast. Wenn sich dein Hormon-haushalt später wieder eingependelt hat und dein Baby älter ist, wirst du einen direkten Zusammenhang zwischen deinen Gedächt-nislücken und deinem Schlafmangel erkennen. Danach kannst du deine Zerstreutheit auf all die Informationen und Termine schie-ben, die eine Mutter im Kopf behalten muss: Zeitpläne von Fahrgemeinschaften, Elternabende in der Schule, Kindergartenfeste und den Floh-Impftermin für die Hunde. Keine Frage – ich kann keine einzige neue Information mehr aufnehmen, ohne dabei eine bereits gespeicherte wieder zu vergessen. Es ist einfach kein Platz mehr in dem Teil meines Gehirns, wo Listen, Fahrpläne und Kinderreime aufbewahrt werden.

Es gibt nur einen Ausweg aus dieser Misere: Du musst zum Gewohnheitstier werden. Kannst du dich daran erinnern, wie dir deine Mutter immer gesagt hat: »Ein Platz für alles, und alles ist an seinem Platz«? Nun ja, sie befand sich eben in der gleichen Situation wie du jetzt, und es war die einzige Möglichkeit, eine gewisse Ordnung aufrechtzuerhalten. Gewöhn dir einfach ab sofort an, einen festen Aufbewahrungsort für alles zu finden, was du regelmäßig in Gebrauch hast. Den Autoschlüssel legst du immer in die Schale auf dem Garderobentischchen, die Wickeltasche hängst du immer an den Türknauf des Kinderzimmers, dein Geldbeutel bleibt immer in der Handtasche. Egal wie abgekämpft du nach Hause kommst, wie durstig du sein magst, wie dringend du auf die Toilette musst, leg deine Sachen nicht einfach nur irgendwo ab. Sie sind sonst so gut wie verloren.

Ein anderer guter Trick ist die »Wenn es eine Schlange wäre, hätte sie mich gebissen«-Methode. Mit anderen Worten, platziere dir Gedächtnisstützen an Stellen, über die du regelrecht stolpern musst (sie sollten jedoch keine Gefahr für eine Mutter mit Baby auf dem Arm darstellen). Wenn mir zum Beispiel das Shampoo ausgeht, habe ich diese Tatsache längst wieder vergessen, bis ich aus der Dusche komme, und erst recht, bis ich trocken genug wäre, um dies auf meiner Einkaufsliste zu vermerken. Also lege ich den leeren Behälter vor die Duschkabine, wo ich förmlich drauftrete, wenn ich aus der Dusche steige. Während ich mich abtrockne, werfe ich die leere Shampooflasche ins Waschbecken, damit mein Blick beim Händewaschen und Zähneputzen darauf fällt. Natürlich verbringe ich auf diese Weise den halben Tag mit einer leeren Shampooflasche in der Hand oder Hosentasche, aber immerhin erinnere ich mich so daran, für Nachschub zu sorgen.

Als letzte Waffe gegen Zerstreutheit bleibt immer noch das Listenschreiben. Ich habe sogar ein billiges Diktiergerät in meinem Auto, damit ich meine Gedanken aufnehmen kann, bevor sie sich wieder verflüchtigen. Natürlich nützen alle Listen (und Diktiergeräte) der Welt nichts, wenn du sie nicht finden kannst. Auch eine Liste braucht ihren angestammten Platz. Siehst du, Freundin, hier schließt der Kreis sich wieder!

Nebenbuhler

Frag irgendeine Mutter, ob sie möchte, dass ihr Partner ihr bei der Arbeit mit dem Baby unter die Arme greift, und sie wird dir sofort enthusiastisch mit Ja antworten. Aber wenn es dann wirklich darum geht, sich die Aufgabe zu teilen, werden erstaunlich viele Frauen plötzlich sonderbar. Sie sind es, die dann sagen: »Ach lass nur, ich wechsle die Windel lieber selbst. Nachdem du das letzte Mal gewickelt hast, hat sich die Windel nämlich gleich wieder gelöst« oder: »Das Baby scheint weniger Verdauungsprobleme zu haben, wenn ich es füttere, denn du schaukelst es zu sehr hin und her.« Dein Mann braucht kein pawlowscher Hund zu sein, um schnell zu begreifen, dass er sich aus dem Baby-Business lieber heraushalten sollte, wenn er nicht Minderwertigkeitskomplexe bekommen will.

Vielleicht befürchten wir frischgebackenen Mamas auch insgeheim, dass sich Papa gar nicht so übel anstellen würde. Was würde das dann wohl für uns bedeuten? Besonders, wenn wir unseren Job aufgegeben haben, um all unsere Aufmerksamkeit dem Baby zu widmen? Viele von uns hegen sowieso die Befürchtung, dass wir in diesem Mama-Business so richtige Amateure sind.

Wenn also dann ein Mann, den Gott schließlich nicht mal als würdig erachtet hat, um ihn mit einer Gebärmutter zu beglücken, seine Sache gut macht, liegen unser Selbstwertgefühl und unsere Identität in tausend kleinen Scherben auf dem Boden des Kinderzimmers. Du kannst uns ruhig glauben, wenn wir dir möglichst schonend beizubringen versuchen: Versuch dich zusammenzureißen, Freundin. Das große Ziel ist es, deinem Kind zu zeigen, wie es ohne dich in der Welt zurechtkommt, nicht, dass alle seine Bedürfnisse nur von Mama befriedigt werden können. Mal davon abgesehen, wirst du sicher bald merken, dass es gar nicht genug Hilfe bei der Arbeit mit einem Kind geben kann. In dieser Hinsicht solltest du kein falsches Schamgefühl kennen und dir von freiwilligen Helfern gern unter die Arme greifen lassen!

Was tun gegen den Babyblues?

Wochenbettdepression – bestimmt keine Erfindung

Nach der herkömmlichen Meinung (sprich »männlichen«) galt lange Zeit: Kategorie eins ist »normal« und für junge Mütter der erstrebenswerte Zustand. Kategorie zwei ist die klassische Wochenbettdepression – ein Phänomen, das gewissermaßen unanständig ist und um jeden Preis überwunden oder vertuscht werden muss. Kategorie drei gibt es gar nicht.

Wir Freundinnen sind folgender Ansicht: Die erste Kategorie, der Typ Frau, der den Übergang vom Menschen zur Mutter mühelos bewältigt, hat entweder unwahrscheinliches Glück oder ist eine schlechte Beobachterin. Wie sonst könnte man die Verwandlung von einer eigenständigen Person zu einer Mutter ohne Zwiespältigkeit, Befürchtungen oder Angst durchleben? Revolutionärer ist unsere Überzeugung, dass Kategorie zwei und drei in Wirklichkeit zu ein und derselben Kategorie gehören und sich nur von der Intensität her unterscheiden. Ganz richtig, wir vertreten hier nämlich eine Auffassung, bei der viele ganz schön von den Socken sein werden: Fast jede Frau, die ein Kind zur Welt bringt (und auch viele, die durch Adoption eines Kindes Mutter werden), leidet an einer Wochenbettdepression. Du wirst vielleicht entrüstet antworten, dass du damit nicht gemeint sein kannst, weil es dir blendend gehe, schönen Dank auch. Wenn das deine Reaktion sein sollte, kann ich dir nur sagen:

Tu mir bitte den Gefallen und lies diesen Abschnitt noch einmal nach Babys erstem Geburtstag und sag mir dann, ob ich recht habe. Es ist nämlich erstaunlich oft der Fall, dass Mütter von Einjährigen auf die ersten paar Monate ihrer Mutterschaft zurückblicken und sich fragen: »Wer war diese Irre?« – auch wenn sie zu der Zeit jeden mit einer Sicherheitsnadel erstochen hätten, der angedeutet hätte, sie seien wohl leicht wochenbettdepressiv (obwohl es wirklich zutraf). Ich habe die Symptome meiner Wochenbettdepression nie erkannt, während ich darunter litt, und doch bin ich mir jetzt, mit dem nötigen Abstand, sicher, dass ich bei allen vier Kindern in unterschiedlichem Ausmaß davon betroffen war. Meine Freundinnen Lori, Karen und May hatten ebenfalls eine Wochenbettdepression (zumindest war das das einstimmige Urteil ihrer Freundinnen), aber alle bestritten es, als wir sie von unserer Diagnose in Kenntnis setzten.

Nach einer Weile hatten wir anderen Freundinnen uns auf ihre momentane Gemütsverfassung eingestellt. So sagten wir zum Beispiel: »Frag May lieber nicht, wo Cheris Geburtstagsfeier stattfinden soll, sie ist im Moment etwas wochenbettdepressiv« oder: »Nun, Lori hat zwar gesagt, sie würde kommen, aber du weißt ja, wie sie im Moment ist ...« und: »Wir können zu Karen nach Hause gehen, aber sie lässt uns das Baby wahrscheinlich immer noch nicht sehen, weil sie glaubt, dass wir Bakterien einschleppen könnten.«
Eine Wochenbettdepression ist wie das prämenstruelle Syndrom, nur umfassender. Wenn es dir geht wie mir, dann kann dein Mann dir nichts Schlimmeres antun, als dein wirres Gefasel zu unterbrechen, um dich zu fragen, ob du bald deine Periode bekommst. In diesen Momenten halte ich für gewöhnlich einen Beutel Erdnüsse in der einen Hand, massiere mein Kreuzbein mit der anderen und kreische, meine Periode hätte nichts mit meinen Launen zu tun. Er solle also lieber seinen Mund halten! Dieser Mangel an Selbsterkenntnis ist auch bei Wochenbettdepressionen ein typisches Symptom. Während du dich in ihren Fängen befindest, findest du es völlig normal, deinem Mann Anweisung zu geben, sich in der Garage umzuziehen,

und ihn anschließend von oben bis unten zu desinfizieren, bevor er das Baby nach einem Arbeitstag im Büro sehen darf. Deuten deine Freunde an, dass deine Hormone wohl verrücktspielen, fühlst du dich malträtiert – und zwar von deinen Freunden, nicht von deinen Östrogenwerten. Ich weiß nicht, ob es uns so schwerfällt, diesen völlig normalen Zustand zu diagnostizieren, weil wir ihn nicht erkennen wollen oder weil wir ihn nicht erkennen können.

Andererseits liest du möglicherweise unsere etwas allgemein gehaltene Behauptung, dass jede Frau in unterschiedlicher Intensität von einer Wochenbettdepression heimgesucht wird, und brichst vielleicht vor Erleichterung in Tränen aus, weil du normal bist und nicht nur du allein solche Gefühle hast. So viele junge Mütter sind völlig unvorbereitet, wenn sie nach der Geburt mit anderen Gefühlen als überschäumender Freude konfrontiert werden. Von allen Seiten wird die junge Mutter mit Glückwünschen überhäuft, und man erwartet automatisch, dass sie sich vor lauter Mutterglück gar nicht mehr fassen kann. Ehrlich gesagt möchte auch niemand etwas Gegenteiliges hören. Die Leute lieben das Leben, wenn es wie im Kitschroman zugeht, und halten dich für eine Versagerin, wenn du andeutest, dass dein Gefühlsleben doch eine Spur komplexer ist.

Nicht, dass wir ihnen wirklich auf die Nase binden würden, dass wir befürchten, uns nicht richtig um unser Baby kümmern zu können, dass wir das Gefühl haben, in einem Vakuum zu leben, während der Rest der Welt ohne uns weiterlebt, dass wir jegliches Interesse an Sex oder unserem Äußeren verloren haben, dass wir lieber schlafen würden, als uns mit irgendjemandem zu unterhalten, dass wir mehrmals täglich in Tränen ausbrechen, dass wir die Opfer, die das Baby uns abverlangt, nicht auf uns nehmen wollen ... Dass eine junge Mutter um Himmels willen nicht darüber spricht, wie ihr wirklich zumute ist! Es gibt mehrere Gründe, warum ein Phänomen wie die Wochenbettdepression eines der tiefsten und dunkelsten Geheimnisse von uns Frauen bleibt.

Scham

Erstens ist sehr viel Scham damit verbunden, sich nicht ununterbrochen in Hochstimmung zu befinden, weil man Mutter geworden ist. Beim Wort Wochenbettdepression denken die Leute sofort an eine Frau, die ihr Baby nicht will oder nicht liebt. Wer mit dem Phänomen der Wochenbettdepression nicht vertraut ist, kann für gewöhnlich nicht nachvollziehen, dass eine junge Mutter gleichzeitig ihr Baby lieben und ihr Leben hassen kann. Man hält eine solche Frau eher für anormal und vermutet, dass ihr die natürlichen Instinkte fehlen, die eine »gute« Mutter auszeichnen. Wir alle kennen Bilder von Maria und Jesus – so sieht eine gute Mutter aus! Wir kennen aber auch die Geschichte von der Frau, die als Folge ihrer Wochenbettdepression ihr Baby überfuhr. Ich weiß nicht, ob die Geschichte wahr ist oder nur einer unserer kultureigenen Mythen, jedenfalls hat sie viele von uns Frauen in Angst und Schrecken versetzt. »Können diese zwiespältigen Gefühle dazu führen, dass ich eines Morgens aufwache und mein Baby aus dem Fenster werfe? Sollte ich nicht besser rund um die Uhr überwacht werden?« Oder schlimmer, unser mütterlicher Aberglaube nimmt überhand und wir sind plötzlich der festen Überzeugung, unserem Baby wird etwas Schreckliches zustoßen, wenn wir nicht dankbarer und enthusiastischer sind. Unterschät-

WISSEN

Es gibt drei Kategorien junger Mütter:

1. Die einen nehmen nach der Entbindung ihr Leben wieder auf – mit Zuversicht, Zielstrebigkeit und Enthusiasmus;
2. die anderen wünschen sich nach der Entbindung, eine gute Fee ließe das Baby wieder verschwinden und versetzte sie zurück ins alte Leben; und
3. die Übrigen, also wir.

ze nie, was für eine Macht der Aberglaube über Mütter hat: Es sind Mütter, die dreimal auf Holz klopfen, sich bekreuzigen oder »Gott schütze es« murmeln, wenn der Name eines Kindes erwähnt wird. Letztendlich schämen wir uns also nicht nur, mit anderen über unsere Gefühle zu sprechen, sondern sogar dafür, dass wir sie empfinden!

Glaub bloß nicht, dass Ehemänner, Mütter oder Schwiegermütter mit einer Wochenbettdepression besser umgehen können als der Rest der Gesellschaft. Erzähl mal dem Vater deines kleinen Lieblings, dass du dir doch nicht mehr ganz sicher bist, ob du Mama sein willst. Vielleicht reagiert er ja ruhig und verständnisvoll, aber wenn er wie die Ehemänner ist, die ich kenne, wird er ausflippen und dir mit einer Anzeige drohen. Wenn du mit deiner Mutter darüber sprichst, stell dich darauf ein, dass sie dir vorschlägt, das Baby für die nächsten paar Jahre mit zu sich nach Hause zu nehmen. Kein Wunder, dass die meisten von uns in einer Krise lieber den Mund halten und schweigend leiden.

Leider fühlen wir Freundinnen uns nur noch schlechter, wenn wir über unsere Gefühle nicht sprechen können. Es wäre eine solche Erleichterung, unsere weniger akzeptablen Gedanken loszuwerden, denn wenigstens die Hälfte davon würde sich, kaum ausgesprochen, in Luft auflösen. Nach meinen dreist-unwissenschaftlichen Berechnungen handelt es sich ungefähr bei der Hälfte unserer negativen Gedanken wirklich nur um bloße Gedanken, nicht etwa um Meinungen oder Überzeugungen. Diese Gedanken nehmen aber furchteinflößende Formen an, wenn wir sie zu lange für uns behalten, denn wir können dann nicht mehr unterscheiden, was wir wirklich fühlen oder nur zu fühlen meinen.

Ob ich damit etwa behaupten möchte, alle jungen Mütter fühlten sich nach der Geburt niedergeschlagen, deprimiert und enttäuscht? Keineswegs. Ich möchte damit vielmehr zum Ausdruck bringen, dass eine denkende Frau selten ihre neue Rolle akzeptiert und sich darauf einstellt, ohne dass sie in ihrem Gefühlsleben durcheinandergerät. Gemischte Gefühle gegenüber der neuen Mutterrolle sind nicht etwa ein Zeichen dafür, dass man sein Baby nicht liebt, sondern vielmehr ein Ausdruck für verschiedene Dinge: eine distanzierte Betrachtungsweise der mit dem Muttersein verbundenen Vor- und Nachteile, Erschöpfung oder auch ein schwerwiegendes hormonelles Ungleichgewicht.

Angst

Ein weiterer Grund, warum so viele von uns nicht wahrhaben wollen, dass sie an einer Wochenbettdepression leiden, ist unsere Angst davor. Wir befürchten, dass unser Verhalten völlig außer Kontrolle gerät, falls wir von diesem Phänomen betroffen sind. Auf unsere leicht hysterische Art denken wir dabei gleich an eine Kindsmörderin. Da eine junge Mutter am liebsten das ganze Universum zum Schutz ihres zarten Lieblings unter Kontrolle hätte, befürchtet sie, selbst der eine unberechenbare Faktor zu sein, der außer Kontrolle geraten könnte.

Nur die Ruhe, Mama. Für mich besteht nicht der geringste Zweifel, dass sich dein Baby bei dir in den allerbesten Händen befindet. Du wirst alles für das Glück und Wohlbefinden deines Babys geben. Ich wünschte nur, ich könnte mir sicher sein, dass du auf dich genauso gut achtgibst! Eine Wochenbettdepression ist, außer in den Fällen, über die im Fernsehen berichtet wird, für das Baby ein Klacks, kann für die Mama aber zu einem ganz schönen Problem werden. Unsere Kinder, nicht nur die Säuglinge, sind die meiste Zeit beneidenswert desinteressiert, was das Gefühlsleben ihrer Eltern betrifft. Für was würden sich unsere Sprösslinge wohl entscheiden, wenn man sie vor die Wahl stellte, ob sie ihre Mutter lieber unglücklich und frustriert im Zimmer nebenan oder glückselig auf Hawaii sehen möchten? So mancher glaubt, Variante Nummer eins würde zweifellos das Rennen machen. Das mag etwas übertrieben sein, aber ich habe es erwähnt, um dir zu versichern: Wenn du für dein Baby sorgst, es liebst und ihm Aufmerksamkeit schenkst, werden deine Schuldgefühle, weil du nun wieder zu arbeiten beginnst oder schon seit mehr als drei Wochen nicht mehr in halbliegender Position mit dem Kleinen auf dem Arm geschlafen hast, keinerlei Auswirkungen auf das Baby haben. Also: Versuch dich zu entspannen, während du diese Veränderungen durchmachst. Du wirst bald wieder du selbst sein, ohne dass das Baby etwas davon bemerkt hätte.

Wie lange geht das schon so?

Machen sich bei uns Symptome einer Wochenbettdepression bemerkbar, ist die Angst, es könnte sich dabei um eine Art unheilbare Geisteskrankheit handeln, fast genauso groß wie die, keine gute Mutter mehr sein zu können. Typisch für eine Wochenbettdepression ist der völlige Mangel an Optimismus. Für manche junge Mutter ist es einfach unvorstellbar, dass einmal eine Zeit kommen wird, in der sie nicht mehr müde, traurig, vergesslich oder angespannt sein wird. Wenn man für ein Kind zu sorgen hat, und das tut man in unserer Gesellschaft meistens allein, ist man mit Aufgaben konfrontiert, die sich ständig wiederholen und auf unabsehbare Zeit nicht enden. Man kann also leicht das Gefühl bekommen, die Tage bestünden nur aus Windelwechseln und Füttern.

Bei unserem ersten Baby bleibt uns nichts anderes übrig, als uns bei mütterlichen Entscheidungen auf unseren Instinkt zu verlassen, und das macht uns unter Umständen glauben, dass ständig etwas schiefgehen könnte. Sicher, in den Ratgebern ist zu lesen, dass du bald zwischen »hungrigem«, »gelangweiltem« oder »schmerzerfülltem« Schreien unterscheiden kannst, und das wird sicher auch der Fall sein ..., fragt sich nur, wann. In der Zwischenzeit treibt jeder Schreianfall deinen Blutdruck und Adrenalinspiegel gewaltig in die Höhe. Dann wird dein Baby zum ersten Mal krank; allein sturzflutartiges Erbrechen hat schon so manche Mutter an den Rand eines Nervenzusammenbruchs getrieben ...

Packen wir es also an und nehmen unsere Entwicklung in die Hand. Zunächst werden wir alle Missverständnisse bezüglich der Wochenbettdepression ausräumen. Hier sind die geläufigsten Irrtümer und ihre Richtigstellung.

Irrtum Nummer eins: Eine »normale« Wochenbettdepression, auch als Babyblues bekannt, tritt drei bis vier Tage nach der Geburt auf und ist im Prinzip nichts weiter als ein eintägiger, grundloser Heulanfall.

Die Wahrheit. Natürlich ist es möglich, dass du nach der Geburt leicht in Tränen ausbrichst, denn zu diesem Zeitpunkt findet der drastischste Hormonumschwung statt; dabei handelt es sich aber nicht um eine Wochenbettdepression, wenigstens nicht um die »Ihr-könnt-mich-alle-mal«-Wochenbettdepression, von der wir Freundinnen sprechen. Eine Wochenbettdepression tritt auf, wenn du zwei Monate lang kaum ein Auge zugemacht hast, dein Baby einen Wachstumsschub durchmacht und du befürchtest, dass du nicht genug Milch hast (vorausgesetzt, du stillst), wenn du dich mehr schlecht als recht ernährst, aber immer noch Übergewicht hast, und dann ... die ganze Familie die Grippe bekommt! Wenn du dann immer noch nicht auf dem Zahnfleisch daherkommst, hat Mutter Teresa eine würdige Nachfolgerin gefunden. Sieh mal, ich bin jetzt seit fast neun Jahren Mutter, und ich denke, hin und wieder sucht mich noch immer eine Wochenbettdepression heim: Vor drei Jahren zum Beispiel, als ich im achten Monat schwanger war und meine drei Kinder und ich die Windpocken bekamen. Wenn du denkst, ich hätte damals dem Muttersein gegenüber keine zwiespältigen Gefühle gehabt, bist du aber ganz schön auf dem Holzweg.

Irrtum Nummer zwei: Die Wochenbettdepression kann durch eine durchweg positive Einstellung während der Schwangerschaft verhindert werden.

Die Wahrheit. Ruf im Reisebüro an und buch eine Wallfahrt, um dich von deiner Schuld zu reinigen ...

Obige Fehlinformation deutet an, du seist selbst dafür verantwortlich, ob du eine Wochenbettdepression bekommst oder nicht. Mit anderen Worten: Wenn ja, ist es deine eigene verdammte Schuld. Das ist schlichtweg nicht nur falsch, sondern auch die Art von Ratschlag, die dich erst recht zum Stolpern bringt. Du kannst die ganze

PRAXIS

Glaub deinen Freundinnen

Es gibt ein Licht am Ende des Tunnels, und wir haben es uns zur Aufgabe gemacht, dir den Weg dorthin zu zeigen. Vieles regelt sich von selbst, je älter das Baby wird. 50 Zentimeter große Menschlein mit großen, wackligen Köpfen schüchtern jeden ein, mal von Kinderkrankenschwestern abgesehen, die sie mit derselben Unbefangenheit herumwirbeln wie Postangestellte ihre Briefe. Wenn die Winzlinge dann kompakter und unabhängiger werden, brechen wieder ruhigere Tage für dich an (zumindest bis sie den Führerschein haben). Je älter sie werden, desto besser schlafen sie auch, und das wird sich wohltuend auf deine geistige Verfassung auswirken. Schlafentzug ist, wie bereits erwähnt, das Schreckgespenst im Leben einer jungen Mutter. Wir haben allerdings herzlich wenig Einfluss auf Alter und Wachstum des Babys, und viele Aspekte einer Wochenbettdepression haben eigentlich sowieso mehr mit deiner eigenen Entwicklung zu tun.

Schwangerschaft und Mutterschaft hindurch krampfhaft versuchen, so positiv wie nur irgend möglich zu sein, und dennoch eine Wochenbettdepression bekommen. Außer, dass du in diesem Fall dann zusätzlich noch mit Enttäuschung und Selbstzweifeln zu kämpfen hast. Schwangerschaft und Mutterschaft bringen ungemein einschneidende physische und psychische Veränderungen mit sich, auch wenn du noch so begeistert davon bist, Mutter zu werden. Deine Ehe wird sich vielleicht verändern, dein Äußeres wird es in jedem Fall, und du weißt nicht wirklich, was es bedeutet, jemandes Mutter zu sein. Wenn du denkst, es sei deine Aufgabe, angesichts deiner Ödeme, deiner Verletzlichkeit und Angst, der Beschlagnahmung deines ganzen Körpers durch dieses kleine Wesen immer dankbar, glücklich und zufrieden zu bleiben, ist es kaum verwunderlich, dass du schließlich depressiv wirst. Hier kannst du mit positivem Denken wenig ausrichten. Die beste und gesündeste Einstellung ist es, alle Gefühle ohne schlechtes Gewissen zuzulassen. Wenn dieses Buch dazu beiträgt, dass du dir selbst zugestehst, auch mal zu schimpfen, ohne dies gleich für Verrat an deiner Mutterrolle zu halten, haben wir unser Ziel erreicht. Wir haben grenzenloses Vertrauen in deine Fähigkeiten als Mutter und sind uns ganz sicher, dass du dein Baby über alles liebst. Alles, was du denkst oder sagst, wird in diesem Zusammenhang gesehen. Also: Du kannst uns nicht schockieren!

Irrtum Nummer drei: Die Wochenbettdepression ist ein Hirngespinst der Frauen, medizinisch nicht nachweisbar.

Die Wahrheit. Dasselbe behauptete man früher auch vom prämenstruellen Syndrom und von Krämpfen (und ich habe es auch noch geglaubt!). Ich denke, eine ganze Menge Frauen mussten da erst Klartext reden, dass jemand ohne Gebärmutter über diese Angelegenheit spricht wie der Blinde von der Farbe. Es ist ganz einfach eine Tatsache, dass alles, was mit Schwangerschaft und jungem Mutterdasein zu tun hat, in großem Maße von unserer Biologie beeinflusst wird. Du glaubst doch wohl nicht, dass Mutter Natur uns unserem Schicksal überlässt und einfach abwartet, dass sich die Gattung Mensch von allein fortpflanzt. Wir sitzen nicht mehr auf dem Fahrersitz, wenn das Leben eines anderen auf dem Spiel steht, und in Anbetracht der Tatsache, wie ahnungslos wir sind, sollten wir dankbar dafür sein, auf dem Beifahrersitz Platz nehmen zu dürfen. Sobald wir schwanger werden, sorgen nämlich unsere Hormone in Verbindung mit unserer genetischen Programmierung dafür, dass wir für das Wohlbefinden und den Schutz des neuen Lebens jedes Opfer auf uns nehmen. Wenn das Baby auf der Welt ist, kommen Erschöpfung und Unerfahrenheit hinzu, und das Resultat ist eine Form von Folter, an der Marquis de Sade seine wahre Freude gehabt hätte. O Gott, noch ein Anflug von Brustentzündung und ihm würde ganz schwindelig vor Glück!

Irrtum Nummer vier: Eine Wochenbettdepression ist nichts weiter als eine gewisse Niedergeschlagenheit in der Zeit nach der Entbindung.

Die Wahrheit. Nun, das ist nur ein Bruchteil des Ganzen. Eine Wochenbettdepression ist lediglich ein Oberbegriff für die verschiedensten Emotionen und Verhaltensweisen, die neu und ungewöhnlich oder intensiver sind als in deiner kinderlosen Zeit. Ich wurde von höllischen Kopfschmerzen geplagt, die mein Gehirn von der Gegend hinter meinen Augäpfeln aus durchbohrten. Meine Freundin Lori war vergesslich und verwirrt. Kaum hatte sie zielstrebig ein Zimmer betreten, hatte sie auch schon wieder vergessen, was sie dort eigentlich gewollt hatte. Einmal fand sie ihr Handy im Kühlschrank wieder! Karen hatte, wie du bereits weißt, eine Bakterienphobie. Ihr geliebter Ehemann musste sich erst einmal umziehen und gründlich abschrubben, bevor er sich dem Baby nähern durfte.

Irrtum Nummer fünf: Wenn dich die Wochenbettdepression einmal gepackt hat, kannst du nur noch darauf warten, bis sie wieder verschwindet.

Die Wahrheit. Wenn du das Gefühl hast, du kommst mit deiner Mutterrolle nur schwer zurande, wähle den einfachsten Weg und bitte um Hilfe. Du brauchst dich deswegen nicht zu schämen, denn von der Natur war es nie vorgesehen, dass du diese Aufgabe allein meistern musst. Denk daran, der Mensch lebte einst in Stämmen, und Mütter konnten sich bei der Erziehung ihrer Kinder auf die Hilfe der anderen Frauen verlassen (verstanden, Freundinnen?). Was immer du auch tust, nimm deine Unzufriedenheit nicht einfach so hin und tu nicht so, als existiere sie nicht. Es gibt so vieles, was du tun kannst, um wieder Boden unter den Füßen zu bekommen. Vielleicht ist dir schon mit etwas mehr Schlaf oder ein wenig Gymnastik geholfen, vielleicht brauchst du auch Medikamente, aber in jedem Fall gibt es Hilfe für dich. Wenn du denkst, dass du und dein Baby das erste Jahr völlig abgeschnitten vom Rest der Welt verbringen müsst, ist es nicht verwunderlich, dass du durchdrehst.

Stichwort Etikettenschwindel

Ein weiterer Grund, warum wir die Symptome einer Wochenbettdepression vielleicht nicht erkennen, ist die Bezeichnung dieses Zustandes. Eine Depression, also Niedergeschlagenheit und Mutlosigkeit, ist nämlich nur eine Möglichkeit, wie sich dieser veränderte Gefühlszustand äußern kann. Wenn du dich gefühlsmäßig verunsichert und durcheinander fühlst, kann es sich dabei auch um eine vorübergehende Form der Wochenbettdepression handeln.

Hier eine Liste der Symptome:

1. Gefühle der Unzulänglichkeit
Diese Gefühle sind ernster als deine üblichen Befürchtungen, dass du eine Versagerin bist, weil du es nicht schaffst, das Bett zu machen, bevor dein Mann nach Hause kommt, oder weil du dein altes Gewicht noch nicht wieder erreicht hast. Wovon ich spreche, ist die

Überzeugung, der Aufgabe als Mutter nicht gewachsen zu sein und zu versagen. Dieses Gefühl der Unzulänglichkeit äußert sich auch darin, dass man sich mit allen anderen jungen Müttern vergleicht und immer schlechter abschneidet. (Als Erstes solltest du aufhören, alles für bare Münze zu nehmen, was dir diese Mütter erzählen.)

2. Entscheidungsschwierigkeiten
Damit meine ich nicht schwerwiegende Entscheidungen, wie zum Beispiel, wann man abstillt oder auf welche weiterführende Schule der Sprössling geschickt werden soll, sondern eher, ob man sich nach draußen wagen soll oder nicht, lieber Huhn oder Rindfleisch kaufen soll, sich anziehen oder im Bett bleiben soll.

3. Die Angst vor dem Alleinsein
Dieses Symptom hängt häufig eng mit dem unter Punkt eins beschriebenen Unzulänglichkeitsgefühl zusammen. Viele frischgebackene Mamas, deren Hormonhaushalt völlig durcheinandergeraten ist, fürchten das Alleinsein mit ihrem Baby, weil sie sich nicht zutrauen, für das Kleine richtig sorgen zu können.

4. Katastrophenphantasien oder bizarre Ängste
Für mich ein ganz harter Brocken. Ich stellte mir ständig Desaster vor, die mein Baby treffen könnten, während es sich in meiner Obhut befand. Einmal träumte ich, ich hätte das Baby im Autositz aufs Autodach gestellt und wäre ohne nachzudenken einfach losgefahren. Außerdem hatte ich regelmäßig den Traum, dass ich irgendwo mit meinem Baby hinging und allein wieder zurückkam, also völlig vergessen hatte, dass ich ein Kind zur Welt gebracht hatte. Meine Freundin Chrissie hatte ständig Angst, dass sie mit dem Neugeborenen auf dem Arm zu nahe an einem Balkon oder Fenstersims stehen könnte und ihr das Kleine auf unerklärliche Weise einfach aus der Hand gleiten und auf Nimmerwiedersehen in den Weltraum entschwinden könnte.

5. Kein Interesse an alten Hobbys

Eine ganze Weile nach der Geburt wird dir keine Zeit bleiben, alten Hobbys nachzugehen, geschweige denn, Interesse daran zu haben. Das ist völlig normal, jedenfalls unserer Meinung nach. Sorgen machen wir uns nur, wenn du gegen Ende des ersten Jahres immer noch allgemeines Desinteresse an deinen vorherigen Vergnügungen zeigst, Zeitunglesen nach dem Aufstehen eingeschlossen, und sogar Sex dich langweilt und nicht der Mühe wert scheint.

6. Stillprobleme

Ich habe lange gezögert, dieses Symptom in die Liste mit aufzunehmen, denn ich möchte nicht, dass jede junge Mutter, die Schwierigkeiten hat, die Kunst des Stillens zu meistern, glaubt, der Grund dafür sei eine Wochenbettdepression. In 99 Prozent der Fälle sind Stillprobleme nichts weiter als das: eine normale Reaktion auf etwas, das nur schwer (und schmerzhaft!) zu erlernen ist. Einige Frauen haben jedoch Schwierigkeiten, sich so zu entspannen, dass der Milchflussreflex ausgelöst wird. Der Grund dafür kann eine übermäßige postnatale Anspannung sein.

7. Kopfschmerzen, Bauchweh, Übelkeit und Muskelschmerzen

Du liest das Buch einer Frau, die Aspirin in Auto, Geldbeutel und Küche deponiert. Meiner Meinung nach bringt die Mutterschaft also so einige Wehwehchen und Beschwerden mit sich. Und wir alle wissen, dass man vor allem in der Zeit kurz nach der Entbindung mit einer ganzen Menge körperlicher Beschwerden zu tun hat.

Aufmerksam werden solltest du allerdings bei ständig wiederkehrenden Schmerzen, die nicht mit irgendeiner Krankheit oder Verletzung in Zusammenhang zu bringen sind. Meine Freundin Terry hatte monatelang unter Muskelschmerzen zu leiden, und mich plagten so stechende Kopfschmerzen, dass ich befürchtete zu erblinden. (Uns beiden geht es jetzt wieder gut, danke).

8. Nervosität, Schwanken und Zittern

Die Kombination aus angespannten Nerven, Schlafmangel und dem Einfluss des exotischen Hormoncocktails lässt dich womöglich ganz schön wacklig auf den Beinen werden. Lass dich davon nicht verunsichern, aber sei vorsichtig in der Nähe des Babys – wir wollen schließlich nicht, dass irgendetwas Wertvolles runterfällt und zerbricht. Mach das Ganze nicht noch schlimmer, indem du koffeinhaltige Getränke zu dir nimmst, auch wenn du denkst, du könntest ein Aufputschmittel gut vertragen. Wenn du diese Symptome bei dir feststellst, ist es ratsam, dich mit deinem Arzt in Verbindung zu setzen, damit er eine Infektion oder eine Hämorrhagie (starke innere Blutung) ausschließen kann.

9. Zwanghaftes Verhalten und der Drang, Dinge ständig erneut kontrollieren zu müssen

Auch hier ist es nur ein schmaler Grat zwischen einem Spleen und einer zwanghaften Neurose. Wer von uns Müttern hat nicht schon mal die fixe Idee gehabt, dass das Baby zu atmen aufhört, wenn wir es auch nur eine Minute aus den Augen lassen? Wie viel Händewaschen ist zu viel, wenn alle neuesten Untersuchungsergebnisse zeigen, dass Grippeinfektionen und Erkältungen durch eben diese Finger übertragen werden? Und was den Drang zur ständig wiederholten Kontrolle anbelangt: In Anbetracht dessen, was wir über die Zerstreutheit von frischgebackenen Mamas wissen, kann es sich durchaus bezahlt machen, zweimal nachzusehen, ob man die Eingangstür wirklich abgesperrt oder den Herd ausgemacht hat. Wenn dir nicht aufgefallen ist, dass sich dieses Verhalten zu einem Problem entwickelt, Freunde und Familie aber gegenteiliger Meinung sind, dann schenk ihnen Glauben.

10. Meiden des Babys

Diesen Punkt habe ich bis zum Schluss aufgespart, denn er gehört zu den beängstigendsten Symptomen einer Wochenbettdepression. Für dieses Verhalten schämen wir uns, kommen uns vor wie Rabenmütter und befürchten, das Baby nie richtig lieben zu können. Auch wenn es nach dem schlimmsten Symptom klingt – es muss nicht so sein. Ich kenne einige junge Mütter, die ihr Baby dankbar an Au-pair-Mädchen, Ehemann, Oma oder eine andere Vertrauensperson übergeben haben. Das Baby fühlt sich meist pudelwohl, während die Mütter in eine schlimme Depression verfallen. Je länger die emotionale und physische Distanz zum Baby aufrechterhalten wird, desto schwerer wird es für die Mutter, diese Kluft wieder zu schließen. Hier geht es nicht darum, dass du dein Baby nicht liebst, sondern dass du dir selbst nichts zutraust.

Enttäuschungen im Entbindungszimmer

Einige von uns sind so froh, Wehen und Geburt hinter sich gebracht zu haben und ein gesundes Baby in den Armen zu halten, dass es ihnen egal ist, ob sie ihre Notdurft mitten auf dem Geburtsbett verrichtet oder die Mutter des Anästhesisten beschimpft haben. Andere jedoch sind niedergeschmettert, weil die Geburt ihres Kindes ihre Träume und Erwartungen nicht erfüllt hat. Während der neun (zehn) Monate der Schwangerschaft hegen und pflegen wir eine bestimmte Vorstellung, wie die Geburt unseres Kindes aussehen wird. Bei einigen von uns beginnt die Wunschvorstellung damit, dass sich die zukünftige Mama im Bett zu ihrem geliebten Mann herüberrollt und sagt: »Liebling, es ist so weit!« Dann rufen beide den Arzt an, legen den bereits gepackten Klinikkoffer ins Auto und fahren zur Notaufnahme – übers ganze Gesicht vor Aufregung und Vorfreude strahlend. Dort erwartet sie bereits ihr Arzt (schön wär's!), und bei der Untersuchung stellt sich heraus, dass der Muttermund sieben Zentimeter geöffnet ist. Mit ihrem Mann an der Seite veratmet die werdende Mutter nun die Wehen, genau so, wie sie es in der Geburtsvorbereitung gelernt hat. Drei Presswehen – und das Baby ist da. Der kleine Schatz ist einfach vollkommen, und alle sind sich einig, dass er den Apgar-Test mit Bravour bestanden hat. Mama ist im siebten Himmel. Sie fängt sofort an zu stillen, und alle gehen glücklich nach Hause. Denkste!

Diese Wunschvorstellung ist an mehr Wochenbettdepressionen schuld, als du dir vorstellen kannst. Freundinnen auf Entbindungsstationen im ganzen Land brechen in dieser Minute in bittere Tränen aus, weil sie das Gefühl haben, sie hätten bei der Entbindung »versagt« oder seien an einen unsensiblen Arzt geraten, der sie um ihr Geburtserlebnis gebracht hätte. Sie haben sich unter Umständen mit großem Eifer vorbereitet, stärkste Schmerzen ausgehalten, ohne um eine Periduralanästhesie zu bitten, und wurden dann, nach

WISSEN

Meist kommt es anders, als man denkt

Je nachdem, wo du lebst und entbindest, besteht eine 20- bis 40-prozentige Wahrscheinlichkeit[*], dass du dein Kind per Kaiserschnitt auf die Welt bringen wirst. Das bedeutet schlicht und einfach, dass sich ungefähr ein Drittel von uns dieses schöne Märchen schon von vornherein abschminken kann. Einige von uns plagen sich scheinbar endlos mit ihren Wehen herum, und wenn es dann ans Pressen geht, sind wir so erledigt, dass sich eine Hebamme auf unseren Bauch setzen muss, damit das Baby herauskommt! Viele von uns flippen völlig aus und beschimpfen ihren Mann, für diese Tortur in erster Linie verantwortlich zu sein. Und wo steht etwas von dem schmerzerfüllten Stöhnen und panischen Weinen? Eine Geburt ist eine schmerzvolle, blutige, harte und unvorhersehbare Angelegenheit, doch in den Geschichten, die wir uns während der Schwangerschaft ausmalen, kommt nichts davon vor.

---

[*] In Deutschland 10 bis 15 Prozent

15 qualvollen Stunden, in Kenntnis gesetzt, ihr Kind leide unter Geburtsstress und müsse sofort per Kaiserschnitt geholt werden. Wie schnell doch aus einer Art gelangweilten Ruhe im Entbindungszimmer eine Krisensituation werden kann, wenn sich die Wehen nicht so entwickeln, wie der Arzt es gern hätte.

Jetzt, wo du das Baby bereits auf die Welt gebracht hast, kann es ganz witzig sein, dir diese kleine Geschichte wieder ins Gedächtnis zu rufen und in Gedanken all die Stellen zu streichen, die absoluter Schwachsinn sind. Womit sollen wir anfangen? Mit der wunderbaren Fahrt ins Krankenhaus? Und wie steht es mit dem Arzt, der schon vor dir dort eingetroffen ist? Und dann die Tatsache, dass sich der Muttermund ohne größere Schmerzen sieben Zentimeter geöffnet hat. Wer verzapft eigentlichen solchen Blödsinn?

Unzählige meiner Freundinnen sind der festen Überzeugung: »Ich weiß, ich hätte eine natürliche Geburt haben können, wenn man mir nur etwas mehr Zeit gelassen hätte« oder: »Ich hätte keine Periduralanästhesie gebraucht, wenn ich nicht so höllische Rückenschmerzen gehabt hätte. Ich dachte, mein Rückgrat bricht entzwei!« oder: »Hätte ich zwei Wochen vorher zu arbeiten aufgehört, wäre mein Baby nicht zu früh gekommen.« Wenn, wenn, wenn – das alles kann eine junge Mutter niederdrücken und ihr alle Freude und jeglichen Stolz am Mutterdasein nehmen. Da wir gerade beim Thema sind: Bei einigen Mamas ist dies die Hauptursache für eine Depression.

Was tun in dieser Situation?

Schon ein Anruf kann helfen. Wende dich zuerst an Privatpersonen; die richtigen Seelendoktoren solltest du dir lieber für die größeren Krisen aufsparen. Besorg dir einen Babysitter. Falls du dir das nicht leisten kannst, bitte die Oma, eine Freundin oder vielleicht sogar deinen Mann (zu schön, um wahr zu sein, was?), sich wenigstens ein paar Stunden um das Baby zu kümmern. Ich würde dir ja raten, in diesen kostbaren Stunden ein Nickerchen zu machen, aber wenn du lieber mit dem Auto eine Spritztour unternehmen oder es dir in der Badewanne gemütlich machen möchtest, dann nur zu. Für was du dich auch entscheidest, vergeude bloß nicht diese kostbare Zeit der Erholung, indem du den Abwasch machst oder dich beim Einkaufen abhetzt. Und sogar noch wichtiger: Hab ja kein schlechtes Gewissen, weil du dir mal eine Verschnaufpause von dem Baby gönnst. Wenn du genug Flaschen vorbereitet hast, wird das Baby deine Abwesenheit wahrscheinlich nicht einmal bemerken.

So wohltuend eine kurze Gnadenfrist auch sein mag, deine Wochenbettdepression wird sich deswegen nicht gleich in Luft auflösen. Mir half ein bisschen Schlaf schon viel, aber irgendetwas in meinem Kopf erlaubte mir nicht, mich glücklich und optimistisch zu fühlen. Ich wandte mich an meine Freundinnen und bat diesmal um Hilfe der etwas anderen Art: Ich bat sie, mich jeden Tag anzurufen, um mich zu einem gemeinsamen Spaziergang zu überreden. Für einen täglichen Spaziergang mangelte es mir zwar an der nötigen Disziplin, aber anfangs brachte ich es immerhin auf dreimal pro Woche. Wir gingen die Straßen auf und ab, durch benachbarte Parkanlagen und auf Wanderwegen, sogar durch Fußgängerzonen. Und wir gingen schnell – so schnell es eben möglich war, wenn man sich gleichzeitig noch unterhalten wollte. Die Kombination aus Gehen und Reden ergab die perfekte Therapie. Außerdem nahm ich dabei noch ab, wogegen ich ganz und gar nichts einzuwenden hatte. Als ich mich wieder einigermaßen erholt hatte und das Baby seinen Kopf ganz ordentlich halten konnte, brachte ich es gelegentlich in einer Kraxe mit zum Spaziergang. Je älter das Baby wurde, desto mehr hatte ich zwar zu schleppen, aber desto fitter wurde ich auch.

Zweifelsohne haben frische Luft, Tapetenwechsel und der Verlust von unansehnlichem Fett zu einer Verbesserung meines Gefühlszustands beigetragen. Ich denke aber, der wirkliche Auslöser war die

Bewegung, durch die Endorphine, also körpereigene Hormone, freigesetzt wurden. »Hallo, ich heiße Vicki und bin endorphinabhängig.« Auch wenn du dich nur bewegst, um diesen Kick zu bekommen, ist das schon Grund genug.

Such dir so bald wie möglich ein paar andere Mamas, mit denen du dich treffen kannst. Auch wenn du dich für sehr schüchtern hältst – wenn du möchtest, kannst du so viele Freundschaften mit anderen Mamas schließen, dass du dich gar nicht mehr retten kannst. Wenn du zu einer Kirche gehörst (oder einfach in der Nähe von einer wohnst), informiere dich, ob dort eine Krabbelgruppe angeboten wird. Weitere Auskünfte erhältst du auch in der Praxis deines Kinderarztes, in Gemeindezentren, in deinem Entbindungskrankenhaus und dort, wo du dir deine elektrische Milchpumpe ausgeliehen hast. Falls du kein Glück haben solltest, kannst du immer noch eine eigene Krabbelgruppe ins Leben rufen. Du brauchst nur ein paar nett aussehende Frauen mit Baby im Schlepptau auf einen Kaffee einzu-

PRAXIS

Hier ein Wort der Warnung:

Wenn du feststellst, dass du versehentlich Freundschaft mit einer Mama geschlossen hast, die dir das Gefühl vermittelt, dich in einem elterlichen Wettstreit zu befinden, lass sie und ihr perfektes Baby sofort sausen. Jede Frau, die vorgibt, ständig alles unter Kontrolle zu haben, belügt dich und sich selbst. Du brauchst eine Freundin, die weiß, dass wahre Akzeptanz und Freundschaft nur zwischen zwei lebenden, fühlenden und ehrlichen Menschen möglich ist. Konkurrenzbestimmtes Muttersein verstößt gegen alle Regeln von uns Freundinnen und kann zum Ausschluss führen. Du weißt, was das bedeutet: Du gehörst nicht mehr zum engeren Kreis der Freundinnen.

laden. Glaub mir, sie werden genauso wie du auf der Suche sein nach Gesellschaft, Mitgefühl und Erfahrungsaustausch. Du weißt, wie ich über meine Freundinnen denke: Ich mache keinen Schritt, ohne sie zu konsultieren. Meiner Meinung nach sollte keine Frau mit der Mutterschaft konfrontiert werden, ohne eine oder zwei Mamas als Freundinnen an ihrer Seite zu wissen, die ihre Baby-Obsession teilen. Nur eine Frau, die das durchmacht, was du gerade durchmachst, kann nachvollziehen, wie stolz dich ein Lächeln deines Babys macht, welche Angst du hast, wenn es nicht aufhört zu schreien, und wie frustriert du bist, wenn dir immer noch nichts anderes passt als Umstandskleidung.

Ruf deinen Frauenarzt an!!! Ob du's glaubst oder nicht, du wirst nämlich nicht die erste Patientin sein, die nach einer Entbindung etwas durcheinander ist. Setz deinem Arzt die ganze Sache auseinander, ohne die beängstigendsten Punkte unter den Tisch fallen zu lassen oder dich für etwas zu schämen. Er hört das alles sicher nicht zum ersten Mal, und wenn du einen guten und einfühlsamen Arzt hast, wird er dich ganz sachte an die richtige Behandlung heranführen. Falls dein Arzt den Ernst der Lage jedoch nicht erkennt oder du belehrt wirst, einfach nur auszuharren, bis deine Niedergeschlagenheit vorübergeht, such dir sofort einen neuen Arzt. Du kannst einen Arzt finden, der sich auf Wochenbettdepressionen spezialisiert hat, indem du dein Entbindungskrankenhaus anrufst und dich erkundigst, ob man dir dort nicht eine Selbsthilfegruppe für Mütter mit Wochenbettdepressionen empfehlen kann. Diese Gruppe kann dir dann bei der Suche nach einem geeigneten Arzt behilflich sein und den Kontakt zu einer Menge anderer Leute herstellen, die wissen, was du gerade durchmachst.

Vielleicht hat dir dein Arzt ja auch ein Antidepressivum verschrieben. Dies behagt dir vielleicht überhaupt nicht, weil du prinzipiell gegen solche Medikamente bist oder dich vielleicht vor den Kopf gestoßen fühlst, weil du dachtest, auf solche Mittel würdest du nie zurückgreifen müssen. Das war allerdings, bevor du wusstest, wie belastend eine länger andauernde Depression sein kann. Wenn du unter einer leidest, bist du der Pharmaindustrie wahrscheinlich auf ewig dankbar für diese Medikamente. Ich bin keine Ärztin, aber ich glaube an Krämpfe, das prämenstruelle Syndrom, Wochenbettdepressionen und die Depression in der Menopause. Das alles sind keine Hirngespinste. Wenn man sich das Leben ohne großen Aufwand etwas erleichtern kann, bin ich sofort dabei. Ich kann dir nur sagen, dass es sich mit Antidepressiva wie mit Schönheitsoperationen verhält: Mehr Leute machen Gebrauch davon, als man sich vorstellen kann.

Während einer Depression sollte man sich keinesfalls isolieren. Ob du nun einfach den Kontakt zu deinen alten Freundinnen pflegst, neue Freundschaften in einer Krabbelgruppe schließt oder dich einer Selbsthilfegruppe für Mütter mit Wochenbettdepressionen anschließt – triff dich auf jeden Fall regelmäßig mit diesen Frauen. Denk dran, was wir über den Freundinnenclan gesagt haben: Nachmittägliche Talkshows sind zwar große Klasse, aber du brauchst Freundinnen aus Fleisch und Blut, gerade jetzt. Vergiss nicht: Wir sitzen alle im selben Boot!

vorher

nachher

Eins und eins
macht drei

Wie wird man eine Familie?

M it der Ankunft des ersten Kindes wird aus einer Beziehung eine Familie. Ja, ich weiß, dass viele kinderlose Paare sich auch als Familie sehen, und ich möchte das bestimmt nicht abwerten. Für die meisten Paare ist jedoch die Geburt eines Kindes das Ereignis, das ihre Beziehung zu einer vollständigen und erwachsenen Beziehung macht. Plötzlich macht man sich mehr Gedanken um Babys Wohlbefinden als um das eigene und fühlt sich verantwortlich für seine körperliche, intellektuelle und moralische Entwicklung. Mit der Kindererziehung hat man alle Hände voll zu tun. Es gäbe Arbeit genug, um sie unter mehreren Leuten aufzuteilen, vielleicht sogar genug für ein ganzes Dorf. In diesem Kapitel besprechen wir jedoch das üblichere Kindererziehungsteam Mama und Papa.

Meine Freundinnen erinnern sich alle noch an den Moment kurz nach der Geburt, als ihre Augen vom Baby zu ihrem Mann und wieder zurück zum Baby wanderten und sie kaum glauben konnten, was für ein magisches Dreieck sie da bildeten. Es ist eine ganz erstaunliche Entdeckung, dass du und dein Mann durch euer Baby verbunden seid. Auch wenn diese Verbundenheit nicht biologisch ist, vereint sie zwei Menschen doch auf tiefe, kraftvolle Art und Weise im Schutz und in der Liebe zu einem dritten (und vierten, fünften, sechsten ...). Und, so hofft man zumindest, macht die Beziehung verbindlicher. Um Klartext zu reden: Nachdem ich drei Kinder hatte, begann ich Respekt für die Mafia zu empfinden. Ich bewundere jede Gruppe, die sagt: »Was du meiner Familie antust, tust du auch mir an!«, denn genau so empfinden mein Mann und ich für unsere Kinder und füreinander. Die meisten Mütter, die ich kenne, sind ohne Weiteres imstande, körperliche Gewalt anzuwenden, wenn jemand ihren Kindern etwas zuleide tut. Und ich weiß, dass ich ohne zu zögern auch bis zur Todesstrafe gehen würde. Es ist ein Urbedürfnis, sich mit etwas Größerem so stark verbunden zu fühlen als nur mit dir allein. Es kann aber auch beängstigend, frustrierend und ermüdend sein. Sei also nicht überrascht, wenn der Übergang von Beziehung zu Familie nicht ganz reibungslos und im Handumdrehen vonstattengeht.

Kurzfristige Veränderungen

Jede Art von Veränderung bringt die meisten Leute durcheinander; die Veränderungen, die du jedoch während Schwangerschaft und Elternschaft durchmachst, sind mit nichts zu vergleichen. Du brauchst nur einmal einen Blick auf ein Foto von dir im neunten (zehnten) Schwangerschaftsmonat zu werfen, um dir eine der offensichtlichsten Veränderungen vor Augen zu führen.

Ich bin eine viel zu oberflächliche Person, als dass ich versuchen würde vorzugeben, dass meine schwangerschaftsbedingte Verwandlung in ein Nilpferd nicht ernsthaft mein Selbstwertgefühl angeknackst hätte. Ich träume immer noch von einer Schönheitsoperation am Bauch, aber im Kapitel »Ich möchte meine alte Figur wieder!« kommen wir darauf noch genauer zu sprechen. Jetzt konzentrieren wir uns darauf, was für emotionale Auswirkungen die Ankunft eines Babys auf eine Ehe oder vergleichbare Verbindung hat. Wenn du glaubst, dass ein Baby deine Beziehung nicht verändert, lebst du wirklich hinterm Mond, liebe Freundin. Hier eine Liste von einigen der unmittelbaren und für gewöhnlich vorübergehenden Veränderungen. Später werden wir auf die endgültigen Veränderungen zu sprechen kommen.

1. Die Verzauberung

Wenn ein Paar gemeinsam eine Geburt durchgestanden hat, führt das im Idealfall, mal von einem vollkommenen Baby abgesehen, zu einer tieferen Wertschätzung der Eltern füreinander. Das ist nicht immer der Fall, und du brauchst nicht zu glauben, dass irgendetwas falsch gelaufen ist, wenn du meinst, dieses Gefühl nicht verspürt zu haben. Es verhält sich damit in etwa so: Die Mutter empfindet tiefe Zuneigung und Dankbarkeit gegenüber jedem im Entbindungszimmer, der sie vor dem Sterben bewahrt hat – wo sie sich doch sicher war, dass sie sterben würde – und der ihr zudem noch das schönste Baby auf Erden überreicht hat. Das schließt für gewöhnlich ihren Mann mit ein: Wenn Schmerzmittel verabreicht wurden, wird sich diese allumfassende Liebe auf die gesamte Menschheit erstrecken. Natürlich nur, solange die Wirkung des Medikaments anhält. Wenn Papa ganz besonderes Einfühlungsvermögen bewiesen hat oder die junge Mama so sentimental wie die meisten jungen Mütter ist, die ich kenne, wird sie ihn mehr als je zuvor lieben. Der frischgebackene Papa wiederum ist für gewöhnlich unglaublich beeindruckt, nachdem er Zeuge geworden ist, wie seine Frau sich gegen unsichtbare Dämonen zur Wehr gesetzt hat und schließlich siegreich mit dem kleinen Schatz im Arm aus dem Kampf hervorgegangen ist. Diese Euphorie hält nicht ewig an, deswegen kann ich dir nur raten, noch auf dem Entbindungsbett die Sprache auf ein teures Geschenk zu bringen.

Während der zwei, drei Tage, die du in der entrückten Realität und Sicherheit des Krankenhauses verbringst, kommt es dir vielleicht so vor, als ob ihr drei diese Erde verlassen und euch auf euren eigenen Privatplaneten zurückgezogen hättet. Wenn du dann das Krankenhaus verlässt und dich mit der Aufgabe konfrontiert siehst, dieses winzige Baby lediglich mit der Unterstützung deines Mannes großziehen zu müssen, wird die Verzauberung schnell Furcht und Panik Platz machen.

2. Gegenseitiges Misstrauen

Irgendwann nachdem ihr mit dem Baby nach Hause zurückgekehrt seid, wird dir der Gedanke kommen, dass dein Partner seinem Job als Vater womöglich nicht ganz gewachsen sein könnte. Würde zum Beispiel ein richtiger Papa noch mit seinen Kumpels mitten in der Nacht zum Eishockeyspielen gehen (weil anscheinend nur dann das Eis frei ist)? Würde ein richtiger Papa insgeheim immer noch glauben, dass er später mal ein neuer Bruce Springsteen wird? Würde es ein richtiger Papa fertigbringen, tief und fest weiterzuschlafen, wenn das Baby schon seit 15 Minuten schreit?

Glaub bloß nicht, dass dein Mann nicht auch so seine Sorgen hätte. Garantiert fragt er sich, ob sich wohl eine Frau, die siebenmal täglich ihren Geldbeutel verlegt, richtig um sein Kind kümmern kann. Er wird sich fragen, ob wohl bei einer Frau, die Kochen hasst, ein Säugling nicht verhungern wird. Er wird Angst haben, dass du es nicht wirklich ernst gemeint hast, als du betont hast, dass euch ein Baby nicht automatisch in den finanziellen Ruin treiben wird. Und in Anbetracht deiner momentanen labilen seelischen Verfassung wird er seine Zweifel haben, ob du in einem Notfall, der das Baby betrifft, einen klaren Kopf bewahren wirst.

PRAXIS

Bleib optimistisch!

Du bist dem Job gewachsen! Du wirst die Situationen meistern, wie sie kommen, genau so, wie die übrigen von uns das seit Jahren tun. Vergiss Superman, denn du selbst bist schon groß und stark genug auf eine Art und Weise, die du im Moment noch nicht einmal erkennst. Lass auch deinen Mann sein, wie er ist. Seine Liebe zu dir und eurem Baby sind seine größten Qualifikationen beim Vatersein.

In diesen kleinen Vertrauenskrisen solltest du dir zwei wichtige Dinge vor Augen fuhren: Erstens sind diese Krisen in aller Regel auf deine eigenen enormen Selbstzweifel zurückzuführen. Wir neuen Mamas sind oft so eingeschüchtert von unserer gewaltigen Verantwortung, dass uns die Vorstellung beruhigt, jemand, der größer, intelligenter, ruhiger und besser ist, würde einspringen, wenn wir die Sache hinschmeißen. Die nächstliegende Person, mal von Superman abgesehen, ist unser Partner, und jegliche Abweichung von unserem Bild des Idealpapas bringt unsere emotionale Stabilität ins Wanken.

Zweitens solltest du nicht vergessen, dass sich die meisten dieser Zweifel mit der Zeit geben werden, teils weil du und dein Partner im Laufe des nächsten Jahres viel ruhiger werdet und teils weil ihr beide euch dann bewiesen habt, dass ihr den Dreh beim Elternsein raushabt. Nachdem du dein Baby zwei oder drei Monate lang nicht irgendwo vergessen hast, wird dein Mann langsam über seine Angst hinwegkommen. Und nachdem dein Partner dir und dem Baby während der Dreimonatskoliken beigestanden hat, verdient auch ein Möchtegern-Bruce-Springsteen als Papa größten Respekt.

3. Baby-Obsession

Bekanntermaßen erliegen Mütter und Väter dem unwiderstehlichen Charme ihres Babys, und dabei tritt oft alles andere in den Hintergrund. Wir Mütter sind am empfänglichsten für diese private Liebesaffäre, wahrscheinlich aufgrund jeder Menge biologischer Gründe, aber auch Väter können sich Hals über Kopf verlieben. Zwei der geläufigsten Anzeichen von Baby-Obsession sind mangelndes Interesse an Sex und die Tendenz, die Welt lediglich als Bühne für das eigene Kind zu betrachten. In Kapitel drei und acht gehen wir auf beide Phänomene ein. Wir kommen an dieser Stelle noch einmal darauf zu sprechen, denn, egal wie sich das Ganze äußert, in der Regel führt es dazu, dass sich ein Elternteil ausgeschlossen fühlt. Früher, vor der Geburt eures Kindes, war die Liebe ausschließlich eine Sache zwischen dir und deinem Partner. Nun ist daraus ein Dreiecksverhältnis geworden. Ein Baby fordert so viel Zuwendung und Aufmerksamkeit, dass wir oft unsere Liebe zu unserem Partner nur noch durch das Baby zum Ausdruck bringen. Es ist, als ob wir sagen: »Du weißt, ich liebe dich, Schatz, denn ich kümmere mich so liebevoll um dein Kind.« Bis zu einem gewissen Grad ist das alles schön und gut, aber man sollte nicht vergessen, dass unsere Beziehung aus mehr besteht, als nur der andere Elternteil des gemeinsamen Kindes zu sein. Wenn dein Mann und du euch mit »Mama« und »Papa« anzureden beginnt, ist das ein Zeichen, dass sich die Grenzen verwischen.

4. Angst vorm Verlassenwerden

Eine große Zahl von Freundinnen machte eine sehr empfindliche Zeit nach der Geburt durch, in der sie ständig befürchteten, mit dem Baby allein gelassen zu werden. Entweder wurden sie von der Horrorvision verfolgt, ihr Partner könnte sterben, oder sie stellten sich vor, er würde sie für eine unkompliziertere Beziehung verlassen.

Meine Freundin Erin hatte vollstes Vertrauen in das körperliche Wohlbefinden ihres Mannes, sorgte sich aber gelegentlich, dass ihm auf seinen Geschäftsreisen attraktive Alternativen zu einer Ehe mit drei Kindern über den Weg laufen könnten. Wollte sie selbst wohl mit jemandem wie ihr verheiratet sein, fragte sie sich gelegentlich. Je mehr Gedanken ich mir darüber machte, dass mein Mann mich meinem Schicksal als alleinerziehende Mutter überlassen könnte, desto mehr ließ ich mich gehen. Wenn ich mich im Spiegel betrachtete, sagte ich mir, dass ich mich erst gar nicht zu schminken und frisieren brauchte, weil mein Po sowieso noch zu dick und schlaff sei. Ich weiß zwar bis heute nicht, ob es bei den Menschen lebenslange Partnerschaften wie bei Tieren gibt, aber ich denke, wir Mütter haben instinktiv die Angst, verlassen zu werden, bis wir nach der Geburt wieder zu einer guten körperlichen und seelischen Verfassung zurückgefunden haben.

Tipp
Wenn du dich im Moment besonders verletzlich fühlst, lass uns dich daran erinnern, dass du bis zum Ende des Jahres wieder zu deiner penetranten, fordernden, selbstgerechten, alten Form aufgelaufen sein wirst. Wenigstens war das bei mir der Fall.

5. Gefangen!

Mit einem Baby erhöht sich der Einsatz in einer Beziehung: In der Regel trennt man sich schwerer und kämpft mehr darum, Konflikte zu lösen, um dem Kind eine stabile Familie zu bieten. Fakt ist doch: Obwohl wir alle heiraten (oder eine ernsthafte Verbindung eingehen) mit der Absicht, dass diese ein Leben lang hält, belegen die Statistiken, dass es sich viele von uns dann doch anders überlegen. Obwohl es immer schmerzhaft ist, einen Trennungsstrich unter eine Beziehung zu setzen, wissen wir alle, dass einem diese Notluke gegebenenfalls offensteht. Sobald ein Paar ein Kind miteinander hat, wird dieser Ausweg sehr viel schwieriger. Was auch in der Liebesbeziehung mit deinem Partner vorfällt – durch euer gemeinsames Kind bleibt ihr für immer verbunden. In unseren lichteren Momenten verstehen wir, dass die Bereitschaft, sich einer anderen Person ein Leben lang zu verpflichten, besonders nun, da man ein Kind miteinander hat, einer unserer mutigsten Schritte im Leben war. Eine penetrante Stimme im Hinterkopf plagt uns jedoch des Öfteren mit der lästigen kleinen Frage: »Soll das etwa heißen, dass ich bis zum Ende meines Lebens mit niemand anderem mehr Sex haben werde?«

Familienangelegenheiten

Mit der Geburt eines Kindes vergrößert sich die Familie nicht nur um ein Mitglied, sondern umfasst nun alle möglichen Personen, die vorher nur wenig Einfluss hatten. Stell dich schon mal auf den zweifelhaften Segen ein, dass Großeltern, Tanten, Onkels und Cousinen nun stärker an deinem Leben teilhaben werden. Dein unschuldiges kleines Baby schafft eine biologische Verbindung zwischen Personen, die vormals vielleicht nur beiläufig miteinander bekannt waren, wie Eltern und Schwiegereltern. Dein Schwager und seine Frau, für die du nie besonders viel übrig hattest, sind dir nun – als Babys Onkel und Tante – äußerst wichtig. Du möchtest, dass dein Kind sie kennt, sich mit ihren Kindern anfreundet, sich von ihnen geliebt und beschützt fühlt. Und die lieben Verwandten haben natürlich auch ihre eigenen Vorstellungen davon, wie du dein Kind erziehen sollst. Da du durch die Geburt eines Familienangehörigen zu einem offiziellen Mitglied im Familienclan geworden bist, wird dir nun mehr Aufmerksamkeit zuteilwerden. Als Mitglied der Familie deines Mannes wirst du ernster genommen, und von den Mitgliedern deiner eigenen Familie wirst du mit mehr Respekt behandelt werden (hofft man auf jeden Fall). Es ist großartig, Teil der Familie zu sein, die durch dein Baby geschaffen wurde. Einige andere Punkte können sich problematischer gestalten: Von heute auf morgen scheint jeder wissen zu wollen, ob ihr drei an Pfingsten etwas Besonderes vorhabt oder welche Großmutter ihr am Muttertag mit eurem Besuch beehren werdet. Zuweilen könntest du schwören, dass es nicht die Anwesenheit deiner Wenigkeit ist, die so begehrt wird, sondern Babys Teilnahme an der Familienfeier. Genau diese »Familienliebe« ist der Grund, warum es zu Familienfehden kommt. Die Frage, wie du Babys Zeit und Aufmerksamkeit unter den verschiedenen Mitgliedern der Familie aufteilst, wird sich als eine der größten Herausforderungen im Leben erweisen.

Was ich dir wirklich wünschen würde, liebe Freundin, ist, dass deine Kinder ihre Großeltern kennenlernen. Manchmal verhindert das Schicksal dies, aber wenn deine Eltern noch leben und in der Nähe wohnen, lass sie an eurem Leben teilhaben. Großeltern lieben ihre Enkel auf eine entspannte Art und Weise, wie es uns Eltern nicht möglich ist. Sie vermitteln ihren Enkeln ein Gefühl der Zugehörigkeit und Familiensinn und sind stets bereit, peinliche Geschichten über dich zum Besten zu geben. Ich habe es immer genossen, als Mutter meine Kinder durch die Augen ihrer Großeltern zu sehen. Es ist, als ob man die Magie des eigenen Kindes erneut entdeckt, wenn Oma und Opa übers ganze Gesicht strahlen. Bevor ich mein erstes Kind bekam, war mir nicht bewusst, dass ich eine Person einfach nur deswegen lieben könnte, weil sie mein Kind liebt. Durch meine Kinder bekam ich die Chance, meine Familie einfach dafür zu schätzen, dass sie meine Familie war und uns liebte. Vergiss nicht: Großeltern sind die einzigen Menschen, die sich deine ewigen Babygeschichten anhören – und zwar aus Interesse, nicht aus Höflichkeit. Wer weiß? Von Zeit zu Zeit springen sie vielleicht sogar als Babysitter ein.

Für den Moment können wir dir nur raten, dich von Anfang an durchzusetzen. Das muss nicht zwangsläufig auf eine unhöfliche Art und Weise geschehen, das lässt dich nur dumm und verzogen erscheinen. Vergiss nicht, nicht nur ihr beide liebt dieses Baby, und es ist nur gerecht zu teilen. Trotzdem ist jetzt der Zeitpunkt, definitiv festzulegen, wie deine Familie es mit bestimmten Anlässen wie Feiertagen und Geburtstagsfeiern hält. Vergiss auch nicht, dass all die anderen Verwandten mit Kindern jahrelang das Sagen hatten und es für sie schmerzvoll sein kann, nun in den Hintergrund zu treten. Die Sache mit der lieben Familie hat jedoch auch ihre Tücken. Die Verwandten wollen natürlich überall ihren Senf dazugeben: Bei Babys Ernährung, Schlafgewohnheiten, Sauberkeitserziehung und deinen Qualitäten als Mutter haben sie nun ein legitimes Mitspracherecht. Sie versuchen vielleicht, sich nicht einzumischen, aber in der Regel läuft es auf kleine passiv-aggressive Kommentare hinaus, die uns Mütter glatt in den Wahnsinn treiben könnten. Nachdem dich deine Mutter zum 50. Mal gefragt hat: »Bist du sicher, dass der Kleine kein Mützchen braucht?«, klingt es doch sehr danach, als sei sie sehr wohl der Meinung, der Kleine bräuchte ein Mützchen ... Und selbst wenn keine Großeltern in Sicht sind, macht sich ihre Anwesenheit jedes Mal dann bemerkbar, wenn du oder dein Mann eine Entscheidung in puncto Kinder treffen, weil »Mama das auch immer so gemacht hat«. Wie wir wissen, ist das Selbstvertrauen einer jungen Mutter leicht zu erschüttern, und es gibt nur wenige Dinge, die es mehr ins Wanken bringen als das Urteil der eigenen Mutter oder Schwiegermutter.

Feiertage

Die meisten Feiertage bei uns haben wir der christlichen Religion zu verdanken. Das heißt, auch wenn du nicht sehr religiös – im Sinne eines regelmäßigen Kirchgängers – bist, kommst du um die heiligen Kriege nicht herum. Du kannst vielleicht nicht einmal drei Apostel aufzählen, dir aber ein Leben ohne Weihnachtsbaum und -geschenke nicht vorstellen. Genau genommen sind die Feiertage oftmals stärker emotional behaftet als Diskussionen über den persönlichen Glauben. Der Grund dafür ist vermutlich, dass die großen religiösen Feiertage mehr Personen betreffen als nur das magische Dreieck, das aus dir, deinem Mann und eurem Kind besteht. An den Feiertagen strömen die Verwandten aus allen Himmelsrichtungen mit ihren Traditionen und Bräuchen zusammen. Dir ist hoffentlich bewusst, dass jeder Entschluss in puncto Feiertage über dein Schicksal als »angeheiratete Verwandte« entscheiden kann. Falls ihr die Feiertage ohne Verwandte verbringt, werdet ihr euch wie Aussätzige fühlen. Als Tochter deiner Eltern wirst du dich ihnen wahrscheinlich besonders verpflichtet fühlen. Ich weiß nicht, woran es liegt, aber ich habe den Eindruck, die Frau scheint unter besonderem Druck zu stehen, Mann und Kind in die Feiertagspläne der eigenen Eltern mit einzubeziehen. Ich erinnere mich daran, wie ich mich nach der Geburt meiner ersten Tochter insgeheim diebisch freute, dass später, wenn die Kinder einmal erwachsen und verheiratet wären, wenigstens ein Kind das Weihnachtsfest bei mir verbringen würde. Wie heißt es doch so schön? »Eine Mutter verliert ihren Sohn an seine Braut, aber ihre Tochter bleibt immer ihre Tochter.« Auf den Verdacht hin, dass daran etwas Wahres sein sollte, sollte ich mich wohl jetzt schon bei meinen Töchtern einschmeicheln. Warum habe ich schon jetzt etwas gegen meine zukünftigen Schwiegertöchter?

Die meisten kleinen, jungen Familien sind noch ziemlich mobil und können zwischen Großeltern, Tanten, Onkels und allen anderen, die mit ihnen feiern wollen, hin und her pendeln. Während dieser Zeit gingen die meisten meiner Freundinnen rechnerisch an das Problem heran: Sie zählten die bevorstehenden Feiertage zusammen und teilten sie durch die Zahl derjenigen Familien, die um ihren Besuch wetteiferten. Das ist der Weg des geringsten Widerstands, denn du kannst stets darauf verweisen, dass es hier schließlich nicht um bestimmte Vorlieben gehe, sondern bestimmte Verwandte einfach noch nicht an der Reihe seien.

Mit der Ankunft eines zweiten Kindes, was meist gleichzeitig dann der Fall ist, wenn der erste Sprössling alt genug ist zu wissen, wem er einen Besuch abstattet, und diesbezüglich auch eine bestimmte Meinung hat, wirst du vielleicht zu einer anderen Regelung übergehen wollen. So langsam wirst du die Nase voll haben von Schlafsofas, Flügen mit einem schreienden Baby auf dem Arm und nervtötenden Versuchen, ein Kleinkind in einem Reisebett zum Schlafen zu bringen. Zu diesem Zeitpunkt wünschst du dir meist nichts sehnlicher, als einen Feiertag zu Hause zu verbringen. Wenn du bis jetzt noch keine Feiertagstradition eingeführt hast, ist jetzt der richtige Moment dafür. Die Großeltern müssen dann eben einfach zu euch kommen oder Verständnis dafür aufbringen, dass ihr euch nicht bei jedem bevorstehenden Feiertag auf die Socken machen könnt.

Disziplin

Wenn du dein winziges Neugeborenes ansiehst, musst du mich für einen Unmenschen halten, weil ich das Wort Disziplin überhaupt in den Mund zu nehmen wage. Nur die Ruhe, liebe Freundin. Ich kann mir auch nicht vorstellen, dass irgendein Verhalten des Babys Disziplin erfordern könnte. Vielleicht irre ich mich da auch, aber das werden wir erst in ein paar Jahren wissen, nicht wahr? Wenn dein Baby zu krabbeln und später zu laufen beginnt, werden einige seiner Aktionen ein aufgeregtes »Nein!« deinerseits hervorrufen. Wer weiß, vielleicht hast du diesen Ausruf auch schon während einer entspannten Stillsitzung von dir gegeben, wenn dir Baby mit seinem nagelneuen Zahn in die Brustwarze gebissen hat. Mal abgesehen von dieser etwas simplen Art, seinem Kind Grenzen zu setzen, ist es wenig sinnvoll, dem Baby während des ersten Jahres Disziplin beibringen zu wollen; erstens, weil es noch zu klein ist, um mit Streichhölzern zu spielen oder dich mit einem Schimpfwort zu provozieren, und zweitens, weil es erzieherische Maßnahmen sowieso noch nicht versteht.

Wir erwähnen Disziplin jetzt, weil es an der Zeit ist, dass dein Partner und du darüber zu sprechen beginnt. Damit meinen wir nicht nur, dass ihr eure Meinung zu einem Klaps auf den Popo oder zu Hausarrest austauschen sollt. Ihr solltet auch besprechen, was ihr davon haltet, Süßigkeiten oder Spielzeug als Belohnung für gutes Benehmen einzusetzen. Meine Freundin Jackie muss ihren Mann ständig daran erinnern, dass ein schöner Tag nicht automatisch mit einem Besuch in der Eisdiele enden muss. Und ich, die ich meine Schwiegermutter ständig darum bitte, meinen Kindern nicht zu jedem Anlass – vom Nationalfeiertag bis zu jedem halbjährlichen Geburtstag – Geschenke und Süßigkeiten zu schicken, wusste mir bei der Sauberkeitserziehung meines ersten Kindes keinen anderen Rat, als es nach jeder erfolgreichen Töpfchensitzung mit einem Smartie zu belohnen. Ich muss wirklich völlig verrückt gewesen sein, denn wer sonst in der Welt hätte wohl Essen und Kacka so eng miteinander in Verbindung bringen wollen?

Einige Leute sind der Meinung, Jungs sollten anders erzogen werden als Mädchen. Ich kenne einen wunderbaren Mann, der Kindern

Fußball und andere lebenswichtige Dinge beibringt. Er ist der Meinung, kleine Jungs sollten gelegentlich einen Klaps von ihren Eltern bekommen, kleine Mädchen aber bräuchten solch eine starke Hand nicht. Meiner Meinung nach sollte man diesen Herrn nicht nur in eine Diskussion zum Thema Disziplin verwickeln, sondern auch mal das komplexere Thema der Gleichberechtigung der Geschlechter zur Sprache bringen. Frag doch interessehalber einmal nach, ob dein Mann glaubt, dass kleine Jungs, die mit Puppen spielen, schwul werden oder kleine Mädchen, die auf Barbiepuppen fixiert sind, als Showgirls in Las Vegas enden.

Die elterliche Solidarität ist schon schwer genug, wenn man glücklich verheiratet ist, wird aber bei geschiedenen Paaren oft zu einem

WISSEN
Elterliche Solidarität

Es ist schon viel gewonnen, wenn dein Partner und du euch in diesem ersten Jahr schon darauf einigen könnt, in puncto Erziehung und Regeln an einem Strang zu ziehen. Jede Wette, dass ein so cleveres Kind wie eures schon bald lernen wird, von einem Elternteil zum anderen zu laufen, um die erwünschte Erlaubnis oder Nachsicht zu erhalten. Nur mit einer gemeinsamen Linie habt ihr zumindest gelegentlich die Chance, euch durchzusetzen. Kinder müssen lernen, dass sie ihre Eltern nicht so offensichtlich manipulieren können. Wenn dein Mann und du euch vor eurem Kind in eine Diskussion über Erziehungsfragen verstrickt, ist es vorbei mit dem Mythos der allwissenden Eltern, ohne den wir Mamas und Papas es niemals schaffen werden, die Oberhand zu behalten. Und wenn sich dann mit diesem Mythos kein Staat mehr bei deinen Kindern machen lässt, können wir anderen Eltern ihn uns auch gleich abschminken.

95

massiven Problem. Erstens haben geschiedene Paare für gewöhnlich kein großes Interesse an gemeinsamen Gesprächen, auch nicht, wenn es dabei um ihre Kinder geht. Wenn sie dazu in der Lage wären, hätten sie sich wahrscheinlich erst gar nicht scheiden lassen müssen. Diese Situation wirkt sich auf die Erziehung aus, denn bei jeder Entscheidung sollten beide Elternteile alle Gegebenheiten und langfristigen Pläne für das Kind kennen. Wenn du der Meinung bist, deinem Sohnemann sollten eine Woche lang die Videospiele weggenommen werden, und dein Ex hat euren Sprössling während dieser Woche bei sich zu Hause, müsst ihr euch diese Information weitergeben. Zweitens existieren nun zwei verschiedene Haushalte und Lebensstile. Es ist eine große Versuchung für einen Elternteil, der sich unsicher (oder schuldig) fühlt, allen Forderungen des Kindes nachzukommen, auch wenn dadurch die Autorität des anderen Elternteils untergraben wird. Dieses Verhalten scheint besonders häufig der Fall zu sein, wenn die Scheidung noch nicht ganz verschmerzt wurde.

Grundsätzlich gilt hier: Es kann durchaus sein, dass dein Mann und du unterschiedlicher Meinung seid, ob euer Baby mit neun Monaten einen heißen Apfelstrudel essen oder mit neun Jahren Cola trinken darf, aber ihr solltet die Sache unter vier Augen besprechen und das Ergebnis als gemeinsame Entscheidung präsentieren.

Aufgabenverteilung

In der elterlichen Partnerschaft übernimmt jeder Elternteil schon früh bestimmte Aufgaben. Vor allem wenn die Mutter nicht in ihren Beruf zurückkehrt, wird die Säuglingspflege in erster Linie von ihr übernommen. Im ersten Jahr beschränkt sich das mehr oder weniger auf Essen, Schlafen und zwischendrin Windelwechseln. Aber auch gerade im ersten Jahr stellst du vielleicht fest, dass bestimmte Aufgabenverteilungen stattgefunden haben, entweder weil ihr die

Aufgaben bewusst aufgeteilt habt oder unbewusst die klassische Rollenverteilung übernommen habt. Bei uns zu Hause bin ich für die Ressorts Gesundheit, Erziehung und Fürsorge zuständig. Außerdem verwalte ich das Fundbüro. Mein Mann ist verantwortlich für Verteidigung und Fitness. Und als die Kinder noch klein waren, hatte er das Amt als Premierminister für Bäuerchen inne. Er konnte jedem Baby jederzeit ein Bäuerchen entlocken. Ein Naturtalent. Er ist ein begeisterter Witzerzähler und albert gern herum – beides macht mich eher nervös. Wir teilen uns die Erziehung, aber ich glaube, mir wird sehr viel öfter der schwarze Peter zugeschoben. Na ja, einen in der Familie muss es treffen.

Wenn du mit der Aufgabenverteilung nicht zufrieden bist oder wenn sie abgeändert werden muss, um einer neuen Situation gerecht zu werden (etwa bei einer Rückkehr ins Berufsleben), müsst ihr beide euch hinsetzen und die Aufgaben neu verteilen. Falls ihr das nicht tut, wirst du notgedrungen zur Superfrau werden müssen, die nicht nur die Brötchen nach Hause bringt, sondern sie auch noch eigenhändig belegt, nebenbei die Wäsche erledigt, mit ihrer Tochter selbst gebackene Plätzchen beim Pfadfinderfest verkauft, beim Fußballturnier ihres Sohnes die Snacks reicht und außerdem noch eine Topfigur vorzuweisen hat. Glaub uns Freundinnen: Das ist pure Illusion! Mein Mann verließ vor Kurzem sein Büro, um zur Steptanzstunde unseres siebenjährigen Sohnes zu fahren. Dieser Job war noch nie Teil seines Zuständigkeitsbereichs, und ich konnte kaum glauben, dass er diese Aufgabe übernahm, damit ich an diesem Buch schreiben konnte. Das beweist wieder einmal, dass das Familienleben besser funktioniert, wenn alle am selben Strang ziehen. (Und ein großartiger Papa ist einfach unersetzlich!)

Ich bin soooo müde

Wie werd ich wieder munter?

Wenn du glaubst, es sei nicht so wichtig, genug Schlaf zu bekommen, kannst du dich ja mal mit dem Typen unterhalten, der damals die Exxon Valdez gesteuert und auf Grund gesetzt hat und damit eine der größten Ölkatastrophen vor der Küste Alaskas ausgelöst hat. Seine Entschuldigung war, dass er 48 Stunden nicht geschlafen hatte. Wenn er damit durchgekommen ist, sollte es wirklich nichts geben, womit wir Mütter nicht davonkommen könnten.

Natürlich warst du auch früher schon einmal müde. Während der Studienzeit hast du dir so manche Nacht auf Feten um die Ohren geschlagen (kannst du dir das vorstellen?). Selbst gegen Ende der Schwangerschaft, wenn einem alles Mögliche durch den Kopf geht und man seinen Bauch mit einem ausgewachsenen Baby teilen muss, hattest du schon des Öfteren mit Schlaflosigkeit zu kämpfen. Trotzdem ist keine Frau wirklich darauf vorbereitet, wie unglaublich ermüdend es ist, eine junge Mutter zu sein. Von allen Umstellungen, auf die sich junge Eltern einzustellen haben, ist Schlafentzug zweifellos der härteste Brocken. Ich habe noch nie eine junge Mutter getroffen, die auf die Frage, ob sie genügend Schlaf bekäme, nicht ihre müden Augen resigniert zum Himmel verdreht hätte.

In den ersten Wochen mit dem Baby zu Hause bekommen wir dank unserer Energiereserven und der Adrenalinschübe noch nicht die vollen Auswirkungen des Schlafentzugs zu spüren. Wir schlafen vielleicht nicht mehr als zwei Stunden am Stück, sind aber so damit beschäftigt, dieses neue kleine Wesen kennenzulernen, und so besorgt, dass ihm etwas Schreckliches zustoßen könnte, während wir gerade schlafen, dass wir deswegen nicht in Panik geraten. Während der ersten Wochen bekommen wir meist auch verstärkt Unterstützung und Zuspruch von Freunden, Verwandten und Hebammen. Wenn dann das Baby einen Monat alt wird und Mutter und Ehemann dir nicht mehr unter die Arme greifen, schwant dir, dass sich in puncto Schlafmangel in nächster Zeit wohl nichts ändern wird. Lähmendes Entsetzen befällt dich. Von diesem Moment an drehen sich all deine Gedanken nur noch um Schlaf. Aber halt die Ohren steif! Nach den ersten drei Monaten ist das Schlimmste nämlich überstanden, plus minus ein, zwei Jahre. Keine Bange, ich mache nur Spaß. Mit jeder neuen Entwicklungsstufe wird es auch zu – bisweilen drastischen – Veränderungen bei Babys Schlafrhythmus kommen. Wenn du also gerade die Nase gestrichen voll hast von deinem morgendlichen Vier-Uhr-Wecksignal, wird dein kleiner Frühaufsteher plötzlich um elf Uhr abends genug Nahrung zu sich nehmen und zufrieden bis sechs Uhr dreißig durchschlummern.

PRAXIS
Babys Schlafrhythmus

Willst du dir etwas Gutes tun, dann vergiss alle Regeln, wie Babys schlafen sollen, denn jedes Baby hat seinen ureigenen Rhythmus, und außerdem passieren in seinem jungen Leben so viele neue Dinge, dass sich sein Schlafverhalten ständig ändert. Wenn du dein Kind mit drei Monaten zum Durchschlafen bringst, sagt das noch lange nichts darüber aus, wie es in neun Monaten schlafen wird, wenn es bereits laufen kann und ihm sein Bettchen wie ein Gefängnis vorkommt.

Jetzt, wo der kleine Liebling so ausgeruht ist, wird er natürlich sein morgendliches Nickerchen ausfallen lassen oder aufbleiben und mit dir und deinem Mann den Spätkrimi ansehen. Du wirst also immer noch müde sein, nur auf eine neue und andere Art und Weise. Und da sage noch einer, Muttersein sei nicht aufregend!

Die Tochter meiner Freundin Lori ist 17 Monate alt und schwingt sich schon selbst über die Sprossen ihres Kinderbettchens. Sie landet dann jedes Mal mit einem dumpfen Aufschlag auf dem Boden, und selbst wenn sie sich wehgetan hat, zeigt sie das nicht. Meine dreijährige Tochter schläft momentan in einem Juniorbett, aus dem sie herausklettern kann, wenn sie möchte. Nachts wandert sie oft durchs Haus auf der Suche nach einem ihrer Geschwister oder einem Elternteil, neben die sie sich ins Bett kuscheln kann. Aber genauso gern geht sie in die Speisekammer und klaut all die Süßigkeiten, die ihr tagsüber vorenthalten wurden. Mein siebenjähriger Sohn ist nun in dem Alter, in dem das Schlagen von Ästen gegen das Haus oder knarzende Fußböden nur bedeuten können, dass Einbrecher im Haus sind. Keine Frage – das geht aufs Konto von zu viel Fernsehen. Diese Schlafangelegenheiten gehören jedenfalls genauso zum Elternsein wie der Spielwarenladen.

Wie viel Schlaf brauchst du?

Es ist wohl doch davon auszugehen, dass wir ungefähr acht Stunden Schlaf pro Nacht brauchen, so wie es unsere Mutter immer gesagt hat. Wenn du krank bist, unter außergewöhnlichem Stress stehst oder dich gerade von einer Verletzung oder Operation erholst, brauchst du mehr Schlaf. Ist das nicht pure Ironie des Schicksals? Frischgebackene Mütter sind fast ununterbrochen gesundheitlich angeschlagen, stehen zweifellos unter Stress und müssen sich von allem Möglichen erholen – von einem langen Dammschnitt bis zu einem Kaiserschnitt – und können sich schon glücklich schätzen, wenn sie am Tag mal zwei Stunden Schlaf am Stück und eine Stunde Dösen (wenn sie das Baby im Arm halten und aufrecht sitzen, sich aber in einem komaartigen Zustand befinden) abbekommen.

Es wird dich nicht gerade fröhlicher stimmen, wenn ich dir nun sage, dass man laut Untersuchungen täglich acht Stunden Schlaf am Stück benötigt, nicht nur alle drei Stunden ein einstündiges Nickerchen. Anscheinend entspannt sich unser Gehirn nicht sofort, wenn wir einschlafen, sondern schraubt seine Aktivität erst allmählich zurück, bis man schließlich in die REM-Schlafphase eintritt. Für diejenigen unter euch, die in der Schule nicht richtig aufgepasst haben: REM steht für Rapid Eye Movement. Du brauchst nur einmal einen Blick auf dein schlafendes Baby zu werfen, wenn du eine REM-Phase erleben möchtest. Neugeborene öffnen beim Schlafen oft die Augen oder verdrehen sie nach oben, und ihre kleinen Augenlider flattern im Tiefschlaf. Sie haben süße Träume in der REM-Phase, die glücklichen kleinen Engel. Anscheinend ist das die Schlafphase, in der wir unserem Unterbewussten freien Lauf lassen und die Ereignisse des Tages noch einmal durchleben, damit unser Gehirn anschließend zur Ruhe kommen kann. Wir brauchen den Schlaf während der REM-Phase, damit wir nicht auf eine Autobahnüberführung rasen und von dort oben auf alles schießen, was Räder hat.

Und nun stell dir einmal vor: Junge Mütter kommen so gut wie nie in den Genuss des REM-Schlafs! Diese Minikomas, die wir Nickerchen nennen, geben unserem geplagten Gehirn nicht genügend Zeit, um aufzuhören, Einkaufslisten zu erstellen, geschweige denn, in die REM-Phase einzutauchen. Wissenschaftler (und Folterknechte) wissen, dass man einen Menschen in den Wahnsinn treiben kann, wenn man ihn mehrmals in der Nacht aufweckt und nicht in die REM-Phase kommen lässt. Genau das, liebe Freundin, stellen unsere Babys mit uns an. Ist es nicht erstaunlich, dass ein so hinreißendes Wesen gleichzeitig so sadistisch sein kann? Abends ins Bett zu gehen und morgens aufzustehen ist wichtiger, als du denkst, um unserem Leben Struktur zu verleihen. Selbst die einfachsten Dinge werden mysteriös und verwirrend, wenn du diesen täglichen Rhythmus verlierst.

Während der ersten Woche mit dem Baby zu Hause verwirrt uns das völlige Fehlen einer gewissen Normalität so sehr, dass wir überhaupt kein Gefühl mehr dafür haben, wann Zeit zum Anziehen ist. Sollen wir vorzeigbare Kleidung nach dem morgendlichen Füttern um fünf Uhr früh anziehen oder einfach unsere Leggins und das vollgekleckerte T-Shirt unseres Mannes anlassen, bis das Baby um zehn Uhr vormittags gebadet und gefüttert wird? Da die meisten Babys nach Bad und Essen ein schönes langes Nickerchen halten, sollten wir in dieser Zeit vielleicht auch ins Bett gehen und uns erst nach dem Mittagessen anziehen. Und schwupps ist unser Mann auch schon wieder von der Arbeit zurück, stellt das Essen vom Chinesen auf den Tisch, und wir haben noch nicht einmal saubere Unterwäsche angezogen.

In den ersten Monaten meiner Mutterschaft stand ich so neben mir, dass ich schließlich einen Kompromiss schloss und »Straßenkleidung« trug, mit der ich auch ins Bett gehen konnte. Da ich nie wusste, ob ich mich nun ausruhen konnte oder wieder aufstehen musste, wappnete ich mich lieber gleich für beides. Bequeme Leggins, ein T-Shirt und ein langer Pullover oder ein Sweatshirt darüber sind für fast jede Gelegenheit passend. Dreh einfach einmal eine Runde in verschiedenen Kaufhäusern. Wenn du das Bedürfnis hast, einen Unterschied zwischen Haus- und Straßenkluft zu machen, dann tausch deine Hausschlappen gegen richtige Schuhe aus, wenn du etwas erledigen musst oder Besuch erwartest.

Wer ist schuld?

In der Regel sind wir so wenig auf das komplette Chaos vorbereitet, das ein Baby mit sich bringt, dass wir darauf reagieren, als ob irgendetwas völlig schiefgelaufen wäre. Dieser Ausnahmezustand kann nur durch eine bestimmte Planetenkonstellation hervorgerufen worden sein, ein völlig unvorhersehbares, einzigartiges Ereignis. Wenn wir nicht zum Schlafen kommen, es nicht mal mehr bis unter die Dusche schaffen, uns launisch und überfordert fühlen, muss doch irgendjemand seine Hände mit im Spiel haben. So fürchterlich kann doch das Leben einer Mutter gar nicht sein! Wir hatten uns einen sanften Übergang zum Mutterdasein vorgestellt, bei dem wir unser Organisationstalent und unsere Führungsqualitäten von unserem Job außerhalb des Hauses auf die relativ simplen Tätigkeiten innerhalb des Hauses verlagern würden. Nicht im Traum hätten wir gedacht, dass wir so schnell die Kontrolle verlieren und uns derart unvorbereitet fühlen würden – oder dass uns unser neuer Job ohne Pause und ohne absehbares Ende fordern würde. Niemand hat uns je erklärt, dass es sich mit dem Muttersein wie mit einem Wettrennen ohne Start- und Ziellinie verhält, bei dem man ständig im Kreis läuft. Die erste Frage, die wir uns verzweifelt stellen, ist: »Andere haben auch Kinder und gehen trotzdem nicht daran zugrunde. Warum gelingt mir das nicht?« Klare Sache – irgendjemand wird da der Herausforderung nicht gerecht ...

Bist du das? Hättest du besser aufpassen sollen, als deine Cousine dir das Wickeln beibringen wollte? Hättest du das Studium lieber sausen lassen und darauf verzichten sollen, dich in zehn Jahren bis zu einer Spitzenposition in der Firma hochzuarbeiten, und stattdessen dein Baby lieber bekommen sollen, als du noch jung und voller Energie warst? Bist du eine so grottenschlechte Mutter, dass du dem Baby alles durchgehen lässt? Solltest du etwas mehr Autorität gegenüber diesem winzigen Tyrannen ausüben? Vielleicht fehlt dir auch einfach der tiefe mütterliche Instinkt, der Frauen ja anscheinend in die Wiege gelegt wird, und du kannst deshalb nicht die Ruhe bewahren. Nein, nein, du weißt schon, was du bist – eine totale Versagerin, die nicht einmal dazu taugt, Mutter eines Goldfischs, geschweige denn eines kleinen Menschen zu sein.

Aber halt, du verrennst dich hier! Du bist nicht der alleinige Sündenbock. Und wenn du es nicht bist, dann muss es dein Mann sein. Ja, es ist seine Schuld! Nur durch deine blinde Hingabe ist dir das nicht schon früher aufgefallen. Wenn er dem Job nur gerecht würde. Schließlich hat er dich ja auch in diese missliche Lage gebracht. In den Ratgebern wird empfohlen, ab und zu eine extra Flasche Milch abzupumpen, damit der Partner das Baby füttern und du dich ausruhen kannst, aber du kriegst nicht mehr als ein paar lächerliche Tropfen zustande.

Wenn Mutter Natur doch so clever ist, warum hat sie Papa dann nicht mit einem Paar funktionierender Brustwarzen ausgestattet? Und warum darf er sich jeden Tag zur Arbeit aus dem Staub machen und dich mit diesem vier Kilo schweren, ständig fordernden Bündel allein lassen? Er lässt nicht einmal mehr deine Anrufe sofort zu sich durchstellen! Und was bezweckt er mit der ständigen Fragerei: »Wie sollen wir es heute mit dem Abendessen halten?« Er ist doch ein erwachsener Mann – kann er sein großes Männerhirn denn nicht einmal auf diese einfache Aufgabe konzentrieren und das in den

WISSEN

Die Sache ist die:

Die Geburt eines Kindes soll deinen Zeitplan völlig durcheinanderbringen, auch wenn es dich und deinen Partner fast um den Verstand bringt. Auf diese Weise wird dafür gesorgt, dass wir unsere neuen Prioritäten richtig setzen. Die drei zentralen Punkte in unserem Leben sind nun (in dieser Reihenfolge):

1. Babys Gesundheit
2. Babys Wohlbefinden
3. Das Überleben von Babys Eltern (allerdings nur unter ferner liefen)

Griff bekommen? Ist es etwa zu viel verlangt, wenigstens einmal ein fertiges Abendessen auf dem Tisch vorzufinden? Und wenn er das schon nicht fertigbringt, warum macht er dann nicht wenigstens mehr Kohle, damit du eine Haushaltshilfe einstellen kannst?

Andererseits sieht der arme Knabe genauso erschöpft und müde aus wie du. Klar, er ist zwar kein Meister im Wickeln, gibt sich aber alle Mühe, Wenn es also nicht seine Schuld ist, gibt es nur noch einen möglichen Sündenbock ... Genau, das Baby ist schuld. Natürlich ist es umwerfend süß und in jeder Beziehung vollkommen, aber es verhält sich wirklich nicht besonders fair. Es schläft den ganzen Tag, schreit die ganze Nacht, ist nur zufrieden, wenn du es auf dem Arm spazieren trägst, und protestiert, wenn du dich auf deinem Hämorrhoidensitzring niederlässt, um deinem schmerzenden Rücken eine Ruhepause zu gönnen. Es trinkt so lange, bis du das Gefühl hast, dir fallen die Brüste ab, und spuckt danach die Hälfte der Mahlzeit wieder aus. Anschließend möchte es erneut trinken und wird sauer, wenn die Quelle versiegt. Es hasst seinen Stubenwagen, fühlt sich aber in deinem Bett pudelwohl. Du lässt es ein paar Minuten schreien, damit es lernt, sich selbst zu beruhigen, aber es weigert sich, die Lektion zu lernen. Du versuchst es selbst einmal mit Weinen. Das Baby hat recht, du fühlst dich auch nicht viel besser. Die Babys im Fernsehen und in den Ratgebern schlafen die ganze Nacht, machen zwei Nickerchen pro Tag und schreien nur, wenn sie eine volle Windel oder Hunger haben. Dein Baby jedoch schreit aus unerklärlichen Gründen, macht die Nacht zum Tag und hält dann und wann mal ein Nickerchen. Muttersein wäre das reinste Kinderspiel, wenn das Baby nur mitspielen würde!

Schlafentzug und seine Symptome

Müdigkeit

Frag irgendeine Frau mit Kinderwagen, wie sie sich gerade fühlt, und sie wird dir unweigerlich antworten: »Müde«, egal ob ihr Sprössling nun drei Wochen oder drei Jahre alt ist. Vielleicht ist sie müde, weil sie sich die letzte Nacht mit einem von Blähungen geplagten Baby auf dem Arm um die Ohren geschlagen hat und seit sechs Wochen mehrmals die Nacht stillen muss. Dieses Phänomen bezeichnet man auch als »kumulative Müdigkeit«. Betroffene haben das Gefühl, eine Rüstung zu tragen. Man bewegt sich linkisch, entweder ruckartig (zu viel Koffein, liebe Freundin) oder als ob man in Watte gepackt wäre. Legst du dich eine Minute hin, lechzt du nach Schlaf, wie ein Ertrinkender nach Luft schnappt. Vielleicht ist die Mutter aber auch so erschöpft, weil ihr Kind alle naselang krank wird und sie deshalb nie zur Ruhe kommt. In den ersten beiden Lebensjahren sind die lieben Kleinen sehr anfällig für Erkältungen und Grippeerkrankungen oder haben Probleme beim Zahnen. Oft gipfelt das Ganze dann in einer schlimmen Mittelohrentzündung. Nur eine Rabenmutter könnte friedlich einschlummern, wenn es ihrem Kind so schlecht geht – dafür sorgt schon Babys Schreien. Bei älteren Kindern wird die elterliche Nachtruhe häufig durch eine Schlafstörung namens »Da ist ein Monster unter meinem Bett« oder dem Bedürfnis nach wiederholter nächtlicher Zuwendung namens »Ich möchte noch einen Schluck Wasser trinken« unterbrochen.

Kinderlose Paare träumen von einem Urlaub in Rom oder einer Oskar-Nominierung, deine Träume aber handeln alle von Betten, Hängematten und Sofas. Du möchtest dich am liebsten dort verkriechen und einen Monat lang nicht mehr aufstehen müssen. Als ich mein viertes Kind bekam, war ich so erschöpft, dass ich jedes Krankenhaus sehnsuchtsvoll ansah. Meine Traumferien: In einem Einzelzimmer an einen Tropf mit kalorienarmer Flüssigkeit gehängt zu werden und ein leichtes Beruhigungsmittel verabreicht zu bekommen. Nach ärztlicher Anweisung sollten mein Mann, unser Au-pair-Mädchen und die Verwandten mich von allen häuslichen Hiobsbotschaften abschirmen. Zur täglichen Nachmittags-Talkshow würde ich aufwachen und dann bis zu den Nachrichten durchschlafen. Einmal die Woche würde ich es vielleicht bis zum Spätfilm durchhalten. Gott, das klingt immer noch ganz schön verlockend ...

Hirnschaden

Als erschöpfte Mutter hat man das Gefühl, das Gehirn wäre in Watte gepackt. Alle Geräusche sind gedämpft, die Gedanken unklar, und unser Auffassungsvermögen ist stark in Mitleidenschaft gezogen. Zur Beantwortung einer simplen Frage wie »Möchtest du ein Käsebrötchen?« müssen wir all unsere Konzentration zusammennehmen, um uns wieder ins Gedächtnis zu rufen, was Käse ist, und um gleichzeitig herauszufinden, ob wir Hunger verspüren. Der Grund dafür ist, dass die Kommunikation zwischen Gehirn und Nerven nicht mehr so reibungslos funktioniert. Es kann also passieren, dass wir uns bei der Zubereitung des Abendessens fast die Fingerkuppe abschneiden und erst durch die Blutspur darauf aufmerksam werden. Mal von dem Verlust unserer Sinneswahrnehmung abgesehen, führt wochenlanger Schlafentzug auch zu Koordinationsstörungen. Junge Mütter stolpern leider nur allzu häufig über Stufen, stoßen sich die Zehen an Möbeln und klemmen sich die Finger in der Tür ein. Ich konnte ewig lang keine Schachtel mit einem Messer oder einer Schere öffnen, ohne mich ernsthaft dabei zu verletzen. (Ein großes Problem, wenn jemand nur noch per Katalog einkauft.)

Ich kann mich noch daran erinnern, dass ich einmal ein Telefongespräch mit meiner Freundin Mindy unterbrach und ihr in aller Seelenruhe mitteilte, ich hätte mir gerade eine Gabel in den Unterarm getrieben. Natürlich hatte ich wieder einmal versucht, mehrere Sachen gleichzeitig zu erledigen, war aber zu übermüdet, um mich auch nur auf eine davon richtig konzentrieren zu können. Man hätte mir untersagen sollen, scharfe Gegenstände zu berühren, aber es war gerade kein verantwortlicher Erwachsener im Haus, der mich hätte abhalten können.

Auch mit der Entschlussfreudigkeit ist es dahin. Wir müden Mamas haben keinen Schimmer, ob wir lieber unseren Einkauf erledigen, die Wohnung umdekorieren, das Baby in unserem Bett schlafen lassen oder uns eine Kugel durch den Kopf jagen sollen. Wir halten ohnehin nicht allzu viel von unseren elterlichen Fähigkeiten, und nun, da uns der Schlafmangel fast um den Verstand bringt, sind wir mit unserem Latein völlig am Ende. Warum sonst wohl hängen wir an den Lippen unseres Kinderarztes? Wir hoffen inständig, jemand möge kommen und uns sagen, was wir zu tun haben. Für eine Mutter oder Schwiegermutter ist nun der ideale Moment, auf der Bildfläche zu erscheinen und die Sache in die Hand zu nehmen, wenn sie möchte. Auch wenn du befürchtest, dass sie wieder zur Autoritätsperson in deinem Leben werden könnte, hör auf unseren Rat und lass sie schalten und walten! (Wenigstens bis du dich einigermaßen erholt hast.) Wenn du in ein, zwei Monaten wieder auf dem Damm bist, kannst du das Zepter wieder selbst in die Hand nehmen.

PRAXIS

Spar dir unnötige Arbeitsschritte

Ein Beispiel: Betrachte die Spülmaschine als neuen Aufbewahrungsort für das Geschirr. Deck den Tisch von dort aus, und hol saubere Gläser nach Bedarf direkt aus der Spülmaschine. Wenn kein Geschirr mehr übrig ist, kannst du das dreckige Geschirr, das du in der Spüle angehäuft hast, in die Spülmaschine einräumen, sie anschalten und das gespülte Geschirr wieder dort lassen, bis du es brauchst.

Konzentration und Erinnerungsvermögen fallen diesem benebelten Zustand meist auch zum Opfer. Viel Glück bei allem, was du in Angriff nimmst, egal wie simpel es auch sein mag, und dass du genug Ausdauer hast, um es bis zum Ende durchzuziehen. Wenn es dir wie uns anderen Freundinnen geht, läufst du vier- oder fünfmal in die Küche, um sauberes Geschirr aus der Spülmaschine zu räumen, das dort nun schon seit drei Tagen steht, und wirst diese Aufgabe nie zu Ende bringen. Du schaffst es vielleicht bis zur Spülmaschine, wirst diese vielleicht sogar öffnen, dann das Geschirr aber nicht bis auf die Regale geräumt bekommen.

Wenn du glaubst, Haushaltspflichten seien eine Herausforderung, dann warte erst mal, bis du die ersten Anrufe aus dem Büro bekommst. Erinnerst du dich daran, dass du deiner Assistentin sorglos versichert hast, sie könne dich nach den ersten drei Wochen jederzeit anrufen, da du von zu Hause aus Teilzeit arbeiten würdest? Nicht nur, dass du ihre Frage nicht beantworten kannst, du verstehst sie auch nicht. Im ersten Moment hast du nicht einmal den leisesten Schimmer, wer die Person eigentlich ist, die da anruft und es wagt, so unverfroren in deine kleine Welt einzudringen.Das Auto ist der gefährlichste Ort, an dem eine müde Mutter ihre Konzentration verlieren kann. Wirklich jede meiner Freundinnen (und ich) hat mindestens eine schreckliche Geschichte auf Lager, wie wir unseren kleinen Schatz nach tagelangem Schlafentzug irgendwohin gefahren haben. Einer Untersuchung zufolge, über die vor Kurzem im Frühstücksfernsehen berichtet wurde, hat eine Person nach 24-stündigem Schlafentzug die gleichen Konzentrationsschwierigkeiten und das gleiche verringerte Reaktionsvermögen wie jemand, der zu tief ins Glas geschaut hat. Stell dir dazu noch ein schreiendes Baby auf dem Rücksitz vor (wir alle wissen ja mittlerweile, dass Autositze wegen des Airbags nicht mehr auf dem Vordersitz befestigt werden dürfen), und das Resultat ist höchstwahrscheinlich nicht gerade das ideale Fahrerprofil. Wie kannst du vorausschauend fahren, wenn du nicht einmal weißt, was du selbst als Nächstes tun wirst? Die

Tatsache, dass deine Einkaufstasche, dein extra großer Pappbecher Kaffee und dein Geldbeutel immer noch auf dem Autodach liegen, tut nichts zur Sache.

Kurzschluss

Bei Schlafmangel fehlt nicht nur deinem Schritt der Elan, sondern auch deinem Wesen. Du schaltest einfach insgesamt einen Gang zurück. Klingelnde Telefone, Fernsehwerbung mit schlanken Frauen mit perfekt frisierten Fönfrisuren und Telefonwerbung bringen dich an den Rand der Verzweiflung. Scherze sind ein Kapitalverbrechen. Wenn dich jemand auf den Arm nimmt, verstehst du ganz und gar keinen Spaß. Meine Freundinnen Terry und Betsy (und sicher auch wir anderen, wenn ich mich noch so weit zurückerinnern könnte) wären uns »alten Mamas« am liebsten an die Gurgel gegangen, wenn wir liebevolle Kommentare abgaben, wie abgedreht sie waren oder dass sie seit vier Monaten nur noch in Leggins und weiten T-Shirts herumliefen. Eine junge Mutter hat keinen Sinn für Humor. (Und »alte Mütter« haben meist ein diebisches Vergnügen daran, sie damit aufzuziehen.)

Wie schon vorher erwähnt: Nichts einfacher, als einen Streit mit einer nahestehenden Person vom Zaun zu brechen, wenn du dermaßen erschöpft bist. Für gewöhnlich ist dein Partner die Zielscheibe, aber auch deine Mutter ist eine mögliche Kandidatin, besonders wenn sie so gutmütig ist, weiterhin in deiner Nähe zu bleiben und sich beschimpfen zu lassen. Sachte, sachte, liebe Freundin – du bist auf dem besten Weg, einen potenziellen Babysitter zu vergraulen. Das besonders reizende Merkmal dieser Gefühlsausbrüche ist, dass du sie nicht abstellen kannst. Du beginnst also vielleicht eine Diskussion darüber, wer nun die Autoscheinwerfer angelassen hat, und nach 20-minütiger Streiterei kannst du nicht mehr damit aufhören, obwohl dir mittlerweile klar geworden ist, dass dir Auto und Scheinwerfer völlig gleichgültig sind. Es ist, als ob du einfach auf

Wut geschaltet hast und nicht mehr bremsen kannst. In diesem Fall gibt es nur eine Möglichkeit, gegen das Feuer anzugehen: Lösch es mit Tränen und erstick es mit Eiscreme.

Dreimonatskoliken

Dies scheint der richtige Zeitpunkt zu sein, um auf die Dreimonatskoliken zu sprechen zu kommen. Wenn deinem Baby Blähungen zu schaffen machen (und es nicht einfach »rücksichtslos« oder »fordernd« ist wie die anderen), wirst insbesondere du dich jeden Morgen fragen, ob dieser Tag einen weiteren, nicht enden wollenden Nachmittag und eine Nacht voll schrillem Geschrei und angespannten Nerven bereithält (für dich und das Baby!). Lass uns das Kind doch einmal beim Namen nennen. Wir könnten Haarspalterei betreiben und versuchen, Babys verschiedenen Kategorien wie »hypersensibel«, »schwer zu besänftigen«, »launisch« oder »sadistisch« zuzuordnen, aber bleiben wir einfach bei »von Blähungen geplagt«, da wir alle wissen, auf wen das zutrifft.

Es gibt keine Laboruntersuchung, mit der man feststellen könnte, ob dein Baby an Dreimonatskoliken leidet. Wenn dir Folgendes aber bekannt vorkommt, ist dein Kind wahrscheinlich davon betroffen: Um die zweite oder dritte Lebenswoche herum beginnt dein vorher so ausgeglichenes Engelchen plötzlich wie am Spieß zu schreien. Das Schreien setzt meist am Nachmittag oder zur Abendessenszeit ein und zieht sich bis in den Abend hinein, aber das ist keine verbindliche Regel. Das Geschrei ist durchdringend, so, als ob jemand das kleine, gequälte Wesen mit einer Stecknadel drangsalieren würde. Anfangs ziehen wir dem Baby panisch alle Kleidungsstücke aus, um der Ursache seines Schmerzes auf den Grund zu kommen; vielleicht ist ja ein abgeschnittener Daumennagel in die Windel gerutscht, als wir gerade einen Moment nicht hinsahen, oder irgendetwas Scharfes hat sich in all diesen Hautfalten an den Oberschenkeln versteckt. Nach erfolgloser Suche wechseln wir die Windel, obwohl sie noch so sauber ist, dass man Möbel damit polieren könnte. Wir ziehen Kleidungsstücke an oder aus in dem Glauben, dass dem kleinen Schatz vielleicht zu kalt oder warm sei. Wir bieten unserem Baby die Brust an, aber entweder es verschmäht die großen Brustwarzen oder es trinkt und schreit danach mit derselben schmerzvollen Intensität weiter.

Alle meine Freundinnen, deren Kinder Dreimonatskoliken hatten, kamen zu dem Schluss, dass des Rätsels Lösung in Babys Bäuchlein zu suchen sei: Wenn die Kleinen die Beinchen krampfartig anziehen, scheinen sie an gemeinen Bauchschmerzen zu leiden. Man geht allgemein davon aus, dass Babys, die so schreien und unruhig sind, einen empfindlichen oder noch nicht voll funktionsfähigen Verdauungstrakt haben und ihnen die Bildung von Gasen Schmerzen verursacht. In Fachkreisen ist man sich diesbezüglich jedoch noch nicht ganz schlüssig. Wir verzweifelten Mütter lassen nichts unversucht – wir tragen den kleinen Liebling auf dem Arm umher oder fahren zur Darmstimulierung mit seinen winzigen Beinchen Rad, wir knuddeln die Kleinen, reden ihnen gut zu und massieren ihnen das Bäuchlein. Wir bitten unseren Kinderarzt inständig um Hilfe und werden manchmal sogar mit speziellen Tropfen gegen Blähungen ruhiggestellt (erkundige dich diesbezüglich bei deinem Arzt) oder vielleicht mit dem Tipp, es doch einmal mit verdünntem Kräutertee zu versuchen. Am Ende könnten wir glatt jemanden um die Ecke bringen.

Ich kann mich noch an Abende erinnern, als mein Mann kaum die Haustür aufgeschlossen hatte und schon seinen schreienden Sohn in die Hand gedrückt bekam. Ich suchte auf der Stelle Zuflucht im Badezimmer. Meine Freundinnen und ich kennen alle Tage, an denen wir nur deshalb bis zum Abendessen durchhielten, weil wir wussten, unser Mann würde nach Hause kommen. Meistens erhielten wir gerade dann einen Anruf von unserem werten Gatten, um uns mitzuteilen, dass es später würde. Er hätte uns genauso gut sagen können, man würde uns unsere Lungen entfernen und die Augen ausstechen.

Für die Mutter eines Babys mit Dreimonatskoliken ist jeder Tag eine harte Bewährungsprobe. Wirst du es schaffen, noch einen weiteren Tag bei Verstand zu bleiben, oder schließlich die Waffen strecken und das Baby per Overnight-Kurier zu deiner Schwiegermutter schicken? Deine Energiereserven sind schon seit Wochen verbraucht, und im Moment hältst du dich nur noch mit Willenskraft, Pflichtbewusstsein und Schokoriegeln über Wasser. Wenn da nicht dieses schiefe Lächeln auf Babys Gesicht wäre, das dich einmal am Tag überrascht, hättest du die Flinte schon längst ins Korn geworfen. Hättest du keine Angst, bei der Jugendfürsorge angezeigt zu werden, müsstest du ganz ehrlich zugeben, dass eine Durchtrennung der Stimmbänder gar keine so schlechte Idee wäre ... Wenn du das Kapitel »Blue, Baby, Blue« gelesen hast, weißt du, dass manche Frau häufiger entmutigt ist, als es erträglich oder gut für sie ist. Keine schlechte Idee, noch einmal in diesem Kapitel nachzuschlagen, um sich dort mit einigen speziellen Ratschlägen und Ermutigungen zu wappnen.

Obwohl dies ein Buch über uns Mamas, nicht über Babypflege ist, muss ich einfach ein paar Bemerkungen über die Dreimonatskoliken hinzufügen. Ich habe keine Heilmittel anzubieten, außer Geduld, versprich dir also nicht zu viel. Aber was uns Mütter angeht, habe ich etwas zu sagen, das beinahe genauso wichtig ist.

1. Dein Baby leidet nicht an Blähungen, weil du irgendetwas während deiner Schwangerschaft falsch gemacht hast oder als Mutter solch ein Grünschnabel bist

Sollte jemand auch nur anzudeuten versuchen, du hättest dir diese missliche Lage selbst eingebrockt, hast du meine Erlaubnis, dieser Person eine zu verpassen. Auf was die Mutter eines von Koliken geplagten Babys gerade noch gewartet hat, ist, dass ihr jemand die Schuld in die Schuhe schiebt.

2. Dein Baby leidet nicht an Blähungen, weil es dich oder deine Milch nicht mag

Es kann seine Liebe zu dir nur nicht so zum Ausdruck bringen, während sich sein Bäuchlein wie verknotet anfühlt. Und umgekehrt wirst du ihm auch nicht gerade Liebeslieder ins Öhrchen trällern, wenn du am liebsten Reißaus nehmen würdest. Im Optimalfall entwickelt sich zwischen einem von Blähungen geplagten Baby und seiner Mutter nach all den Unannehmlichkeiten, die sie gemeinsam durchlitten haben, schließlich eine ganz besonders innige Beziehung. Stell dir die beiden wie Kriegsveteranen vor, die der Kampf zusammengeschweißt hat.

3. Dein Baby leidet nicht an Blähungen, weil du zu nachgiebig bist und es verwöhnt hast

Diese Einstellung kommt unweigerlich von Vertretern einer Generation, die sich mehr Gedanken über ihre soziale Absicherung macht als über die »Pille am Morgen danach«. Der Kommentar zu deinem Muttersein klingt dann in etwa so: »Zu meiner Zeit ließ man Babys auch mal eine Weile schreien, und sie haben sich prächtig entwickelt.« Ach ja – und warum wurden dann Antidepressiva erfunden?

Diese Durststrecke wird ungefähr drei Monate andauern oder auch länger. (Entschuldige die etwas vage Angabe.) Ungefähr um diesen Zeitpunkt herum wirst du die erfreuliche Entdeckung machen, dass sich dein Baby wirklich nicht wohl gefühlt hat und nicht einfach nur eine Nervensäge ist. Such dir während der harten Phase etwas, das dir guttut – bestich deinen Mann, such dir einen Babysitter, fang eine Therapie an, damit du nicht irgendwann nervlich völlig am Ende bist. Du solltest auch lernen, dass es völlig in Ordnung ist, wenn du das Baby einmal für ein paar Minuten in sein Bettchen oder seinen Stubenwagen legst, während du dich unter die Dusche stellst und versuchst, das Geschrei mit fließendem Wasser zu übertönen. Deine Gegenwart ist ganz offensichtlich nicht Babys Heilmittel, sondern dient eher zu seiner Beruhigung, und diesem Bedürfnis kannst du nur nachkommen, wenn du dir dann und wann etwas Zeit zum Durchschnaufen abzweigst.

Krankheit

Wenn dir der bis jetzt beschriebene Alptraum noch nicht reicht, um dir das Versprechen abzuringen, dich während Babys Nickerchen ebenfalls hinzulegen, hier unser letztes Argument:

Wenn du dir nicht etwas Ruhe gönnst, musst du damit rechnen, auch krank zu werden.

PRAXIS

Denk dran: Die Koliken gehen vorbei!

Das Wichtigste: Lass das von Blähungen geplagte Baby nicht die Atmosphäre zu Hause bestimmen. Es passiert schnell, dass man unfreundlich zu Anrufern, schnippisch zum Partner und gegenüber dem Elternsein im Allgemeinen pessimistisch gestimmt ist, wenn so viel Unwohlsein und Unglück von einem so kleinen Wesen ausgehen. Denk daran, dass das Baby nicht »krank« ist und du nicht für den Rest deines Lebens zu dieser Existenz verdammt bist. Bitte eine Großmutter zu kommen und sich des Babys anzunehmen, damit dein Partner und du gemeinsam etwas unternehmen könnt, um die Sache wieder etwas nüchterner zu sehen. Es ist nicht das Baby an sich oder das Elternsein im Allgemeinen, das euch das Leben im Moment so schwer macht, sondern nur ein kleines Problem mit Babys Verdauung oder womit auch immer. Wenn sich diese Sache erst einmal eingespielt hat, könnt ihr euch in aller Ruhe auf die zahllosen Gründe konzentrieren, warum euer Baby das größte Geschenk auf Erden ist.

Obwohl du dich so um eine möglichst keimfreie Umgebung zu Hause bemühst, lauern überall Bakterien, die nur darauf warten, deine Widerstandsfähigkeit wie eine Zigarette unter einem Stiefelabsatz im Staub zu zertreten.

Ein häufiges Szenario sieht folgendermaßen aus: Das Baby bekommt eine Erkältung. Dieses Ereignis an sich wäre schon traumatisch genug, aber es kommt noch schlimmer, denn ein paar Tage später erwischt es dich. Dein Mann, ganz die Ruhe selbst, zieht zum Schlafen auf die Wohnzimmercouch um oder schlägt vor, dass du beim Baby im Zimmer schläfst, damit es ihn nicht auch noch erwischt. Drei, vier Tage später fühlt sich das Baby wieder pudelwohl, aber jetzt schnäuzt du grünes Zeug in unzählige Papiertaschentücher. Ungefähr um diese Zeit herum erwischt es deinen Partner trotz aller Vorsichtsmaßnahmen dann doch noch. Seine Infektion ist natürlich viel schlimmer und entkräftender (sprich: männlicher) als der lächerliche kleine Bazillus, den du und das Baby euch eingefangen habt. Er liegt im Bett und jammert, dass er dringend die Brust mit Bronchialbalsam eingerieben bekommen müsse, und du bekommst einen solchen Hustenanfall, dass du glaubst, dir bräche eine Rippe. Du ignorierst das Fieber, das du mittlerweile bekommen hast, teils weil du hoffst, dass es von selbst wieder verschwindet, teils wegen deines eingeschränkten Wahrnehmungsvermögens, das eine neue Mutterschaft mit sich bringt. Es hätte schlimmer nicht kommen können. Die Krönung folgt aber noch, wenn der Kinderarzt Babys Herztöne nicht hören kann, weil du so keuchst, und dir daraufhin eine verschleppte Lungenentzündung diagnostiziert.

Los, nenn mich einen Schwarzmaler. Ich erzähle dir nur, was mir passiert ist. Es gibt jedoch Ausnahmen. Vielleicht ergeht es dir wie May, und du wirst von einem besonders hartnäckigen Hautausschlag heimgesucht. Oder du hast wie Sondra mit Gelenkschmerzen zu kämpfen, gegen die kein Kraut gewachsen zu sein scheint. Und wie steht's mit dem besonderen Favoriten von stillenden Müttern, einer

Brustentzündung (auch Mastitis genannt)? Dann wären da noch rasende Kopfschmerzen, Durchfall und Sodbrennen – erschöpften Müttern alles nur zu vertraut.

Tipp
Wenn du krank wirst, such so schnell wie möglich einen Arzt auf, auch wenn du dir sicher bist, dass es nichts Ernstes ist. Je länger du vor einer Grippeinfektion die Augen verschließt oder sie ignorierst, desto schwächer werden deine Abwehrkräfte und desto wahrscheinlicher fängst du dir eine zweite Infektion ein.

Kranksein lohnt sich nicht mehr: Die Tage, wo du noch auf dem Sofa liegen und tagelang Seifenopern schauen konntest, sind vorbei, liebe Freundin. Nicht nur, dass du von niemandem mehr umsorgt wirst, sondern du hast dich zusätzlich auch noch um ein Baby zu kümmern, das dich nicht einfach in Ruhe lässt, nur weil du gerade im Sterben liegst. In deinem eigenen Interesse solltest du versuchen, so schnell wie möglich wieder auf die Beine zu kommen, denn als Mutter stehst du immer in der Verantwortung, selbst wenn du dich einer Operation am offenen Herzen unterziehen müsstest.

Es war mir selbst immer schleierhaft, wie ich einen Arztbesuch noch so lange hinausschieben konnte, wenn ich mir ganz eindeutig eine Infektion eingefangen hatte. Nachdem mir zwei, drei Wochen hundeelend gewesen war, ging ich dann endlich zum Arzt. Wie alle Mütter war ich der Meinung, dass ich mich von meinen elterlichen Pflichten unmöglich auch nur eine Stunde loseisen konnte, selbst wenn es nur für ein Röntgenbild der Lunge war, nicht für etwas so Frivoles wie ein Mittagessen mit den Freundinnen. Mein Arzt verordnete mir in diesen Fällen stets Schlaf und ein gutes, starkes Antibiotikum. Wenn mir eine medizinische Fachperson Ruhe anordnete, hatte das sehr viel mehr Gewicht, als wenn ich selbst merkte, dass ich erschöpft war. Innerhalb von 24 Stunden ging es mir jedes Mal auf wundersame Weise wieder besser. Wie töricht von mir, dass ich mir diese Erleichterung erst zugestand, wenn ich schon auf dem Zahnfleisch daherkam.

Wie wird man mit dem Schlafmangel fertig?

Das Problem mit dem Schlafentzug muss in zwei Schritten gelöst werden: Zuerst muss nämlich das Baby zum Schlafen gebracht werden, und dann muss auch Mama noch eine Mütze voll Schlaf nehmen. Selten wird Letzteres auf direktem Wege erreicht, es sei denn, dein Baby ist bereits im Internat.

Das Neugeborene zum Einschlafen bringen

Neugeborene sind eine Wissenschaft für sich. In den ersten Tagen eurer Bekanntschaft schlafen die meisten Babys so viel, dass es schon fast frustrierend ist. Schließlich willst du mit ihnen spielen und vor anderen Leuten mit ihnen angeben. Und sie liegen nur da und dösen selig vor sich hin. Du fragst dich: »Was soll eigentlich so schwer daran sein, ein Baby zum Einschlafen zu bringen? Meines ist ein Vollprofi.«

Dann wachen sie auf!!!

In der Regel bleiben sie zwar nicht 24 Stunden am Tag wach, scheinen aber oft keinem Rhythmus zu folgen. Sie sind ein paar Stunden wach, dann schlafen sie zwei oder drei Stunden, ohne Rücksicht darauf, ob gerade Tag oder Nacht ist. Sollte sich schließlich doch irgendein Schlafrhythmus ergeben, so ändert er sich ständig wieder. Dies solltest du im Hinterkopf behalten. Babys verändern sich in ihrem ersten Lebensjahr nämlich so schnell, dass das einzig Vorhersehbare ihrer Entwicklung das Unvorhersehbare ist. Du brauchst gar nicht erst darauf zu warten, dass das Kleine wieder zu seinem ursprünglichen Rhythmus zurückfindet, da dies fast nie der Fall ist – und zwar nicht nur bei Babys, sondern bei Kindern jeden Alters. Jetzt ist es an der Zeit zu lernen, je nach Lage zu improvisieren. Dies ist kein Ausnahmezustand, sondern dein neues Leben. Geh es einfach gelassen an! Du wirst sehen, es wird Spaß machen! (Und wenn nicht, wirst du sowieso so neben dir stehen, dass du es gar nicht bemerkst.)

Die meisten Kinderärzte beruhigen völlig erschöpfte Mütter, die befürchten, etwas falsch gemacht zu haben, damit, dass Babys Schlafdauer oft von seinem Gewicht abhängt. Dafür gilt in etwa folgende Faustregel: Wiegt das Baby zwischen dreieinhalb und viereinhalb Kilo, passt genug Essen in sein Bäuchlein, damit es drei bis vier Stunden am Stück schlafen kann. Wiegt das Baby dann an die fünf Kilo und ist schön satt, kann es auch mal gute acht Stunden am Stück schlafen. Ich würde dir ja liebend gerne versichern, dass sich mit Babys Wachstum auch deine Schlafprobleme geben werden, aber ganz so einfach ist die Sache leider nicht.

Nehmen wir uns erst einmal eine Minute Zeit, um all euch frischgebackenen Mamas zu gratulieren, deren Babys ohne einen Muckser von 22.30 Uhr bis 6.30 Uhr durchschlafen. Hut ab. Ich weiß, es gibt euch, und wahrscheinlich lacht ihr euch gerade ins Fäustchen. Wir Freundinnen können dir nur raten, diese Zeit in vollen Zügen zu genießen, denn wenn das Baby um die drei Monate alt ist, wird ihm klar, dass sich Schlaf hervorragend zur mütterlichen Manipulation eignet. Und es wird von diesem Mittel Gebrauch machen. Bis dahin ruh dich aus und versuch, nicht ganz so anzugeben. (Das passt einfach nicht so gut zu einer Freundin.) Babys brauchen zwei Dinge zum Schlafen: einen vollen Bauch und eine saubere Windel. Behalte dies immer im Hinterkopf, wenn du die gewohnten abendlichen Gute-Nacht-Rituale exerzierst. Der Rest lässt sich ganz nach Babys Gusto gestalten: Vielleicht wird es gern fest in eine Decke gewickelt, oder aber es hat etwas dagegen, in seiner Bewegungsfreiheit eingeschränkt zu sein, und strampelt wie wild mit seinen Beinchen.

120

Probier einfach alles aus, was das Baby zum Einschlafen bringen könnte. Manche Babys haben es gern, wenn man sie hin und her wiegt, andere wiederum mögen es, wenn du sie auf dem Arm leicht auf und ab hüpfen lässt (ich nenne diesen urzeitlichen, weltweit verbreiteten Muttertanz den Baby Bop). Viele schlafen beim Stillen oder beim Nuckeln an einem Fläschchen ein. (Stell deine Ohren ruhig auf Durchzug, wenn dir gewisse elterliche Experten raten, dein Baby nicht zu Bett zu bringen, wenn es bereits schläft, weil du dann eine günstige Gelegenheit verpasst, dem Kleinen beizubringen, von selbst einzuschlafen. Bei diesen Leuten handelt es sich um Eltern, deren Kinder schon so groß sind, dass sie sich nicht mehr daran erinnern können, wie sehr einer jungen Mutter der Schlafmangel zusetzen kann.) Wenn alle Stricke reißen, bleibt dir als letzter Ausweg immer noch eine Spritztour mit dem Kinderwagen oder Auto um den Häuserblock.

Du solltest mit den verschiedensten Tricks und Techniken experimentieren, damit dein Baby fast reflexartig verstehen lernt, wann Schlafenszeit ist. Einige von uns Freundinnen schwören auf die Einführung eines ein für alle Mal festgelegten Zubettgeh-Rituals. Eine Reihe kleiner Rituale, wie beispielsweise ein Bad, dann eine Geschichte und anschließend ein, zwei Minuten Schmusen können die gleiche Wirkung wie ein Beruhigungsmittel haben. Die magische Kraft dieser Rituale macht sich zwar in den ersten Nächten noch nicht bemerkbar, doch wenn du sie jede Nacht durchexerzierst (ohne den gewohnten Ablauf in irgendeiner Weise abzuwandeln, denn Babys und Kinder bringt jede »Abweichung« vom Gewohnten durcheinander), wirst du langsam, aber sicher beim Sandmännchen einen Stein im Brett haben. Ein allabendliches Zubettgeh-Ritual kann auf Mama und Papa übrigens genauso beruhigend wirken. Da junge Eltern ohnedies oft genug aus dem Stegreif improvisieren müssen, ist es eine große Erleichterung, wenn man wenigstens das Drehbuch und die Choreographie für das Zubettgehen mit schlafwandlerischer Sicherheit beherrscht. Aber vergiss ja nicht eines: Das anfangs eingeführte Zubettgeh-Ritual muss jedes Mal, wenn das Baby schlafen soll, akribisch genau wiederholt werden. Wenn du deinem kleinen Liebling also Wiegenlieder vorspielst, dann übernachte niemals außer Haus, ohne die Kassette und den Kassettenrecorder mitzunehmen, sonst wirst du es bitter bereuen. Braucht Baby zum Einschlafen sein »Deckchen« oder einen Schnuller, hüte diese Kostbarkeiten wie deinen Augapfel.

Was immer du tust, verschwende während der ersten drei Monate in Babys Leben keinen Gedanken daran, dass du das Kleine »verwöhnen« könntest. Es kann deine Nachgiebigkeit noch nicht ausnutzen und hat sich noch keine ausgeklügelten Manipulationsstrategien angeeignet. Es schreit ausschließlich, wenn es auch wirklich einen Grund dafür gibt. Geh zu dem Kleinen und hilf ihm, sich wieder so wohl zu fühlen, dass es nicht mehr zu schreien braucht. Später kannst du es langsam daran gewöhnen, dass du nicht bei jedem Muckser sofort zur Stelle bist, aber in den ersten drei oder vier Monaten bist du für sein Wohlergehen so unentbehrlich wie ein siamesischer Zwilling.

Noch bedenklicher, als dich zu Babys Hampelmann zu machen, ist es, dem Kleinen anzugewöhnen, dass es nur in einem ruhigen, dunklen Raum schlafen kann. Es amüsiert mich immer ungemein, wenn ich von jungen Mamas höre, die Türklingeln und Telefone abschalten, »Bitte Ruhe«-Schilder an die Tür hängen und sich nur noch im Flüsterton unterhalten, wenn der kleine Schatz schläft. Tut mir leid, liebe Freundin, aber so viel Einfluss übst du wiederum nicht auf das Universum aus. Selbst wenn Mikrowellenzeitmesser, Rauchalarm oder Nachbars Hund deine Pläne nicht sabotieren – die Ankunft eines Geschwisterchens wird es ganz sicher tun.

Selbst im zartesten Babyalter kann sich dein Sprössling allerdings bereits zwei lästige Gewohnheiten zu eigen machen. Dem solltest du auf jeden Fall vorbeugen:

1. Nur Mama darf das Baby schlafen legen und
2. Das Baby kann nur in einem Zimmer schlafen, das dunkel und völlig ruhig ist.

Wenn das Baby nämlich denkt, du allein besitzt den Schlüssel zum Tor des Schlummerlandes, weil du ihm zum Einschlafen etwas vorsingst oder es stillst, wirst du das Haus demzufolge nie länger als ein paar Stunden ohne dein Baby verlassen können. Wenn ein Babysitter oder selbst eine völlig in das Baby vernarrte Oma dich eine Nacht lang vertritt und euer Einschlafritual peinlich genau befolgt, wird er oder sie trotz allem mit einem schreienden und hellwachen Sprössling dastehen. Wenn du glaubst, dass dein Baby dich nicht von den anderen unterscheiden kann, hast du die menschliche Natur ganz schön unterschätzt. Nebenbei bemerkt: Wenn nur du das Baby schlafen legen darfst, bedeutet das, dass Papa um den Spaß gebracht wird, mitten in der Nacht aufzustehen, um euren kleinen Wonneproppen zu füttern. Und so gemein kannst du einfach nicht sein.

Die Ironie an dieser Ruheobsession ist nur, dass Babys bei dumpfen, monotonen Geräuschen besonders gut schlafen. Bei besonders schlimmen Schreiattacken greifen entnervte Mütter oft auf einen alten Trick zurück und schalten Staubsauger oder Fön ein. Wie von Zauberhand schlafen die Kleinen bei diesem Lärm dann meist ein. Hast du gerade Waschtag, setz das Baby in seinem Autositz auf den Trockner (auf »Baumwolle« und nicht auf diesen mickrigen »Schongang« gestellt) und leg nebenbei die Wäsche zusammen. Augen machen wirst du aber, wenn du dein Baby zum Kegeln oder in ein Fast-Food-Restaurant mitnimmst. Sobald es nämlich von Klingeln, Krach, Lichtern und kreischenden Kindern umgeben ist, könnte man meinen, Sandmännchen hätte ihm kiloweise Sand in die Augen gestreut. Ärzte behaupten, dieses Phänomen sei auf den »Abschottungsreflex« zurückzuführen. Wirken nämlich mehr Reize auf die Kleinen ein, als ihr nagelneues Gehirnchen verarbeiten kann, entziehen sie sich diesen Reizen auf die effektivste Art und Weise – sie schlafen ein.

Die Mama des Neugeborenen zum Einschlafen bringen

Wenn du zwei und zwei zusammenzählst, wird dir klar werden, dass es oft ziemlich müßig ist, ein Neugeborenes zum Schlafen bringen zu wollen, wenn es gerade nicht dazu aufgelegt ist. Es ist noch zu sehr an den 24-Stunden-Service der vergangenen neun (zehn) Monate in deinem Bauch gewöhnt, als dass es nun geduldig auf Essen, eine frische Windel oder eine Spazierfahrt warten würde. Wie bereits erwähnt, sind nicht alle Babys gleich anspruchsvoll, und vielleicht ist deines ja von der »pflegeleichten« Sorte. Falls dem so ist, solltest du dieses Kapitel trotzdem zu Ende lesen; schließlich könnte sich dein nächstes Baby als richtiger Schreihals entpuppen.

Da es vor allem eine Frage der Zeit ist, bis Neugeborene längere Zeit am Stück schlafen können, brauchst du eine bestimmte Strategie, um diesen Härtetest zu überstehen. Glaub uns, es ist für eine junge Mama rein körperlich gar nicht möglich, drei aufeinanderfolgende Monate wach zu bleiben, wie hingebungsvoll oder verrückt sie auch sein mag. Der Ratschlag, den junge Mamas am häufigsten zu hören bekommen (mal abgesehen von dem Tipp, nur in einer Ehe mit Gütergemeinschaft die Scheidung einzureichen), lautet: Mach ein Nickerchen, sobald das Baby ein Nickerchen macht. Alles schön und gut, aber das genügt noch nicht. Du musst nämlich auch schlafen, wenn das Baby nicht schläft.

Wenn sich irgendein liebevoller Mensch auch nur 90 Minuten pro Tag um das Baby kümmern würde, um dir Gelegenheit zu einem Nickerchen zu geben, sähe die Welt gleich ganz anders aus. Selbst wenn du dann nachts mehrmals aufstehen müsstest, würdest du körperlich und geistig auf der Höhe bleiben. Dieser helfende Engel sollte in der Regel nicht dein Partner sein, es sei denn, er hat Vaterschaftsurlaub genommen oder kann sich tagsüber anderweitig aufs Ohr hauen. Da auch er nachts kaum ein Auge zumacht – schließlich hört er da dich und das Baby weinen – und morgens wieder früh aus den Federn und zur Arbeit muss, hat er mit seinen eigenen Schlafproblemen schon genug zu kämpfen.

Wenn ein Verwandter zur Babybetreuung einspringen kann, um dir eine kleine Pause zu ermöglichen, ist das in der Regel eine verlässliche und ökonomische Lösung. Wohnt deine Familie aber nicht in der Nähe, kannst du getrost auch jemand anderen dafür anheuern. Ein kompetenter Teenager, der den Baby Bop beherrscht und ein Händchen für den Umgang mit Neugeborenen hat, kann ebenso helfen. Denk daran, du fährst nicht nach Paris; du bist gleich im Zimmer nebenan, falls man dich braucht (obwohl der Babysitter wahrscheinlich seine liebe Not hätte, dich wach zu bekommen). Ältere Frauen sind für diese Aufgabe geradezu prädestiniert. Sie hätten wahrscheinlich ihre Schwierigkeiten, einem schreienden Kleinkind hinterherzujagen, aber dein Neugeborenes schaukeln sie wie ein absoluter Profi.

Wenn du dann mit viel Glück und Einfallsreichtum eine hilfreiche Person gefunden hast, musst du uns allen versprechen, dass du ihre Anwesenheit auch wirklich zum Ausspannen nutzen wirst. Keine Widerrede, Freundin! Clevere, nicht verweichlichte Mütter wissen, dass sie ihrer Aufgabe als Mutter im Endeffekt besser gerecht werden, wenn sie dann und wann abschalten und sich eine Verschnaufpause gönnen, bevor sie endgültig den Verstand verlieren. In deinem Haushalt geht alles drunter und drüber, deine Frisur ist ein Desaster, und die nächsten drei Monate kannst du es dir abschminken, ein Video-Gymnastikprogramm zu absolvieren. Du wirst es überleben. Wenn deine gute Fee nach diesen ersten drei entscheidenden Monaten auch weiterhin gewillt und fähig ist, dir unter die Arme zu greifen, kannst du in Erwägung ziehen, deine freie Zeit einmal nicht ausschließlich zum Schlafen zu nützen und langsam auch wieder andere Dinge in Angriff zu nehmen. In den ersten drei Monaten sollte Schlaf jedoch für dich eine Art Heiliger Gral sein.

Die nächsten neun Monate

Ich würde dir ja liebend gerne versichern, dass dein kleiner Liebling nach den ersten drei Monaten wie ein Murmeltier schlafen wird, aber leider ist dem nicht so. Babys schlafen zwar manchmal wochenlang oder sogar monatelang die ganze Nacht hindurch, aber eines Tages hören sie die Engel im Himmel singen, weil sie zahnen, Ohrenschmerzen oder Fieber haben. Sie wachen mitten in der Nacht auf und erhalten von der besorgten Mama eine Extraportion Streicheleinheiten und Aufmerksamkeit. Wenn das Baby, wie deines und meines, nicht von gestern ist, wird es auch nach überstandener Krankheit noch weiterhin in den Genuss dieses Verhätscheltwerdens kommen wollen. Das Ende vom Lied ist dann, dass du deinem Baby immer wieder von Neuem beibringen musst, einzuschlafen und auch im Bettchen zu bleiben. Dies wird auf irgendeine Art und Weise in den nächsten zehn Jahren deine Lebensaufgabe sein, deshalb kannst du dir ruhig Zeit lassen. Zu locker solltest du die Sache aber auch nicht sehen, denn du wirst vielleicht in den nächsten zehn Jahren mit dem Ergebnis deines Schlaftrainings auskommen müssen.

Beim älteren Baby wird die ganze Schlafangelegenheit durch seine Entwicklungsschübe noch komplexer. Erst einmal entdeckt das Baby, dass es lange wach bleiben kann, wenn es will. Dies scheint uns zwar ganz selbstverständlich, Babys wird diese Tatsache jedoch erst bewusst, nachdem eine gewisse Gehirnentwicklung stattgefunden hat. Neugeborene sind nämlich im Grunde kleine essende, blinzelnde und Kacka machende Schlafmaschinen. Sie wissen nicht, dass sie zwischen mehreren Möglichkeiten wählen können, haben keine spontanen Einfälle und bekommen auch nicht Knall auf Fall schlechte Laune. Sie folgen einfach nur dem Lauf der Natur. Doch eines Tages liegt das Kleine so da, starrt auf das stupide, schwarzweiße Baby-Mobile über seinem Kinderbettchen und beginnt sich im Kinderzimmer umzuschauen.

126

»Hallo, ihr süßen kleinen Pu-Bärchen auf dem Bettgestell«, denkt es. »Mama, ich mag die Wolken und den Himmel, die du da auf meine Decke gemalt hast, aber könntest du den großen Stoffaffen dort oben in der Ecke herunterholen – der macht mir richtig Angst.« Es gibt also für deinen Liebling eine ganz neue, ungeheuer große Welt zu entdecken. Und so langsam findet er das Leben schlichtweg zu aufregend, um es zu verschlafen. Die Abenteuer des Lebens sind zwar ungemein verlockend für das Baby, es ist aber auch felsenfest davon überzeugt, dass sie unbedingt mit einem Gefährten gemeinsam erlebt werden müssen. Betrachte es doch einmal von einer anderen Warte aus: Würdest du eine Weltreise lieber allein machen oder mit jemandem, den du gern magst? (Insbesondere mit jemandem, der dich bedingungslos liebt, dir auf Anfrage dein Lieblingsessen auftischt, sich aufopferungsvoll um dein Wohlbefinden kümmert und dich trägt, wohin du willst.) Vergiss nicht, deinem Baby dämmert es erst allmählich, dass es körperlich nicht mehr mit dir verbunden ist. In den allerersten Monaten seines Lebens glaubte es, es sei du, und plötzlich entdeckt es, dass es eine eigenständige Person ist. Da fühlt es sich dann vielleicht plötzlich einsam und verlassen – und du dich auch. Es gibt jeden Tag Augenblicke, in denen ich genau weiß, eines meiner Kinder würde wieder in meine Gebärmutter zurückschlüpfen, wenn ich es nur zuließe. Babys und Kinder müssen mit ihrer Mutter, ihrem Vater oder einer anderen Bezugsperson, die sie lieben und der sie vertrauen, oft eine körperliche Bindung aufrechterhalten. Als meine Tochter beinahe drei war, weinte sie jedes Mal zur Schlafenszeit, da sie nichts »Lebendiges« zum Schlafen hatte, wie Mama und Papa es aneinander hatten. Ich vermute, wir verbringen unser ganzes Leben mit der Suche nach dem perfekten »Lebendigen«.

Stell dir nur vor, was dein Baby wohl fühlt, wenn du es in sein Bettchen legst und den Raum verlässt. Vorher hat es vielleicht deine Abwesenheit nicht bemerkt, aber so langsam weiß es, was die Uhr geschlagen hat. Genau dann ist die Zeit gekommen, um ein Schlaf-spiel mit gewissen Spielregeln einzuführen.

Nummer eins, die Familienbettvariante: Bei der Familienbettvari-ante nehmen junge Eltern ihr Baby mit in ihr Bett und lassen es dort mitschlafen, bis es dem kleinen Liebling keinen Spaß mehr macht. Diese Philosophie, die in der Generation meiner Eltern als obszön gegolten hätte, tauchte mit der großen Welle zurück zur Natur auf, die ja noch viele weitere eigenwillige Ideen mit sich brachte, wie die natürliche Geburt und das Aufbewahren der Nachgeburt als Glücksbringer im Kühlschrank. Das Familienbett ist übrigens die meistpraktizierte Variante der Welt. Denn eigentlich ist es nur in der Welt der Reichen und Gebildeten Usus, die Häuser in verschiedene Zimmer aufzuteilen und jede Person in ein einzelnes zu isolieren. Der Rest der Welt tendiert vielmehr dazu, zusammen als Familie wie ein Wurf Welpen zu schlafen.

Es spricht auch wirklich so einiges für die Familienbettvariante. Erst einmal ist es der gemütlichste Platz auf Erden. Nur wenige Dinge sind ergreifender, als wenn sich die ganze Kleinfamilie in der Wär-me und im Schutz deines Bettes versammelt, insbesondere wenn deine Hormone noch verrücktspielen. Es riecht sicher und gut und hat gerade die richtige Temperatur. Und außerdem bekommt es ei-ner jungen Mama immer gut, wenn sie sich die ganze Zeit gemütlich zurücklehnen kann und nicht dauernd aufstehen muss. Vor allem für stillende Mütter ist das äußerst praktisch und bequem. Meine Freundin Sondra konnte beispielsweise ihren Kindern die Brust ge-ben, während sie auf der Seite lag. Noch besser, sie konnte dies sogar im Schlaf tun. Wenn du dich aber diesbezüglich genauso schwertust wie ich, kannst du zumindest im Bett aufsitzen, dir ein Kissen hin-ter den Rücken stopfen, ein anderes auf den Schoß legen und in der herkömmlichen Haltung stillen. Ist das Baby satt, schläft es wieder ein, du rollst es zurück auf die Matratze, und ihr beide schnarcht nach 15 Sekunden wieder fröhlich vor euch hin. Babys fühlen sich im Familienbett pudelwohl. Und sind oft viel »pflegeleichter«, wenn sie mit dir im selben Bett schlafen. Mütter und Väter schätzen am Familienbett besonders, dass sie ihren Sprössling rund um die Uhr im Auge haben können. Schließlich sind wir doch alle überängstlich und haben das Gefühl, unsere Kinder könnten ihr Leben aushauchen oder sich in Luft auflösen, sobald sie außer Sichtweite sind.

»Was ist denn dann der Nachteil am Familienbett?«, fragst du dich jetzt vielleicht. Nun, unter meinen Freunden und in meiner Familie ist am häufigsten das Argument zu hören, dass das Kleine zwar hervorragend schlafe, die Eltern aber fix und fertig seien. Befragt man 100 junge Väter, wer von ihnen insgeheim Angst hat, das Baby im Schlaf mit seinem Gewicht zu erdrücken, werden sich mindestens 70 dazu bekennen. Du kannst versuchen, diese armen Männer damit zu beruhigen, dass selbst ein Säugling laut und deutlich aufschreien wird, wenn man sich im Schlaf auf ihn rollt, aber du wirst damit recht wenig Erfolg haben. Schlussendlich wird also eines der älteren Familienbettstammgäste aufs Sofa überwechseln oder halb auf dem Bettrand schlafen und sich dort mit den Fingernägeln festkrallen, während der Siebenpfünder es sich quer übers ganze Bett bequem macht. Manche Eltern haben gar nicht einmal so große Angst, ihr Kleines im Schlaf zu erdrücken, und haben trotzdem einen sehr leichten Schlaf im Familienbett. Schließlich sind sie ja ständig im »Bereitschaftsdienst«. Die Kleinen sehen vielleicht ruhig aus, wenn du sie beim Schlafen beobachtest, doch teil mal eine Nacht dein Bett mit ihnen, und du wirst dein blaues Wunder erleben. Sie niesen, schrecken auf und geben bezaubernde Geräusche von sich, und jedes Mal werden Mutter oder Vater dabei hellwach – sofort bereit, in Aktion zu treten. Im Grunde wie Feuerwehrmänner, die mit einem kleinen Pyromanen in ihrem Bett Wache schieben. In der Regel fallen die Kleinen sofort in den guten alten REM-Schlaf. Die Eltern hingegen greifen zur Fernbedienung und ziehen sich irgendeine TV-Show rein, die die ganze Nacht läuft, bis ihr Blutdruck in sichere Zonen abgesunken ist und sie nicht länger Gefahr laufen, einen Herzinfarkt zu erleiden.

Ein weiterer Kritikpunkt in Bezug auf das Familienbett (der dir einige Monate lang relativ schnuppe sein wird, deinem Mann aber sehr am Herzen liegt – weshalb du auch vorgeben solltest, dass er auch dir ungemein wichtig ist) ist die fehlende Intimität. Wohin mit dem Baby, wenn dein Partner und du Lust auf eine Party zu zweit habt? Entweder du stehst auf und legst das Baby in sein Bettchen beziehungsweise in den Stubenwagen oder du schreibst den Sex von vornherein ab, da sich der ganze Aufwand nicht lohnt. Tja, ich weiß, einige Leute würden raten, das Baby einfach der Show beiwohnen zu lassen, aber davon möchte ich kein Wort hören und hoffe, dass es sich dabei nicht um Leute handelt, die ich kenne.

Dann kommt vielleicht der Tag, an dem du dir wünschst, dass dein Baby (oder Kind) dir nun endlich nicht mehr im Schlaf mit den Knien Kinnhaken versetzt und in sein eigenes Bett umzieht. Ein schwieriges Unterfangen, ob dein Sprössling nun sieben Monate oder sieben Jahre alt ist. Die lieben Kleinen möchten dann einfach nicht mehr auf den Spaß im Familienbett verzichten. Bedenke dies, wenn du die Spielregeln für das Schlafspiel aufstellst.

Es wird nicht einfacher, Kindern beizubringen, allein zu schlafen, wenn sie älter sind.

Mit diesem Wissen im Hinterkopf predige ich meinen Freundinnen immer, dass es leichter ist, jemandem beizubringen, in seinem Bettchen zu bleiben, bevor er alt genug ist, selbst hinauszuklettern und ohne fremde Hilfe ins Schlafzimmer zurückzuschleichen. Dies führt uns zur Variante Nummer zwei:

Nummer zwei, die Alleinschlafvariante: Die Alleinschlafvariante wird in verschiedenen Abwandlungen praktiziert. Alle haben jedoch eines gemeinsam: Du musst das Baby schreien lassen, bis es einschläft. Als ich ein Baby war, stand außer Frage, dass Mütter Besseres zu tun hatten, als ihr Baby den ganzen Tag mit sich herumzuschleppen. So konnten wir uns damals in unserem Kinderbettchen die Seele aus dem Leib schreien (was in den Augen von uns sensiblen Mamas von heute bereits an Kindesmisshandlung grenzen würde). Ich weiß, ich weiß, ich klinge wie deine eigene Mutter, aber denk doch einmal nach: Wie um Himmels willen sollte denn eine Frau, die den lieben langen Tag ein Baby herumzutragen hat, jede Woche fünf Hemden stärken und bügeln, den Kochlöffel schwingen und flicken? Wenn ich es mir genau überlege, hatte meine Mutter auch nicht mehr zu tun als ich heute, und doch lasse ich meine Babys nie »schreien, bis sie Ruhe geben«. Wer von uns beiden ist denn hier nun die Gelackmeierte?

Heute verfahren die meisten Eltern wie folgt: Sie planen ungefähr drei Nächte ein, um ihrem kleinen Liebling das Einschlafen beizubringen. Sie exerzieren ihr kurzes Zubettgeh-Ritual, sei es ein Gutenachtlied, ein Bad oder Ähnliches, bringen den Winzling ins Bett, sagen gute Nacht und verlassen das Zimmer. Das Baby wird nach ihnen rufen oder herzzerreißend schreien. Mama ruft daraufhin beruhigende Worte durch die Tür oder geht hinein und wiederholt: »Mama ist da, aber jetzt ist Schlafenszeit für dich« oder ähnliche mantraartige Dinge. Man darf zwar alle zehn bis fünfzehn Minuten den Raum betreten, um dem Baby zu verstehen zu geben, dass man nicht nach Maui ausgewandert ist, aber das Kleine unter keinen Umständen wieder aus dem Kinderbettchen herausnehmen. Ansonsten kann man die ganze Prozedur am nächsten Abend noch einmal von vorn beginnen.

Meiner Erfahrung nach funktioniert diese Methode tatsächlich. Allerdings führte sie auch zu den größten Streitereien, die mein Mann und ich in unserem Eheleben je hatten. Ich erinnere mich an zahllose Nächte (wie du weißt, habe ich ja viele Kinder), in denen ich auf einem Stuhl im Flur vor dem Kinderzimmer saß, während mein Kleines in seinem Bettchen schrie und bettelte, aus dieser Hölle befreit zu werden. Ich weinte still vor mich hin und fühlte mich hundeelend, aber ich blieb trotzdem sitzen und klammerte mich verzweifelt an meine Säuglingsratgeber. Mein Mann schloss sich jedes Mal im Schlafzimmer ein in dem Versuch, dem Geschrei zu entkommen. Alle halbe Stunde, immer wenn ich am Rande eines Nervenzusammenbruchs stand, kam er in den Flur und fragte: »Was soll denn dieses ganze Spektakel? Wie um alles in der Welt kannst du das Kind einfach weiterschreien lassen, anstatt es zu trösten?«

Damals hatten wir eine Haushälterin. Sie saß an besagten Abenden immer direkt in meinem Blickfeld auf ihrem Bett, wimmerte leise in ihr Taschentuch und nahm alle 20 Minuten eine Beruhigungstablette gegen den seelischen Schmerz, den ich allen bereitete. Des Öfteren verstieß ich allerdings gegen den Grundsatz »drei Nächte für einen besseren Schlaf«: In der zweiten Nacht (schon gut, ich geb's ja zu – in der ersten Nacht) schnappte ich mir mein Kleines und drückte es an meine Brust. So konnten wir alle aufatmen, zumindest vorübergehend. Schlussendlich habe ich es dann doch irgendwie geschafft, den ganzen Spießrutenlauf viermal mitzumachen – mit jedem Kind einmal, und es klappte immer einwandfrei. Mein Mann rät jungen Eltern jetzt natürlich ganz stolz und fachmännisch, dass man Kinder ruhig »auch einmal ein bisschen schreien lassen sollte«.

Meine Freundin Catherine und ich unterhielten uns neulich am Telefon über ihre 13 Monate alte Tochter. Catherine, ihr Mann und das Baby haben seit der Geburt der Kleinen im selben Bett geschlafen und jede Sekunde in vollen Zügen genossen. Jetzt aber haben sie vor, die Kleine in ihr eigenes Bettchen umzubetten, vielleicht weil sie ihr gern ein kleines Geschwisterchen schenken würden, auf dem sie herumhacken kann, oder weil die Kleine ein ganz schöner Brummer geworden ist und im Bett mehr Platz in Beschlag nimmt, als ihr zusteht. Die liebe Catherine, eine Seele von Mensch, erklärte mir, dass ihre Kleine sich ohne Weiteres an das Kinderbettchen gewöhnen werde, da sie durch die Zeit im Familienbett eine solch innere Stärke entwickelt habe, dass sie sich nun ohne Weiteres »abnabeln« könne. Sie könne förmlich spüren, wie ihre Kleine ihr mitteilen wolle, dass im Familienbett ihre Eigenständigkeit und ihr Selbstvertrauen so gefördert worden seien, dass sie sich nichts sehnlicher wünsche, als nun ein Bettchen für sich allein zu haben (das, nebenbei gesagt, im Schlafzimmer steht). Ich hörte Catherine zu und ermutigte sie.

Gleich darauf rief ich eine andere, erfahrenere Mutter an und erzählte ihr brühwarm von Catherines Plänen. Ehrlich gesagt, wir mussten schon ein wenig schmunzeln, als wir uns bildlich vorstellten, wie Catherine und ihr Mann in einer der kommenden Nächte völlig entnervt im dunklen Flur stehen und sich darüber in die Wolle kriegen würden, ob sie nun ins Zimmer gehen sollten, um ihr hysterisches Baby zu retten, oder ob sie das Geschrei lieber aushalten sollten, in der Hoffnung, ihr Bett bald für sich allein zu haben. Irgendwann muss jeder einmal in den sauren Apfel beißen. (PS: Inzwischen ist ein Monat vergangen. Catherines Kleine hat nun klar und deutlich zu verstehen gegeben, wie sehr sie ihr Bettchen hasst. Wenn man auch nur daran vorbeikommt, strampelt sie wild und schreit wie am Spieß. Legt man sie wirklich einmal hinein, was mittlerweile kaum noch vorkommt, gerät die Kleine völlig außer sich. Bisher steht es wohl eins zu null für die Kleine.)

Du siehst, bei der Kindererziehung sind manche Verhaltensweisen einfach vorprogrammiert. Früher oder später wird dein Kind nämlich tun, was du nicht willst, etwas haben wollen, das du ihm nicht geben willst, oder sich so verhalten, dass es dein Missfallen erregt. Das ist so sicher wie das Amen in der Kirche. Nur gehen alle Eltern damit anders um, und deshalb entwickelt sich auch jedes Kind anders. Kindererziehung ist eine Herausforderung. Die Tatsache, dass man die meiste Zeit am Improvisieren ist, macht die Sache auch nicht einfacher. Man studiert zwar alle einschlägigen Bücher, führt sich Programme über gesunde Ernährung zu Gemüte und betet um Erleuchtung und Beistand, aber im Endeffekt fährt man am besten mit »learning by doing«. Falls es dich tröstet: Wir alle wursteln uns nur so durch und diese »Trial-and-Error«-Methode führt die meisten von uns zur Variante Nummer drei.

Nummer drei, die Überraschungsvariante: Die meisten von uns Freundinnen praktizieren schlussendlich die Überraschungsvariante, und wenn auch nur deshalb, weil es mit den anderen Varianten nicht so recht klappen wollte. Manche Nacht haben wir Glück und das Baby schläft ohne jeden Protest, wo wir wollen und wann wir wollen. In anderen Nächten sind wir zu gerädert, um irgendjemandem noch irgendetwas beizubringen. Wir schlafwandeln zu unserem schreienden Baby und drücken es an unsere Brust, bis es wieder einschläft. Manche Nacht habe ich mich sogar mit dem Baby ins Kinderbettchen gelegt, damit es etwas »Lebendiges« zum Schlafen hatte (Not macht erfinderisch). So ist nun einmal das Kindererziehungskonzept der Pragmatiker. Gleichgültig, welchen ehrgeizigen Kindererziehungsgrundsätzen wir uns theoretisch verschrieben haben, verbringen wir im Endeffekt doch die meiste Zeit damit, Situationen zu meistern, die mit unseren perfekt ausgeklügelten Plänen rein gar nichts zu tun haben. Gute Eltern sind meiner bescheidenen Meinung nach Eltern, die flexibel genug sind, eine Regel oder einen Grundsatz über Bord zu werfen, die bei ihrem einzigartigen Sprössling keinen Erfolg haben. Mir ist völlig schnuppe, wie viele Kinder allein in ihrem Bettchen schlafen. Wenn ihr beide, dein Baby und du, euch einer Trennung noch nicht gewachsen fühlt, dürft ihr eure Bemühungen ruhigen Gewissens einstellen. Du kannst es ja später immer noch einmal versuchen.

Nach neun Jahren Muttersein und (noch) keinem einzigen Tag im Irrenhaus bin ich der Meinung, dass die Überraschungsvariante von allen Methoden die beste ist, denn sie lässt Raum für Veränderungen. Diese Methode ist nicht von vornherein zum Scheitern verurteilt, und sie bestätigt, was du bereits in deinem tiefsten Inneren wissen solltest – dass du die beste Mutter bist, die dein kleiner Liebling haben kann.

Ich möchte meine alte
Figur wieder!

Geht sicher ganz einfach …

In den letzten Schwangerschaftswochen sehnen die meisten so sehr das Ende der Schwangerschaft herbei, dass sie stundenlang in Erinnerungen an ihre frühere Figur schwelgen (oder zumindest in ihren idealisierten Vorstellungen darüber) und wie es wäre, sie wieder zurückzubekommen. Wir lassen unserer Phantasie freien Lauf: Wir tragen Gürtel! Wir hängen in unseren alten Lieblingsjeans herum. Ohne BH! Trinken Wein und haben dann angeheitert leidenschaftlich Sex (eventuell sogar mit unserem Ehemann)! Selbst ansonsten reizlose Dinge wie die Nägel zu lackieren oder einfach nur auf dem Bauch zu liegen haben auf einmal etwas einmalig Verführerisches, Exotisches und Aufregendes an sich. Die Schwangerschaft mag wohl schön, erfüllend, lehrreich und vieles mehr sein, aber was zu viel ist, ist zu viel!

Die Verblendung

Du hast während deiner Schwangerschaft nicht allzu sehr über die Stränge geschlagen und nur 15 (na gut, 20) Kilo zugenommen, wobei du dachtest, sie stammten fast nur von Babys Gewicht. Du hast schon damit gerechnet, nach der Geburt des Babys etwas aus der Form geraten zu sein. Aber in den verschiedensten Frauenzeitschriften hat man dir schließlich aufmunternd versichert, dass mit etwas Gymnastik und Diät noch vor der ersten Untersuchung sechs Wochen nach der Geburt wieder alles beim Alten sein werde. Was für eine Erleichterung es wohl sein wird, nicht mehr ein anderes Lebewesen in deinem Bauch herumschleppen zu müssen. In null Komma nichts wirst du vor Energie geradezu bersten. Du wirst nicht nur deine alte Figur zurückbekommen, sondern auch den Mutterschaftsurlaub dazu nutzen, doppelt so viel Gymnastik zu treiben wie vorher. Den schwierigen Teil der Mutterschaft, die Schwangerschaft, hast du fast hinter dir, und so wirst du bald zu deinem früheren Selbst zurückfinden. Du wirst nicht nur so gut aussehen wie vorher, sondern sogar noch besser!

Das böse Erwachen

Die Realität nach einer Entbindung sieht allerdings anders aus. »Was um alles in der Welt ist denn schiefgelaufen?«, fragst du dich. Gymnastik? Du hast kaum die Kraft, dir eine Schüssel Müsli zuzubereiten, geschweige denn, ein Gymnastikprogramm in Angriff zu nehmen. Selbst wenn du die Ausdauer hättest, würde dir sicher die Zeit dazu fehlen. Gymnastik steht irgendwo auf der Zu-erledigen-Liste, gleich nach »Duschen« und »Post öffnen«. Davon einmal abgesehen, was würdest du überhaupt anziehen? Mit welchem BH könnten diese riesigen, heißen und prickelnden Brüste gebändigt werden? Lieber würdest du dir einzeln die Fingernägel ausreißen, als dich in diesem Zustand in einem Fitnessstudio in einen Gymnastikanzug gezwängt sehen zu lassen.

Diät? Wenn du stillst, bist du vermutlich ununterbrochen am Essen. Wahrscheinlich verdrückst du noch größere Mengen als während der Schwangerschaft. Auch wenn du nicht stillst, kommst du einfach nicht dazu, dir selbst einen Salat zuzubereiten oder ein Hähnchen zu grillen. Es ist doch um so vieles einfacher, sich im Supermarkt belegte Brötchen oder beim Chinesen ein Mittagsmenü zum Mitnehmen zu holen. Essen ist schließlich bei all den Nächten, die du dir um die

138

Ohren schlägst, deine einzige Energiequelle. Wenn du nicht jeden Nachmittag ein Stück Kuchen isst, brichst du bestimmt vor dem Abendessen zusammen.

Früher oder später wirst du merken, dass du immer noch schwanger bist, obwohl das Baby sich nicht mehr in deinem Bauch befindet – sozusagen ein viertes Schwangerschaftsdrittel. Dein Körper gehört dir noch nicht wieder ganz allein, sondern steht noch ganz zu Babys Diensten. Dein Hormonhaushalt hat sich immer noch nicht wieder eingependelt, du stehst immer noch neben dir, und dir schwant bereits, dass es bedeutend länger dauern würde, als du dachtest, bis die Person, die dir aus dem Spiegel entgegenblickt, wieder so aussieht, wie du sie noch dunkel in Erinnerung hast.

Es gibt zahlreiche Anzeichen dafür, dass du noch schwanger bist. Am häufigsten jedoch sind folgende anzutreffen:

1. Du leidest unter Hitzewallungen und Nachtschweiß.
2. Du bist launisch und müde.
3. Die Entbindung liegt Monate zurück und du trägst immer noch Umstandsunterwäsche.
4. Bei jedem Niesen entleert sich deine Blase ein bisschen.
5. Deine Brüste sind schwer und machen einen recht lebendigen Eindruck (nur wenn du stillst – ansonsten sehen sie recht leblos aus).
6. Du kannst noch immer kein einziges Paar deiner alten Schuhe tragen.
7. Deine Oberarme sind dicker, als es früher deine Oberschenkel waren, und deine Oberschenkel sind jetzt dicker als – ach, lassen wir das lieber.
8. Du hast mehr Pickel als auf deiner ersten Schulparty.
9. Du kannst immer noch nicht essen oder trinken, was du willst.
10. Dein Bauch hat so viele Hautfalten, dass er wie eine Ziehharmonika aussieht, wenn du dich nach vorn beugst.

11. Sex schmerzt noch immer. Davon abgesehen hast du nicht das geringste Interesse daran.
12. Alles und jeder nervt dich.

Ich weiß, da kann man das heulende Elend kriegen. Aber so ist es nun einmal. Wie könnte sich wohl ein neun Monate lang andauernder Zustand innerhalb einiger Wochen in nichts auflösen? Natürlich hat jeder eine Bekannte, die von einer Frau gehört hat, der zwei Tage nach der Entbindung ihre alten, engen Jeans wieder tadellos passten, aber ich kenne genauso viele Leute, die einen Bekannten haben, der das Monster von Loch Ness gesehen haben will. Die Faustregel von uns Freundinnen lautet: Neun (zehn) Monate zunehmen, neun (zehn) Monate abnehmen. Dabei ist mir einerlei, wie viele Schauspielerinnen du zwei Wochen nach einer Zwillingsgeburt in hautengen Kleidern in Größe 36 im Fernsehen gesehen hast. Hören wir doch mit diesem ständigen Konkurrenzdenken unter Müttern auf – das verstößt ganz eindeutig gegen das Credo der Freundinnen. Davon abgesehen ist es selten ratsam, sich mit einer anderen Mutter zu messen, es sei denn, du weißt von vornherein, dass du ihr überlegen bist, sonst verletzt es nämlich nur deine Gefühle. Und von jeder schlanken Schauspielerinnenmutter, die du mir aufzählen kannst, kann ich dir deren persönliche Fitnesstrainer, Köche/Diätassistentinnen und Vollzeitkindermädchen nennen. Ich wünschte, jede Mama hätte ein derartiges Aufgebot an Helfern, die ihr zur Hand gehen. Aber genauso würde ich mir auch wünschen, dass es auf Bestellung Weltfrieden und Gratisfettabsaugungen gäbe. Doch mit Wünschen allein kommt man nun einmal nicht weit.

Was ich dir jetzt erzähle, ist eine Verallgemeinerung. Aber da wir Freundinnen es alle so oft am eigenen Leibe erfahren haben, geht es schon fast als Binsenweisheit durch: Du kannst dich beinahe zu Tode hungern, Stepp-Training betreiben, was das Zeug hält, und nach rund sechs Monaten noch fünf bis acht Kilo von deinem Ausgangsgewicht vor der Schwangerschaft entfernt sein. Oder du kannst dich genauso gut nur um dein Baby kümmern, einen normalen Tagesablauf einhalten und nach genau demselben Zeitraum noch fünf bis sieben Kilo von deinem Ausgangsgewicht vor der Schwangerschaft entfernt sein. Du wirst wahrscheinlich nicht zu den wenigen Glücklichen gehören (genauso, wie man in der Regel auch nicht zu den glücklichen Gewinnern im Lotto gehört), die in null Komma nichts scheinbar spielend ihre normale Figur wiedererlangen, aber dieses Ziel wird doch zum Greifen nahe sein. Sind erst einmal die ersten fünf oder sechs Monate nach der Entbindung verstrichen, bleiben dir noch die letzten fünf bis acht Kilo, die du dir wirklich hart abtrainieren musst.

Aus dem Nähkästchen ...

Als Mutter von vier Kindern habe ich die verschiedensten Methoden ausprobiert, um wieder mein normales Gewicht zu erreichen, und bin schlussendlich immer bei derselben gelandet. Dem muss ich aber vorausschicken, dass ich bei jedem Kind zwischen 18 und 20 Kilo zugenommen habe. Diese Gewichtszunahme schien bei mir biologisch vorprogrammiert, denn es machte wenig aus, ob ich einfach alles aß, was mir unter die Finger kam, und vier Monate lang das Bett nicht verließ oder ob ich so viel in der Arbeit oder mit dem Hinterherjagen von Kleinkindern zu tun hatte, dass ich oft völlig vergaß, überhaupt etwas zu essen.

Nach der Geburt meines ersten Kindes genoss ich meinen Madonnenstatus. Das ganze Universum bestand nur aus meinem Baby: Stillen, Baden, Wickeln, mehrmaliges Umziehen am Tag, wenn Besuch kam oder um den Winzling zum Einkaufen mitzunehmen, und all die unzähligen Fotosessions. Ich aß nicht nur viel, sondern machte Essen zu einem aufregenden Abenteuer. Wir Freundinnen setzten unsere Kinder in die Autositze und gingen mit ihnen einen Tag zum Mexikaner, am nächsten zum Thailänder und am übernächsten in irgendein amerikanisches Restaurant. Egal, was wir zu Mittag aßen, stets bildete ein leckerer Schokoladennachtisch den krönenden Abschluss. Die Kinder waren noch nicht alt genug, Nahrung zu sich zu nehmen, die sie hätten kauen müssen, aber wir Mamas aßen genug für alle zusammen. Trotz alledem bemerkte ich nach neun Monaten dieser täglichen Gelage, dass ich langsam abnahm. Mein Gesicht sah nicht mehr aus wie das der Kinder aus der Campbell's Suppenwerbung, meine Schlüpfer passten wieder und ich konnte meine Kleidung endlich in die Hose stopfen. Das war für mich Anreiz genug, wie wild Gymnastik zu treiben und Diät zu halten, um die letzten fünf (eigentlich eher acht) Kilo zu verlieren. Es war härter, als ich es mir vorgestellt hatte, aber ich gab nicht auf. Dann musterte mich mein Mann eines Tages von oben bis unten, als ich in die Dusche stieg. Ich schwöre, es war das erste Mal seit dem Ende meines letzten Schwangerschaftsdrittels, dass er einen Blick wagte. »Mensch, das bist ja wieder du!«, rief er freudig aus. Da hatte mein wahres Ich mich also wieder!

Ich muss gestehen, bei meinem vierten Kind war ich nicht mehr so erpicht darauf, mich mit ihm zu Hause zu verkriechen. Es kam mir vor, als hätte ich sechs Jahre mit Schwangerschaften und Stillen zugebracht. Ich wollte ausgehen, Hot Pants tragen und in einem Auto ohne Kunststoffsitzschoner und Jalousien mit Teddybärmotiven fahren. Zum Teufel, ich wäre in die Disko gegangen oder hätte einen Tango-Tanzkurs gemacht, wenn ich die Zeit dafür gefunden hätte. Ich stillte sehr viel eher ab – diesmal bereits nach rund drei Wochen. Ich hatte auch kein schlechtes Gewissen mehr, mein Baby einem Babysitter anzuvertrauen, damit ich ungestört Gymnastik treiben konnte. Ungefähr zweieinhalb Monate nach der Entbindung begann ich, mit der Gymnastik ernst zu machen. Und jawohl, ich nahm ab, aber nicht merklich schneller als bei meinen früheren Schwangerschaften. Rund sieben Monate nach der Entbindung wurde ich endlich wieder zu einem annehmbaren Abbild meines ehemaligen, nicht schwangeren Ichs. Und von diesem Zeitpunkt an waren das Gymnastikprogramm und die Diät am erfolgreichsten. Jetzt magst du mir widersprechen. Du schaust vielleicht gerade an dir selbst hinunter, drei Monate nach der Entbindung, und bist felsenfest davon überzeugt, dass die überflüssigen Pfunde mir nichts, dir nichts dahinschwinden. Denk aber daran, dass du dies aus einer verzerrten Perspektive siehst, die sehr verführerisch sein kann: Da du ja vor knapp drei Monaten noch kugelrund warst, ist es schon eine ungeheure Verbesserung, einfach nur mollig zu sein. Mach dir nichts vor: Deine alten Jeans werden dir noch eine ganze Weile nicht passen.

Das Fit- und Wellnessprogramm von uns Freundinnen

Da ich viermal von 56 auf 75 Kilo zugenommen und auch wieder abgenommen habe, werde ich dich in das Geheimnis einweihen, wie du deine alte Figur wieder zurückerlangst oder zumindest eine recht originalgetreue Kopie davon. Nur für den Fall, dass die Gedächtnisschwäche, unter der wir Mamas vielfach leiden, auch an dir nicht spurlos vorübergegangen ist, möchte ich dich noch einmal daran erinnern, dass ich weder Arzt noch Diätassistentin noch staatlich geprüfte Fitnesstrainerin bin. Nicht einmal im Fernsehen spiele ich eine solche Rolle. Ich kann dir nur meine persönliche Meinung weitergeben, und ich würde dir deshalb empfehlen, bei jemandem Rat einzuholen, der medizinisch geschult ist, bevor du auch nur einen meiner Ratschläge befolgst. Ich kann mich lediglich auf meine eigene Erfahrung sowie einen Querschnitt der Erfahrungen meiner Freundinnen berufen. Im Folgenden nun unsere Tipps, wie du die überflüssigen Pfunde wieder loswirst:

1. Verschwende keinen Gedanken an Gymnastik oder Diät, bevor das Baby nicht mindestens drei Monate alt ist

Warum denn so eilig? Diese besondere und empfindliche Übergangsphase vergeht sowieso wie im Fluge. Und nach allem, was du durchgestanden hast, verdienst du es wirklich, dich zu schonen. Vielleicht blutest du ja noch ein paar Wochen nach der Entbindung. Du wirst dir verzweifelt überlegen, wie du zu mehr Schlaf kommen kannst, und dein Körper wird noch zu schwach sein, um zur Aerobic gezwungen werden zu können. Meiner Meinung nach ist es sogar noch besser, damit fünf bis sechs Monate zu warten, denn im Prinzip braucht man ein Jahr, bis man sich von Schwangerschaft und Entbindung erholt hat. Wenn du aber ganz kribbelig bist und unbedingt wieder Bewegung brauchst, versuche wenigstens, drei Monate lang auszuspannen. Auf jeden Fall solltest du dich nicht selbst unter Druck setzen, bloß weil du irgendeinem Gerücht aufsitzt, perfekte Mamas müssten schnell wieder fit werden. Wie wir dir schon vorher ans Herz gelegt haben, handelt es sich nicht um ein Wettrennen oder einen Test, bei dem du eine Auszeichnung oder eine Medaille von begeisterten Fans überreicht bekommst. Immer langsam mit den jungen Pferden. Bis auf deinen kleinen Liebling schaut dir gerade ohnehin keiner zu, und er ist davon überzeugt, dass du einfach großartig bist. Wenn ich dir also rate, in den ersten drei Monaten noch nicht mit richtigem Fitnesstraining anzufangen, soll das aber nicht heißen, dass du es dir mit einer Packung Chips auf der Couch bequem machen sollst. Geh aus dem Haus und schnapp möglichst jeden Tag etwas frische Luft. Das mag zwar herzlich wenig für deine Figur bewirken, wird aber deine ganze Einstellung positiv beeinflussen.

2. Trainiere nicht mit Hanteln

Lass die Finger von Hanteln und Kraftmaschinen, bevor du nicht mindestens zweieinhalb Kilo von deinem Zielgewicht entfernt bist. Entgegen der Meinung der meisten Fitnesstrainer, Verkäufer von Fitnessklubmitgliedschaften oder sogar deines eigenen Instinkts ist Gewichtstraining nichts für frischgebackene Mamas. Deine Bänder und Muskeln haben sich während der Schwangerschaft nämlich gedehnt und gelockert, damit dein Baby sich bei der Geburt seinen Weg durch dein Becken nach draußen bahnen konnte. Das Problem beim Gewichtstraining ist, dass sich deine Hüftgelenke, Knie, Schultern und insbesondere dein Bauch noch nicht wieder ausreichend erholt haben, um mehr Gewicht tragen zu können als deines und das des Babys. Beim Gewichtstraining von Otto Normalverbraucher wird außerdem nicht sonderlich viel Fett verbrannt, sondern es werden dabei unsere Muskeln gekräftigt, und zwar indem sie größer werden. Und genau da liegt der Hase im Pfeffer. Keine Frau, die noch Fettpölsterchen von der Schwangerschaft mit sich herumträgt, sollte dies noch unterstreichen, indem sie diese Pölsterchen mit großen Muskeln aufplustert. Das wäre in etwa so, als wenn man unter Jeans Skiunterwäsche tragen würde, und auf die Idee käme ja wohl auch kein Mensch, außer er ist zu heiß gebadet worden.

Wenn du dein Zielgewicht dann aber beinahe oder ganz erreicht hast, ist Widerstandstraining durchaus geeignet, um dir zu strafferen und kräftigeren Muskeln zu verhelfen. Wenn das Fett nämlich erst einmal verschwunden ist, sind kräftigere Muskeln tatsächlich erstrebenswert, damit es auch zeitlebens verschwunden bleibt, denn je größer ein Muskel ist, desto mehr Kalorien verbrennt er bei körperlicher Aktivität.

Eine kleine Gedächtnisstütze:
Fett plus Muskeln = Gladiatoren
schlank plus Muskeln = Cindy Crawford

3. Beschränke dich auf eine Mahlzeit pro Tag

Kein Grund zur Aufregung, ich habe ja nicht gesagt, iss nur einmal am Tag. Natürlich solltest du mehrmals am Tag essen, aber meiner Meinung nach solltest du dich nur einmal hinsetzen und dir diese dreigängigen Menüs gönnen, die du während der Schwangerschaft so genossen hast. Laut Volksmund sollte diese Mahlzeit das Frühstück oder das Mittagessen sein, da der Stoffwechsel zu diesen Tageszeiten mehr Kalorien verbrennt als abends. Die Mahlzeit sollte aus magerem Fleisch, Huhn oder Tofu und ausreichend Gemüse bestehen (solltest du allerdings Mais und Kartoffeln zum Gemüse zählen, ist etwas Zurückhaltung angesagt). Damit deine Laune nicht völlig auf den Nullpunkt sinkt, solltest du stets einen »Sattmacher« dazu essen. Du weißt schon, etwas, das deinen Hunger richtig schön stillt. Nudeln ohne Fett, im Ofen geschmorte Kartoffeln, Reis oder ein Stück Brot sind allesamt hervorragende »Sattmacher«.

Noch ein letzter Tipp zu deiner einzigen »richtigen Mahlzeit« am Tag: Servier dir dein Essen auch wirklich auf einem Teller. Direkt aus dem Topf oder der Pfanne essen gilt nicht, da du beim Rumnaschen unweigerlich doppelt so viel isst.

Bereite dir mindestens einmal pro Woche einen großen Topf Suppe zu, die du immer dann essen kannst, wenn dein Körper nach einer Mahlzeit verlangt. Ich werfe dazu immer alle Gemüsereste, die sich im Gemüsefach angesammelt haben, in eine Hühner- oder Truthahnbrühe. Manchmal füge ich meinem Suppenteller auch gekochte Makkaroni oder Reis hinzu, allerdings nie dem Suppentopf, denn spätestens am fünften Tag kann man den Topfinhalt glatt für hausgemachten Brotaufstrich halten. Ein-, zweimal am Tag, wenn du wirklich glaubst, kurz vorm Verhungern zu sein, kannst du dich auf die Suppe stürzen. Füll sie in eine Suppentasse und dann ab damit in die Mikrowelle – und zwar noch bevor du an der Schublade vorbeikommst, in der die Kekse versteckt sind. Vergiss nicht: Du isst jetzt, um dein Hungergefühl zu unterdrücken, und nicht zum Vergnügen.

Wenn du unruhig wirst, sobald deine Finger dir nicht einen wohlschmeckenden Leckerbissen nach dem anderen in den Mund schieben, nimm eine Handarbeit zur Hand. Du solltest mal die Sammlung von Kissen und Weihnachtsstrümpfen sehen, die ich bestickt habe, als ich versuchte, mir Karamelpopcorn oder Chips abzugewöhnen. Sollten wirklich alle Stricke reißen, setz das Baby in den Kinderwagen und sieh zu, dass du schleunigst aus dem Haus kommst.

4. Streich den Nachtisch vom Speiseplan

Wir Freundinnen wurden fast alle, mich eingeschlossen, während unserer Schwangerschaft leidenschaftliche Anhängerinnen von Süßspeisen. Vor allem Eiskrem schien uns der gerechte Lohn für all die Proteine und Vitamine, die wir aufgrund unserer Schwangerschaft hinunterwürgen mussten. Meine Freundin Rosemary war jedes Mal den Tränen nahe, wenn ihr Mann sie zum Essen ausführte und auf dem Heimweg nicht an der Eisdiele haltmachte. Diese üble Gewohnheit solltest du aber langsam ablegen, nachdem das Baby auf der Welt ist und du den süßen Versuchungen seelisch gewachsen bist. Ich mag Kekse ganz bestimmt genauso sehr wie jeder andere auch (wenn nicht sogar lieber), aber das heißt noch lange nicht, dass man sie als krönenden Abschluss für jede Mahlzeit missbrauchen muss. Wenn du wirklich nicht ohne irgendetwas Süßes und Fettes auskommen kannst (wer mag darauf schon verzichten?), dann schummle hin und wieder, aber natürlich nur, wenn du im Gegenzug auf etwas anderes verzichtest. Leider kann das bedeuten, dass du dich wegen der zwei (fünf) Müsliriegel am Vormittag auf einen Apfel zum Mittagessen beschränken musst. Da du es ja selbst weißt, werde ich dir keinen Vortrag darüber halten, dass für deine eigene Genesung und – falls du stillst – auch für die deines Babys eine ausgewogene Ernährung wichtig ist. Wir Freundinnen müssen gestehen, dass wir teilweise der »Kompensationsdiät« frönen. Das heißt, wir lassen eine gesunde Mahlzeit aus, um die Schokoriegel wieder wettzumachen, die wir uns gegönnt haben, während wir in der Schlange an der Kasse angestanden haben. Wir fühlen uns dann aber auch dementsprechend schuldbewusst und (gerade mal) verantwortungsbewusst genug, um die Zügel nicht zu oft derart schleifen zu lassen.

5. Deponier kalorienarmes Essen im Kühlschrank, im Auto und in der Wickeltasche

Wenn du nach Hause kommst und quälenden Hunger verspürst, den Gedanken an einen weiteren Teller Suppe aber beim besten Willen nicht ertragen kannst, ist es ungemein praktisch und viel gesünder, die gekochte Hühnerbrust aus dem Kühlschrank zu holen – insbesondere wenn sie bereits abgezogen und in mundgerechte Stückchen zerkleinert ist –, als schon wieder eine Packung Chips anzubrechen. Der Trick dabei ist nur, dass du das Essen vorkochen musst, damit es für derartige Augenblicke bereits fertig zubereitet ist, ansonsten wird es jedes Mal wieder auf Chips hinauslaufen. Thunfischsalat mit Magerjoghurt anstatt Mayonnaise ist ein weiterer ausgezeichneter kalorienarmer Snack, den du im Kühlschrank vorrätig haben solltest. Ein richtiger Leckerbissen, insbesondere wenn du Heißhunger hast.

In meinem Auto und der Wickeltasche hatte ich immer Unmengen von Reiswaffeln in verschiedenen Geschmacksrichtungen und natürlich Popcorn gebunkert. Darauf konnte ich einfach nicht verzichten. Zwischenzeitlich habe ich aber gelernt, ohne Butter und Salz auszukommen. Trotzdem bin ich noch heute popcornsüchtig, und jedes Mal, wenn meine Kinder und mein Mann nicht da sind, ersetzt Popcorn mir mein Abendessen.

6. Durchs Stillen bekommst du deine alte Figur nicht wieder

Es ist ein Ammenmärchen oder eine heimtückische Propaganda der La Leche League, das man beim Stillen massenhaft Kalorien verbrennt und die Schwangerschaftspfunde somit nur so dahinschmelzen. Vielleicht hätte diese Theorie ihre Richtigkeit, wenn du das Baby zwei Jahre oder länger stillen würdest, denn bis dahin kämst du wahrscheinlich nur noch auf dem Zahnfleisch daher.

Aber für diejenigen von uns, die nicht stillen beziehungsweise die Absicht haben, damit aufzuhören, bevor ihre Kinder wahlberechtigt sind, bewahrheitet sich diese Theorie leider nicht. Ich bin der Meinung, es gibt keine bessere Diät als Nahrungsmangel. So viel und so oft essen zu können, wie man möchte, ist ohnehin eine weitgehend moderne Erscheinung, die denen vorbehalten ist, die das nötige Kleingeld haben. Überleg doch mal: Aus Indien, Afrika oder China hört man recht wenig über Diäten nach der Schwangerschaft oder über Schlankheitskuren im Allgemeinen. Seit Anbeginn der Menschheit hat die Natur Mamas mit größeren Kalorienlagerkapazitäten ausgestattet für den Fall, dass ihre Männer mal kein Wildschwein erlegen sollten. Dieser zusätzliche Brennstoff macht sich in unserem Körper in Form von Pausbacken (vorn und hinten) und dickeren Oberarmen bemerkbar. Solange du der einzige Nahrungsmittellieferant für deinen kleinen Sonnenschein bist, wird Mutter Natur nichts unversucht lassen, damit diese Nahrungsmittelvorräte sich nicht verdünnisieren. Ich weiß nicht, wie sie das schafft – vermutlich durch eine Art Arbeitsstreik seitens des Stoffwechsels –, auf jeden Fall geht eher ein Kamel durch ein Nadelöhr, als dass du die letzten fünf Kilo los wirst, während du noch stillst. Die meisten von uns fänden dies ja gar nicht so schlimm, wenn wir nicht ständig in den verschiedensten Zeitschriften auf so schlanke Schönheiten wie Heidi Klum und Co. stoßen würden.

Wie dem auch sei, wegen dieser lästigen Gewichtsangelegenheit brauchst du ganz sicherlich nicht gleich die Flügel hängen zu lassen. Warum lässt du deine ärmellosen T-Shirts nicht einfach noch zwei Monate länger im Schrank hängen und vergräbst deinen Badeanzug ganz unten in der Schublade? Schließlich lässt Sonnenbaden die Haut frühzeitig altern (was ja noch schlimmer ist als Übergewicht!). Die Zeit, während der du deinen Säugling stillst, ist in deiner langen Lebensgeschichte nur ein ganz kurzes Kapitel. Auch wenn du jetzt gewisse Abstriche machen musst, werden dir diese im Nachhinein als Lappalien erscheinen.

Versuch einfach, diese Zeit entspannt zu genießen, und denk daran, dass sie im Nu vorüber ist. Dünne Arme kannst du schließlich haben, wann immer du willst. Außerdem sind sie gar nicht so erstrebenswert, denn Kinder haben weiche Umarmungen viel lieber.

7. Glaub nicht an fettarme Nahrungsmittel

Fettarm heißt nämlich nicht unbedingt kalorienarm. Nur weil deine Lieblingsbäckerei eine neue Kaffeetorte als mager oder mit 0 Prozent Fettanteil anpreist, bedeutet das noch lange nicht, dass du damit aus dem Schneider bist. Sie hat nämlich trotz allem noch jede Menge Kalorien. Tatsache ist einfach: Je mehr Kalorien du isst, desto dicker wirst du auch. Wenn mich Leute fragen, was ich esse, um schlank zu bleiben, lautet meine Antwort »fast nichts«, und das ist die traurige Wahrheit. Aber schließlich weißt du ja auch, warum du das alles auf dich nimmst – und das macht die Sache doch gleich viel leichter.

8. Tritt keinem Fitnessklub bei

Spazierengehen und Joggen ist die wirksamste, billigste und sicherste Art und Weise, abzunehmen und geistig fit zu werden. All die berühmten Mütter, die wieder so in Form gekommen sind, dass sie nackt auf Zeitschriftencovers posieren können, haben sich die Schwangerschaftspfunde abgejoggt. Zum Aufbau deiner Kraft und Ausdauer kannst du anfangs das Baby in ein Tragetuch packen und einen langen Spaziergang machen. Wenn das Kleine schwerer wird und du besser in Form bist, möchtest du es vielleicht in der Obhut eines Babysitters lassen, um ein schnelleres Tempo einschlagen und die Entfernung steigern zu können. Wenn das Baby ungefähr fünf Monate oder älter ist und den Kopf gut von allein halten kann, kannst du es auch in einer Kraxe auf deine Ausflüge mitnehmen. Besorg dir ein Modell mit einem leichten Aluminiumgestell und einem breiten Hüftgurt zur besseren Gewichtsverteilung und schon kann's losgehen. Vor dieser Anschaffung erkundige dich, ob nicht

150

vielleicht eine deiner Freundinnen eine Kraxe besitzt, aus der ihr Kind herausgewachsen ist. Im Idealfall können diese Kraxen unter euch Freundinnen weitergegeben werden, bis ihr das gebärfähige Alter hinter euch habt.

Auch wenn du vielleicht lieber Rad fährst, kletterst oder Aerobic betreibst – und obwohl natürlich alles, womit du eine Stunde in Bewegung bleibst, dir guttut –, so belegen doch sämtliche Forschungsergebnisse, dass Stepper und Laufbänder die besten Kalorienverbrenner sind. Das mag daran liegen, dass es schwieriger ist, mit diesen Geräten zu schummeln. Vergiss nicht, dir immer Mineralwasser einzupacken. Dein Körper verliert nämlich schon Flüssigkeit, lan-

WISSEN

Auf die Ausdauer kommt es an!

Für folgende Behauptung würden wir glatt unseren Freundinnenstatus ins Feuer legen: Das einzig Ausschlaggebende beim Spazierengehen oder Joggen ist es, jedes Mal mindestens eine Dreiviertelstunde, besser noch eine ganze Stunde zu investieren. Ratschläge wie »20 Minuten erhöhen die Herzfrequenz« kannst du getrost vergessen. Der Erfolg hängt vom Zeitaufwand ab. Natürlich verbrauchst du mehr Kalorien, wenn du eine Stunde sprintest, als wenn du dahinschlenderst, aber selbst eine Stunde Dahinschlendern kann ein recht wirksamer Fettverbrenner sein. Auch wenn du dich mit der Zeit an dieses Konditionstraining gewöhnst, musst du dich trotzdem an die eine Stunde halten. Es ist fast so, als ob nach einer bestimmten Zeit eine Schwelle überschritten wird, ab der der eigentliche Fettverbrennungsmechanismus erst richtig wirksam wird.

ge bevor du Durst verspürst. Das tut niemandem gut, insbesondere nicht einer stillenden Mutter.

Nur eine meiner Freundinnen wurde den Großteil ihres Schwangerschaftsspecks schon kurz nach der Entbindung wieder los. Erst nachdem ich sie näher kennenlernte, erfuhr ich, dass sie nicht stillte und deshalb ohne Bedenken sofort mit einer Diät begann. (Siehst du, wie gemein Wochenbettdepressionen sein können?) Eine andere Freundin, Annie, nahm einen Großteil ihres schwangerschaftsbedingten Übergewichts bedeutend früher als erwartet ab. Aber diese Tatsache war wohl darauf zurückzuführen, dass ihr Mann während ihrer gesamten Schwangerschaft eine Affäre gehabt hatte. Tja, so weitreichende Konsequenzen kann Stress haben.

Warum mühsam abnehmen, wenn man doch gleich wieder schwanger wird?

Erliege ja nicht der Versuchung aufzugeben, bevor du auch die letzten Pfunde losgeworden bist. Die Pfunde, die du noch zwei Jahre nach der Entbindung oder bei einer erneuten Schwangerschaft mit dir herumträgst, können eigentlich nicht mehr als »Schwangerschaftsspeck« bezeichnet werden. Es handelt sich dabei dann einfach nur um normales Übergewicht, und du kriegst es nicht mehr runter. Nachdem man über ein Jahr lang wie ein Clown ausgesehen hat, ist es eine ungeheure Erleichterung, wenn man so kurz vor dem Ziel steht. Wäre es da nicht ewig schade, gerade dann aufgeben und sich für den Rest seines Lebens eine Nummer größer einzukleiden? Verglichen mit der Zeit unmittelbar nach der Schwangerschaft bist du zwar so dürr wie eine Bohnenstange, aber jetzt ist nicht der Zeitpunkt, mit sich Nachsicht zu üben. Und mit jedem weiteren Baby musst du damit rechnen, noch einmal jeweils zweieinhalb Kilo zuzulegen. Danach können wir uns dann schon mal auf den langsameren Stoffwechsel einstellen, der die meisten nach unserem

40. Geburtstag heimsucht und der garantiert noch einmal zweiein-halb oder fünf Kilo in petto hat. Und zu guter Letzt kommt mit den Wechseljahren der berüchtigte Altersspeck!

Ich möchte dir wirklich keine Angst einjagen, aber wenn du jetzt vor dem Schreckgespenst der überflüssigen Pfunde kapitulierst, wirst du dazu verdammt sein, dich für den Rest deines Lebens damit herumzuplagen! Vielleicht fragst du dich, wo die vormals lockeren Freundinnen des ersten Ratgebers »Beim ersten Kind gibt's tausend Fragen« geblieben sind. Wir sind immer noch dieselben, ehrlich. Wir möchten nur, dass du dir ein richtiges Bild machen kannst. (Dafür brauchst du dir aber nicht gleich einen richtigen Bauch zuzulegen.)

Innere Fitness

Ein Bereich, der insbesondere nach einer Vaginalentbindung ein spe-zielles Fitnessprogramm dringend nötig hat, ist dein Beckenboden. Ich habe zwar keine Ahnung, wo er sich genau befindet, aber ich kann dir einige Empfindungen nennen, die meiner Meinung nach mit dem Beckenboden zusammenhängen. Dazu gehört hundert-prozentig das innere Beben beim Orgasmus. Der Beckenboden hat auch mit der Aufhängung deiner Blase zu tun. Das wirst du merken, wenn bei jedem Lachen oder Niesen etwas Urin abgeht. Dieser Be-reich zuckt auch umgehend zusammen, wenn du zu nahe an einen Abgrund trittst und hinunterguckst. Das meiste Vergnügen bereiten aber die inneren Kontraktionen in deinem Beckenboden, mit denen du deinen Partner reizen kannst, bevor er sich nach dem Orgasmus zurückzieht. Wenn du nun immer noch keinen Schimmer hast, wo sich der Beckenboden befinden könnte, versuch beim Wasserlassen den Urinstrahl ein paarmal anzuhalten.

Das Sonderfitnessprogramm heißt Beckenbodenübungen. Vielleicht hast du damit bereits in der Schwangerschaft begonnen. Du kannst diese Übungen innerhalb von Stunden oder Tagen nach der Entbindung bereits wieder aufnehmen, je nachdem, wie mitgenommen dein Scheidenbereich ist. Ein guter Tipp: Besuch einen Kurs für Rückbildungsgymnastik oder bitte deinen Arzt, sich sechs Wochen nach der Entbindung bei deiner ersten Kontrolluntersuchung eine Minute Zeit zu nehmen, um dir die Übungen beizubringen. Ja, ja, ich weiß, du denkst: »Der Arzt stempelt mich ja dann als Vollidiotin ab.« Hör zu, liebe Freundin, ich würde dir nie zu etwas raten, das ich nicht selbst getan habe. Es ist für dich am besten, wenn der Arzt mit seiner Hand in dir erspürt, ob du den richtigen Muskel zusammenziehst und lange und stark genug die Kontraktion anhältst. Oder, halt mal, wäre das nicht vielleicht etwas, wobei dir dein sexhungriger Partner gern helfen würde? Hmmmm ...

Irreparable Schäden

Es ist gut zu wissen, welche deiner Körperteile sich erholen und wieder so werden wie früher und welche nicht.

Warum deine Zeit mit Dingen verschwenden, die von vornherein verlorene Liebesmüh sind, wenn doch schon die Dinge, die wieder in Ordnung gebracht werden können, deine volle Aufmerksamkeit verlangen? Kurzum, wir Freundinnen sind der Überzeugung, dass folgende Körperteile nur schwerlich wie früher werden:

1. Deine Brüste

Sie mögen zwar jetzt noch sehr an Lollobrigidas Formen erinnern, vor allem wenn du stillst, aber diese Üppigkeit wird nur von kurzer Dauer sein. Nicht nur, dass deine Brüste nicht ihre Größe und Form aus der Schwangerschaft beibehalten, nein, sie werden sogar kleiner und schlaffer als vorher. Wenn du dich jemals gefragt hast, warum die Frauen in »Playboy« nicht wie die Frauen in »Geo« aussehen, gibt es eine einfache Erklärung: Entbindungen. (Das – und vielleicht ein bisschen Chirurgie.) Solltest du nun in Erwägung ziehen, deinen Brüsten zuliebe auf das Stillen zu verzichten, kannst du dir das gleich wieder aus dem Kopf schlagen. Offenbar fordert die Schwangerschaft und nicht das Stillen den größten Tribut. Die Franzosen sind ja felsenfest überzeugt, dass du deine Brüste davor bewahren kannst, indem du jede Minute deines Lebens einen perfekt sitzenden BH trägst, vor allem beim Schlafen. Ich weiß aber nicht, ob man ihrer Ansicht so recht trauen darf. Dass man in Frankreich in Restaurants Hunde mitnehmen darf, lässt ja tief blicken.

2. Deine Füße

Selbst wenn sie nicht mehr geschwollen oder bereits am Abschwellen sind, musst du vielleicht eine halbe bis eine Schuhnummer größer tragen. Für den armen Fußspann war es möglicherweise einfach zu viel, das ganze Gewicht tragen zu müssen, und er hat kapituliert. Wir wissen nicht viel mehr, als dass unsere Füße größer werden und es auch bleiben. Für diejenigen unter uns, die sich nach wie vor in der Illusion wiegen, dass kleine Füße irgendwie besser seien als große, ist das Gefühl, die Welt plötzlich in Äppelkähnen zu durchqueren, bestürzend. Aber sieh es doch mal von der positiven Seite: Nachdem du dich ein Jahr lang nicht gerade nach dem neuesten Schrei gekleidet hast, stehen dir wahrscheinlich ohnehin ein paar neue Schuhe zu. Zudem geben deine Füße nur einmal bei einer Schwangerschaft klein bei. Mit anderen Worten, wenn du wieder schwanger wirst, werden sie nicht mehr größer. Also, auf was wartest du noch, kauf dir ohne Gewissensbisse die teuren Schuhe.

3. Dein Bauch

Wenn wir uns so gegenüberstehen, dass wir gemütlich ein Schwätzchen halten können, kann ich dir locker eine Hautfalte meines Bauches reichen. Schon gut, vielleicht übertreibe ich etwas, aber um meine Taille herum gibt es gut ein oder zwei Rettungsringe zu viel. Ich war natürlich auch leichte Beute für Mutter Naturs grauenhafte Tricks. Schließlich war ich ja schon 34, als ich mein erstes Kind zur Welt brachte, und beim vierten 39. Die Elastizität meiner Haut war also ohnehin schon dahin. Außerdem bin ich eine hellhäutige Irin mit Sommersprossen. Und so eine Haut ist nun einmal für ein feuchtes Klima und viel Dunkelheit bestimmt.

Es ist zwar tröstlich, dass ich mir erfolgreich das ganze Übergewicht von den zahlreichen Schwangerschaften wieder abgehungert habe, doch kann ich mich nicht vornüberbeugen oder dasitzen, ohne dass mein Bauch Falten wirft wie ein Dirndl. Würde ich mein Baby für einen Waschbrettbauch eintauschen? Tja, das hängt vom Baby und von meiner Tagesverfassung ab ... Schon gut, ist ja nur Spaß!

Okay, ich geb's ja zu. Ich ging sogar so weit, mich bei einem plastischen Chirurgen zu erkundigen, wie viel es kosten würde, an meinen Rundungen wieder alles in Ordnung zu bringen. Wie gebannt verfolgte ich alles über Fettabsaugungen im Fernsehen und verschlang jeden Artikel darüber. Wenn ich ganz ehrlich bin, das Ganze ging mir sogar im Kopf herum, wenn ich meine Kinder und deren Freunde herumkutschierte. Aber alles fiel wie ein Kartenhaus zusammen, als mein Arzt mir erklärte, dass für mich eine Fettabsaugung keine Lösung wäre. Seiner Meinung nach würde meine Haut durch diesen Eingriff eindeutig schlaffer. Was ich brauchte, sei vielmehr eine bauchstraffende Operation. Am *allernötigsten* hätte ich damals wohl aber einen Psychiater gebraucht, diese Operation hinterlässt nämlich eine Narbe von der einen Hüfte zur anderen, die aussieht, als ob dein Becken lächelt. Nun, Humor ist, wenn man trotzdem lacht. Ich habe mich vor Kurzem mit meinem Bauch abgefunden und mich mit Formslips und anderen figurmodellierenden Stöffchen angefreundet.

4. Deine Schwangerschaftsstreifen

Ich kann verstehen, dass du dich mit diesen purpurroten Abscheulichkeiten vermutlich nur schwer abfindest. Aber wenn in deinen Genen festgelegt war, dass du Schwangerschaftsstreifen haben sollst, dann sind sie in der Tat für den Rest deines Lebens dein. (Oder bis die Laserbehandlung, von der ich ständig höre, endlich perfektioniert wird.) Die unschönen Streifen wären natürlich weniger an der Zahl, wenn du während der Schwangerschaft nicht so viel zugenommen hättest. Aber du solltest dir keine Vorwürfe machen. Schon allein von der Tatsache, dass deine Brüste größer geworden sind, hättest du Schwangerschaftsstreifen bekommen, wenn du eine Veranlagung dazu hast. Mit anderen Worten, Schwangerschaftsstreifen sind wieder einmal eine Sache, für die du deiner Mutter die Schuld in die Schuhe schieben kannst!

Die eigene Einstellung

Als ich schwanger war, traute ich meinen eigenen Ohren nicht, wie viele Leute auf einmal an meiner Gewichtszunahme interessiert waren. Nachdem man sich nach meinem Befinden und dem des Babys erkundigt hatte, kam prompt die Frage: »Haben Sie denn viel zugenommen?« oder »Wie viel haben Sie denn bisher zugenommen?«.

Ich konnte mich nie entscheiden, ob ich nun in Tränen ausbrechen und die Wahrheit sagen sollte – nämlich dass ich in den ersten zwei Wochen so viel zugenommen hatte, wie ich laut Ratgebern bis zum Ende der ersten drei Monate hätte zunehmen dürfen – oder ob ich das Blaue vom Himmel herunterlügen und vorgeben sollte, ich hätte alles im Griff. Gewöhnlich entschied ich mich für Letzteres, da ich tief in meinem Inneren das Gefühl hatte, dass meine lieben Mitmenschen sich gemeinerweise Ersteres erhofften. Ich weiß also, dass gemeinhin viel mehr Aufhebens um eine schlanke Linie als um

Schwangerschaften und die anschließende Erholung gemacht wird, aber hier geht es uns in erster Linie mal nicht um deine Figur.

Es ist eine so überwältigende Erfahrung, Mutter zu werden, dass wir dazu neigen, diese Zeit in leicht verdauliche Häppchen zu unterteilen, wie diese Zwölf-Stufen-Programme von vielen Selbsthilfegruppen, die raten, »es Schritt für Schritt in Angriff zu nehmen«. Damit Mamas besser mit der Schwangerschaft zurande kommen, unterteilt man sie in drei Drittel, Monate oder sogar Wochen. Die Mutterschaft ist mit vielen Meilensteinen und Errungenschaften abgesteckt, auf die du und dein kleiner Liebling stolz sein könnt. Du freust dich darauf, wenn das Baby das erste Mal lächelt, die erste Nacht durchschläft, sitzen kann, wenn du wieder arbeiten gehen kannst, wenn du zum ersten Mal wieder Lust auf Sex verspürst und wenn das Baby laufen lernt. Wir glauben aber, erst wirklich am Ziel angekommen zu sein, wenn wir unser früheres Selbst wiedererlangt haben. Ich kann nach neun Jahren Muttersein nur sagen, dass man, zumindest meiner Meinung nach, nie wieder wie früher wird. Man kann sich einen Sportwagen zulegen, so schlank wie ein Model werden oder zur Geschäftsführerin eines Unternehmens aufsteigen und trotzdem nie mehr ganz die Alte sein. Wenn du insgeheim hoffst, dein Leben

PRAXIS

Sieh's doch mal so:

Wenn du folgenden Satz beherzigst, könnte das erste Jahr sicher etwas weniger aufreibend werden: Das neue Du ist ein anderes, aber besseres Du. Wer würde diese mitfühlende, verletzliche, starke, engagierte Mutter gegen die Frau eintauschen wollen, die du früher warst? Sieh es gelassen und akzeptiere dein neues Leben. Früher warst du ein Mensch, und jetzt bist du eine Mutter. Wir alle wissen, was besser ist.

so schnell wie möglich in den Griff zu bekommen, indem du so früh wie möglich dein Gewicht in den Griff bekommst, musst du dich auf eine große Enttäuschung gefasst machen. Du hast dich mittlerweile grundlegend verändert. Du liebst dein Kleines so abgöttisch, dass dein ganzes Denken und Handeln sich nur noch um dessen Glück und Wohlergehen dreht.

Sex? – Gehört nicht zu meinem Wortschatz

Keine Sorge, du bist normal

Keine Freundin, die dieses Namens würdig ist, wird bestreiten, dass ihr Sexualleben durch die Geburt ihres Kindes völlig auf den Kopf gestellt wurde. Du hast ja schon am eigenen Leib erfahren, was körperliche Veränderungen und Hormonumstellungen mit dir in der Schwangerschaft angestellt haben, und leider ist damit nach der Entbindung noch nicht Schluss. Aus zwei Gründen sollten wir ausführlicher darauf eingehen: Erstens bist du wirklich nicht darauf vorbereitet, in wievielerlei Hinsicht die Geburt deines Kindes dein Sexualleben beeinträchtigt hat. Zweitens wirst du an einen Punkt kommen, wo du befürchtest, dass dein Sexualleben mit deinem Partner so sehr gelitten hat, dass du ihm eine Affäre nahelegen solltest (wenn er nicht sowieso schon eine hat), um dein schlechtes Gewissen etwas zu erleichtern.

Du bist noch immer schwanger!

Glaub uns: Du bist weder verrückt noch asexuell. Deine Libido hat sich mit der Geburt nicht in Wohlgefallen aufgelöst, und du liebst deinen Mann noch immer. Die Scheidung steht noch nicht vor der Tür. Der langen Rede kurzer Sinn: Du bist einfach immer noch schwanger. Jetzt hat das vierte »Schwangerschaftsdrittel« begonnen, in dem das Baby außerhalb deines Körpers getragen wird. Die älteste von uns Freundinnen, Mutter Natur, setzt ihr ganzes Repertoire an Tricks ein, von Hormonen bis zu blinder Hingabe, damit du dich voll auf dein Baby konzentrierst und nicht wieder schwanger wirst.

Eines der schönen Dinge im Leben ist ja, dass jeder Mensch einzigartig ist. Aber tröstlich in der Schwangerschaft und der Zeit danach ist, dass wir viele Gemeinsamkeiten haben und alle im selben Boot sitzen. Wenn du dir das merkst, bist du unserer Meinung nach bestens darauf vorbereitet, dass dein Sexualleben sich ein Jahr lang in einer Bandbreite von ungewöhnlich bis regelrecht mies bewegen wird. Wahrscheinlich wirst du schon eher wieder im Sattel sitzen (autsch!), aber der Entwicklungsprozess von der Funktionsstörung bis zur Betriebsbereitschaft vollzieht sich gewöhnlich in Babyschrittchen. Eines kannst du aber schon jetzt dafür tun: Bitte deinen Partner (oder bestich ihn mit der Verheißung auf sexuelle Gefälligkeiten), sich diesen Abschnitt des Buches zu Gemüte zu führen. Und wenn er ihn nicht selbst lesen will, sprich mit ihm darüber, da ihr beide die Gewissheit braucht, dass eure Leidenschaft sich wieder einstellen wird und dass alle Mütter sich am Anfang fühlen wie du. Er soll sich nicht in dem Glauben wiegen, dass es bei allen anderen Paaren eures Geburtsvorbereitungskurses im Bett hoch hergeht, während ihr beide diesbezüglich immer noch in den Kinderschuhen steckt. Aber eines Tages werdet ihr aus ihnen herauswachsen. Und nur Leute, die sowieso viel zu jung sind, um Eltern zu sein, betreiben gleich nach der Geburt des Babys wieder rege Bettgymnastik.

Die ersten sechs Wochen

Kein Arzt braucht dir zu sagen, dass du dich in den ersten sechs Wochen nach der Entbindung in Enthaltsamkeit üben solltest (sie werden es allerdings trotzdem tun). Nach den ganzen Strapazen, die du aushalten musstest, um dieses Baby aus deinem Bauch in den Stubenwagen neben dir zu befördern, verzehrst du dich nicht gerade danach, dass jemand in den nächsten Wochen (vielleicht bis zu 52 Wochen, aber ich will noch nichts vorwegnehmen) etwas mit deinem Körper anstellt, insbesondere nicht dort unten. Die meisten Freundinnen, die zum ersten Mal ein Kind bekommen, lassen einige Tage lang nichts in die Nähe dieses empfindlichen Körperteils kommen, sofern es sich nicht um Eispacks oder anästhetisches Spray handelt.

Das Gute am Sexverbot des Arztes in den ersten sechs Wochen ist, dass es dir alle Verantwortung abnimmt, in etwa wie ein ärztliches Attest zur Befreiung vom Sportunterricht. Es ist ja nicht so, dass du weniger als dein Mann darauf brennst, es zu tun. (Ganz bestimmt nicht!) Es ist nicht so, dass dir seine Bedürfnisse gleichgültig sind. Du findest auch nicht, er hätte weniger Sex-Appeal als früher (hab' ich eigentlich gar nicht darauf geachtet). Natürlich nicht! Du wärst hinter ihm her wie der Teufel hinter der armen Seele, wenn du dürftest. Aber Gott sei's geklagt, der Arzt hat es eben verboten (Gelobt sei unser Gesundheitswesen!).

Eigentlich bereiten diese sechs Wochen nach der Entbindung eurem Sexualleben noch die wenigsten Schwierigkeiten. Die Regeln sind klar umrissen, und es stehen niemandes Gefühle auf dem Spiel. Davon abgesehen hält euch beide dieser bezaubernde Winzling, der jetzt mit euch lebt, noch so in Atem, dass die ersten sechs Wochen wie im Flug vergehen. Dann allerdings wird es umso verzwickter. Denn gemeinhin wird angenommen, dass Partner ihr normales Sexualleben wiederaufnehmen, sobald sie von ihrem Frauenarzt bei der ersten Untersuchung sechs Wochen nach der Entbindung »grünes Licht« bekommen. Kein Grund zur Panik! Wir Freundinnen fühlten uns der Sache damals auch noch nicht gewachsen, und ein paar Seiten weiter haben wir diesbezüglich jede Menge Ratschläge für dich parat. In der Zwischenzeit aber lautet unser Trick 17 für die ersten anderthalb Monate: Sei freundlich.

Zum Nettsein gehört es auch, dann und wann die Existenz deines Partners zur Kenntnis zu nehmen. Man gerät leicht in das Fahrwasser, sich ausschließlich um das neue Baby zu kümmern, sodass alles andere, was unsere Aufmerksamkeit verlangt – von einem klingelnden Telefon bis zu einem jammernden Mann –, einer störenden Unterbrechung gleicht. In der Regel ist das dem Eheleben nicht besonders zuträglich. Bloße Höflichkeit mag dir in den ersten sechs Wochen vielleicht einige Anstrengungen abverlangen, aber täusch sie notfalls einfach vor. Es ist wie mit dem Lächeln: Selbst wenn du dich anfangs dazu zwingen musst, ist dir schon bald wirklich nach Lächeln zumute. Langfristig wirst du froh sein, dass du nie auch nur die Hälfte all der boshaften Dinge gesagt hast, die dir in den Sinn kamen (beispielsweise abfällige Bemerkungen über die Familie deiner besseren Hälfte oder über seinen Tanzstil). Du kannst uns glauben, Freundin, ein Ehemann ist jemand, den man im ersten Jahr nach der Geburt des Kindes verdammt gut gebrauchen kann.

Rund sechs Wochen nach der Geburt wirst du deinen Gynäkologen für eine Untersuchung aufsuchen. Bei diesem Termin wirst du in der Regel innen und außen untersucht. Ist dein Muttermund geschlossen und abgeheilt und hat sich deine Gebärmutter ausreichend zurückgebildet, wird dir dein Arzt wahrscheinlich freudestrahlend verkünden, dass du nun wieder Geschlechtsverkehr haben kannst. Ach, welche Freude!

Unser Ziel ist es, dieses unangebrachte, alberne Zeitmessen abzuschaffen. Das Letzte, was du in deinem Zustand gebrauchen kannst, ist ein Mann, der auf seinem Kalender eifrig die Tage bis zum knallrot angestrichenen 42. Tag abhakt. Warum auch sollte denn deine Bereitschaft zum Geschlechtsverkehr wissenschaftlich so prognostizierbar sein wie ein Raketenstart der NASA? Geschlossener Muttermund hin oder her, 42 Tage sind vielleicht einfach nicht genug. Ungeachtet dessen, was ich vorher über das »unantastbare Attest« des Arztes bezüglich des Sexverbots in den ersten sechs Wochen gesagt habe, hat die ärztliche Erlaubnis zum Geschlechtsverkehr überhaupt nichts zu sagen, solange du dich nicht bereit dazu fühlst. Wir alle können unseren Partnern diese unnötige Enttäuschung ersparen, wenn wir solidarisch behaupten, dass eine junge Mutter wieder bereit zum Geschlechtsverkehr ist, wenn sie sagt, dass sie bereit zum Geschlechtsverkehr ist, sei es nun in 42 Tagen oder in 142 Tagen.

Wenn du auf unserer Seite stehst, liebe Freundin, wirst du deinem Partner diese Neuigkeit nicht gleich auf die Nase binden!

Den meisten geht es so wie dir

Natürlich wirst du Geschichten über andere Mütter hören, die ihr Sexualleben wieder so spielend aufnehmen, wie Madonna ihre Tanzeinlagen aufs Parkett legt. Vielleicht bist du ja selbst so eine Madonna. In diesem Fall kann ich nur sagen: Herzlichen Glückwunsch, und vergiss die Empfängnisverhütung nicht. Wenn du dich jedoch in etwa so sexy fühlst wie Miss Marple, sind wir Freundinnen dazu da, dich von aller Unsicherheit und allen Schuldgefühlen freizusprechen. Bedenke Folgendes: Jeder lügt irgendwann einmal in Bezug auf sein Sexualleben. Und die größten Lügner von allen, sogar schlimmer als Teenagerjungs, sind frischgebackene Eltern. Meine Freundin Karen lehnte sich neulich beim Mittagessen über den Tisch, griff etwas nachdrücklicher, als nötig gewesen wäre, nach meinem Arm und fragte mich aufgebracht: »Warum kann denn niemand zu diesem Thema die Wahrheit sagen? Genauso wenig wie dir niemand ehrlich sagt, wie schmerzhaft eine Entbindung ist! Sex nach einer Entbindung ist grauenhaft!« Schenkt man dem Glauben, was so manche Schlaumeier behaupten, so fiebern die meisten frischgebackenen Eltern, bis auf dich und deinen Mann, dem Termin zur Kontrolluntersuchung nach der Entbindung entgegen, an dem der Arzt ihnen dann endlich grünes Licht für den Geschlechtsverkehr gibt. Die Armen sind so scharf aufeinander, dass sie diese sechs Wochen Abstinenz vor lauter sexuellem Verlangen kaum ertragen können.

Ich erzählte Karen dasselbe, was ich dir jetzt erzählen werde: Diese Leute nehmen entweder immer noch ihre Schmerzmittel, und damit meine ich das richtig harte Zeug mit Hinweisen auf dem Beipackzettel, dass man nach deren Einnahme vom Autofahren Abstand nehmen solle, oder aber sie schämen sich zu sehr, die Wahrheit zuzugeben. Nur der Vollständigkeit halber will ich noch anmerken, dass Ausnahmen natürlich mal wieder die Regel bestätigen (ich denke dabei zum Beispiel an die Bekannte einer Freundin, die unmittelbar nach ihrer Entlassung aus dem Krankenhaus wieder in ihre alten Jeans schlüpfen konnte). Solche Ausnahmen sind allerdings seltener als Mamas in Bikinis beim Babyschwimmen. Erinnerst du dich noch an »Beim ersten Kind gibt's tausend Fragen«? Sogar meine Freundin Pamela war bis obenhin mit Schmerzmitteln vollgepumpt, als sie mit ihrem Mann nur wenige Stunden nach einem Kaiserschnitt Oralverkehr hatte. Fünf Jahre später verweigerte sie ihm nicht nur dieses Geschenk, nein, sie ließ sich gleich von ihm scheiden! Aber damit sollte ich wohl besser nicht anfangen …

Vielleicht wunderst du dich, was mir das Recht gibt, für alle jungen Mütter zu sprechen (mal abgesehen davon, dass ich prinzipiell davon ausgehe, dass das, was für mich richtig ist, auch für das ganze Universum richtig ist). Eine völlig berechtigte Frage. Ich habe weder Psychologen noch Mediziner befragt (obwohl ich mir bei einem ehemaligen Hollywoodproduzenten Rat einholte, der auf Sex-Aids-Therapeut umgesattelt hat und der genau die Frauen, über die du so viel in den Zeitschriften liest, in die Dildohandhabung einweist).

Wissenschaftlichen Umfragen messe ich wenig Bedeutung bei, da die meisten Leute ohnehin das Blaue vom Himmel herunterlügen, und ich habe auch keine persönlichen Befragungen bei einem repräsentativen Querschnitt von jungen Müttern durchgeführt. Allerdings habe ich die Meinungen all der Mamas ausgewertet, die schon anerkannte Freundinnen waren oder die sich den Freundinnenstatus durch ihre offenen und mutigen Äußerungen über ihr eigenes

166

sonderbares Sexualleben nach der Entbindung verdient haben. Ich habe mir wirklich ausnahmslos jede Geschichte angehört und festgestellt, dass eine unverhältnismäßig große Anzahl von Frauen darunter war, die man nicht anders als »HEISS« bezeichnen konnte. Ich denke hierbei an einige TV-Stars, die so sexy waren, dass sie abgeschnittene Jeans zum absoluten Modetrend machten. Ich denke dabei an Freundinnen, die eine Auswahl an Sexspielzeug unter ihrem Bett parat haben (wie gewisse batteriebetriebene Geräte), ich meine damit eine Rocksängerin, der Fellatio lieber ist als Cunnilingus. Und (obwohl ich nie gedacht hätte, dass ich dieses peinliche Kapitel meines Lebens jemals aus der Schublade »Dinge, die ich getan habe und lieber nicht meinen Kindern erzähle« herauskramen würde) selbst ich, als einstiges »Playboy«-Playmate des Monats (oje, jetzt ist es raus!), war früher einmal scharf wie Paprika. Nach jeder Geburt eines meiner vier Kinder verwandelte ich mich in fade Guacamole. Und nicht nur ich. Dieses Schicksal teilten alle Playmates des Jahres, auch die allerheißesten Sexbomben (wenn die Meinungen von Knackis und Teenagerjungs da aussagekräftig sind)!

Es handelte sich dabei wie gesagt nicht um einen repräsentativen Querschnitt der Bevölkerung. Unter den Befragten befanden sich keine prüden, verklemmten Frauen oder Frauen, die sich nichts aus Sex machen. Und nach ein oder zwei Glas Champagner (außer für die genesenden Mamas natürlich) gestanden alle Befragten, die Ankunft ihres kleinen Lieblings habe ihrer vormals in voller Blüte stehenden Sexualität zumindest vorübergehenden Abbruch getan. Mensch, wenn es ihnen passieren kann, scheint es relativ einleuchtend, dass es jeder anderen Mutter auch passieren kann.

Eine Baby-Liebesaffäre

Klar, Streicheleinheiten, Romantik und Küsse sind für eine Liebesbeziehung unverzichtbar. Du brauchst jedoch kein schlechtes Gewissen zu haben, wenn in der nächsten Zeit hauptsächlich euer Baby in den Genuss dieser Streicheleinheiten kommt. Wir Freundinnen vertreten nämlich die Theorie, dass Mütter Sex anfangs nicht so sehr nachtrauern, wie man annehmen könnte, da sie die Nähe zu ihrem Kind so sehr erfüllt. Du hast ja schließlich jemanden zum Anfassen, Festhalten, Umarmen, Küssen, Riechen und sogar Stillen. Dein Mann kann sich dazugesellen, wenn er will, aber oft sind Väter anfangs etwas unsicher und bedecken vielleicht nicht so ungehemmt jede einzelne Stelle von Babys Körper mit Küsschen. Eine Freundin meiner Freundin Kelly liebkoste so hingebungsvoll jeden Zentimeter Haut ihres neugeborenen Sohnes (Babyhaut ist ja bekanntermaßen eine der herrlichsten Erfindungen auf Erden), dass sie sich plötzlich von Angesicht zu Angesicht mit seinem kleinen Penis befand. Da steckte sie nun mitten in ihrer ersten echten elterlichen Krise. Sollte sie ihren Schatz nun ungeniert überall küssen, ohne gewisse Körperteile auszulassen? Oder sollte sie ganz im Sinne Freuds handeln und ihm dieses besondere Gefühl vorenthalten, bis er alt genug sein würde, Auto zu fahren? Oder genauer gesagt, bis er alt genug sein würde, gemeinsam mit irgendeinem Teenagermädchen zu *parken*? Sie gestand etwas bedauernd, dass sie sich von nun an auf politisch korrektere Stellen beschränkt habe.

Höhepunkte beim Stillen

Dies ist ein guter Zeitpunkt, um einmal, ohne ein Blatt vor den Mund zu nehmen, über das Lustgefühl zu sprechen, das viele Frauen beim Stillen verspüren. Nicht nur, dass die meisten jungen Mütter Nähe und Intimität spüren, wenn sie ihrem Baby die Brust geben. Sondern es gibt da noch einen zusätzlichen Kick, der vielen Freundinnen vergönnt ist: die Kontraktionen der Gebärmutter, die sich wie ein abklingender Orgasmus anfühlen. Kurz nach der Geburt des Babys schmerzen diese Kontraktionen vielleicht noch wie Menstruationskrämpfe, aber wenn die Gebärmutter erst einmal das Schwangerschaftstrauma überwunden hat, fühlen sie sich großartig an. Wie ich bereits vorher erwähnte, hatte ich solche Lustgefühle beim Stillen, dass ich beinahe aus dem Krankenhausbett gefallen und auf dem Boden gelandet wäre.

Nun einmal ehrlich. Wenn die Mutterschaft uns solche Höhepunkte beschert, leuchtet es ein, dass wir nicht um unsere Partner herumstreichen, damit wir auf unsere Kosten kommen. Sie hingegen fangen langsam an, um uns herumzuschleichen, und bereiten ihren Angriff vor.

Junge Väter

Nicht nur Mamas Libido ist ziemlich angeschlagen, auch so mancher Papa hat nach der Geburt des Kindes vielfach einen starken sexuellen Durchhänger. Er musste das Kind zwar nicht selbst zur Welt bringen, aber höchstwahrscheinlich zusehen – und das kann ihn ziemlich mitgenommen haben. Auch er fühlt sich wie durch den Wolf gedreht und befindet sich in einem gemischten Zustand aus Euphorie und Schock. In der einen Minute ist er noch zu Tränen gerührt, wenn Babys Fingerchen sich im Schlaf zu kleinen festen Fäustchen ballen, in der nächsten Minute könnte er heulen, wenn ihm klar wird, dass ihr euch eigentlich ein Kind überhaupt nicht leisten könnt. Und falls ihr nicht im Buckingham-Palast lebt, wird euer Wonneproppen nicht nur dir, sondern auch deinem Partner schlaflose Nächte bereiten.

Ich habe ein paar Freundinnen, deren Männer der Anblick ihrer stillenden Frau abtörnte. Meiner Freundin Terry machte dies so zu schaffen, dass sie sich beim Stillen jedes Mal versteckte. Ich vermute, dies war Wasser auf die Mühlen ihres Mannes, der die Meinung vertrat, Gott hätte Brüste als Spielzeug für große Jungs und nicht als Nahrungsquelle für kleine Jungs erfunden. Auf dieses Thema kommen wir im Kapitel übers Stillen noch im Detail zu sprechen.

169

Was die Anwesenheit deines Partners bei der Geburt betrifft: Es kann sich auf die Libido eines Mannes verheerend auswirken, wenn er mit ansehen muss, wie seine Sexmieze ein Baby aus sich herauspresst. Ich weiß nicht, ob die Armen Angst vor der Scheide ihrer Partnerin bekommen. Vielleicht hängt es auch mit der Angst zusammen, dass sich hinter allem, was den Mund weit aufreißen kann, kannibalische Neigungen verbergen. Oder vielleicht kommt ihnen diese feine Öffnung von da an eher wie eine Rutsche in einem Wassererlebnispark vor. Kurz und gut, das Ganze ist für manche Männer ein furchterregender Anblick, und sie sehen danach die Sexualität ihrer Frau mit völlig anderen Augen.

Es lässt sich kaum vorhersagen, welche Männer negative Folgeerscheinungen davontragen, wenn sie bei der Entbindung ihrer Frauen in der Auffangposition platziert werden. Manche halten dies für einen Einblick in göttliche Geheimnisse. Für andere ist es das reinste Horrorszenario. Bevor es so weit ist, kannst du nicht mit Bestimmtheit sagen, zu welcher Kategorie dein Partner gehört. Deshalb ist es für einen Mann, der nicht unbedingt darauf aus ist, als erster Babys Kopf zu sehen, ratsam, ihm eine stehende Position nahe beim Kopf der Mutter zuzuweisen. So erblicken Mutter und Vater das Baby gleichzeitig zum ersten Mal, und zwar von Angesicht zu Angesicht. Außerdem ist es für die Gebärende eine unglaubliche Hilfe, wenn sich ihr Partner in ihrer Nähe befindet. Von dort kann er ihr Ermutigungen ins Ohr flüstern oder sie zum Pressen in eine sitzende Position ziehen. Für seine Frau sicherlich eine größere Hilfe, als wenn er von seinem Sitz in der ersten Reihe aus verkündet: »Ich kann schon das Köpfchen sehen!«

Über kurz oder lang wird dein Mann jegliche Hemmungen, die er in Bezug auf deine Fortpflanzungsorgane gehabt haben mag, überwinden, da er für so etwas nun einmal nur ein kurzes Gedächtnis hat und seine Lust wieder die Oberhand gewinnt. Mir ist bisher nur ein Fall zu Ohren gekommen, wo der Mann nie über diese Desillusionierung hinwegkam. Es handelte sich dabei um einen Superstar aus der Musikszene, der diese sexuelle Durststrecke durch Bäumchenwechseln mit jedem Groupie, auf das er gerade scharf war, wettmachte. Zum großen Leidwesen unserer Männer sind die meisten aber nicht Elvis, selbst wenn sie sich dafür halten. Ihnen stehen derartige beneidenswerte Möglichkeiten also nicht offen. Für die meisten Ehen gilt nun einmal: Es gibt nur ein Restaurant in der Stadt. Wenn du Hunger hast, gehst du dort essen.

Ein anderer Grund für das Abkühlen der sexuellen Leidenschaft bei manchen Männern ist das seit alters bekannte, merkwürdige psychologische Phänomen namens »Madonna-Huren-Komplex«. Soweit ich das von Psychologiekursen im College und alten »Cosmopolitan«-Ausgaben noch richtig in Erinnerung habe, teilen manche Männer Frauen in zwei Kategorien ein: die, mit denen sie Sex haben wollen, und die Frauen, die sie bemuttern sollen. In ihrer Peter-Pan-Welt ist Sex etwas Unanständiges. Und es ist falsch, unanständige Gefühle gegenüber seiner Mutter zu hegen, die hold und rein ist und über dieser ganzen schweißtreibenden Fummelei steht. Die unausweichliche Schlussfolgerung für diese armen Jungs ist, dass ihre ehemals sexy Frauen nicht mehr sexy sind, sobald sie Mutter werden.

Solltest du es mit einem solchen Typen zu tun haben (und da wundern sie sich über Wochenbettdepressionen!), hast du zwei Möglichkeiten: Entweder du nimmst mit einem Leben der Enthaltsamkeit vorlieb und schenkst deinem Partner ein Abonnement für »Psychologie heute« oder du demonstrierst ihm, was für Schlampen wir Mamas sein können. Nur zu, bind den Strumpfgürtel um, rede ordinär daher und hol ihm einen runter, während er Auto fährt (Gott, erinnerst du dich noch daran?!). Meine Freundin Lori ließ die sexuelle Wiedervereinigung mit ihrem Mann erst mehrere Monate nach der Geburt ihrer Tochter stattfinden, als sie wusste, dass nun der Zeitpunkt gekommen war, es dem Guten so richtig zeigen zu können. Sie reservierte ein Hotelzimmer und hinterließ bei seiner Sekretärin die Nachricht, er solle sie in der Bar im Foyer treffen. Die Brünette Lori wartete dort mit einer blonden Perücke und einem Hauch von Nichts als Kleid. Wie er es aufgenommen hat? Das Warten hat sich für ihn auf jeden Fall gelohnt. Und Sex ist seitdem einfach immer klasse gewesen.

Probieren geht über Studieren

Vielen von uns jungen Mamas erscheint es undenkbar, am Ende des Tages vom Mamagang in den Sexmiezengang umzuschalten. Der bloße Gedanke daran kann uns nervös machen und unter Druck setzen. Immer mit der Ruhe. Bevor du versuchst, dich im Klo zu verstecken, um dem Sex zu entkommen, versuch, ihn in kleinen Schritten in Angriff zu nehmen. Auch hier gilt: Was du in kleine Etappen aufteilst, erscheint nicht mehr wie ein unüberwindbarer Berg. Beginn mit dem Küssen. Selbst wenn du dich nicht küssenswert fühlst, küss trotzdem. Die Chancen stehen gut, dass du dich zunehmend küssenswerter fühlst. Falls nicht, versuch's mit etwas, das dir gefällt. Am Anfang kommt dir das Ganze vielleicht noch etwas mechanisch vor, aber schon nach einigen Minuten wird es leidenschaftlicher. Wenn die ganze Angelegenheit schließlich ihren Höhepunkt erreicht hat (wenn du verstehst, was ich meine), sagst du aller Wahrscheinlichkeit nach zu deinem Partner: »Mensch, das war richtig gut! Warum machen wir das nicht öfter?«

Bei der Wiederaufnahme deines Sexlebens wird dir vor allem dein Gehirn einen üblen Streich spielen. Du kannst einfach nicht abschalten und hast nur Augen und Ohren dafür, was im Haus vor sich geht, mit Ausnahme davon, was sich im Bett abspielt. Weint das Baby? Klingelt das Telefon? Ist etwas zum Abendessen da? So richtig einen Strich durch die Rechnung macht dir dein Gehirn aber, indem es dir einredet: »Warum bloß sollte jemand mit dir Sex haben wollen?« Hand aufs Herz, liebe Freundin, du hast dir diese Frage seit der

Schwangerschaft und der Entbindung mindestens einmal gestellt. Da sitzt du schon wieder dem Irrtum auf, es gäbe so etwas wie die perfekte Mutter. Wenn du denkst, dass du nicht begehrenswert bist, nur weil du nicht dünn genug oder energiegeladen oder fröhlich genug bist, heißt das nichts anderes, als dass du schon wieder nur in Schablonen denkst.

Du machst es goldrichtig, und mit der Zeit wirst du dich immer besser fühlen. In der Zwischenzeit leg Tina Turner auf, und zwar volle Lautstärke. Wenn du dich nach zwei Songs immer noch nicht sexy fühlst (denk daran, du musst mitsingen), dann schaff dir bessere Boxen an.

Stillen oder Fläschchen?

Lass dich nicht
unter Druck setzen

Bei der Ernährung eines Säuglings hast du genau drei Möglichkeiten zur Auswahl: Entweder du stillst oder du fütterst ihn mit Fertigmilch oder du kombinierst beides. Nichts leichter als das, oder nicht? Weit gefehlt! Es handelt sich hierbei um die umstrittenste Entscheidung, die du in deiner absehbaren Zukunft als Mutter treffen wirst. Denn abgesehen davon, ob du eine natürliche Geburt willst oder dich gleich auf Medikamente stürzt, stehst du hier als Mama zum ersten Mal vor einer wirklich schwerwiegenden Entscheidung.

Wenn du Glück hast, bleibt das für einige Jahre die kniffligste Frage, mit der du dich herumschlagen musst – ja, und wenn du wirklich ganz großes Glück hast, sogar bis dein Kind dich fragt, ob du jemals mit einem anderen Mann als Papa geschlafen hast oder Sex vor der Hochzeit hattest. Bis dahin wirst du aber schon so viele schwierige Entscheidungen gefällt haben, dass du hoffentlich etwas weniger Angst hast, auch einmal danebenzugreifen und das Leben deines Kindes damit zu zerstören. Zurzeit bist du jedoch immer noch davon überzeugt, dass jede Mutter, die diesen Namen verdient, in Bezug auf Babyangelegenheiten so weise wie Salomon zu urteilen hat. Du befindest dich noch in der Phase, wo du denkst, dass es richtige und falsche Antworten gibt und falsche Antworten fatale Auswirkungen haben. Erst viel später wirst du feststellen, dass es sich bei den meisten Dingen nicht um Entscheidungen handelt, die du zu treffen hast, sondern um Erkenntnisse, die du gewinnen wirst. Weniger philosophisch heißt das: Lass dir keine grauen Haare wachsen, denn gleichgültig, was du für dein Kind entscheidest, du wirst deine Meinung später immer wieder revidieren können. Das ist das Schöne an der Erziehung von Kindern: Sie gleichen eher kräftigen und langsam vor sich hin köchelnden Eintöpfen als zarten, in sich zusammenfallenden Soufflés. Aber ich klinge eher nach deiner Mutter als nach deiner Freundin, nicht wahr? Entschuldige, soll nicht wieder vorkommen.

Die Meinung von Hinz und Kunz

Die Ernährungsfrage hat mit der Entscheidung für oder gegen eine Entbindung ohne Schmerzmittel die Tatsache gemein, dass jeder, den du triffst, dazu eine Meinung vertritt. »Was geht es die anderen an?«, fragst du vielleicht zu Recht. Natürlich gar nichts. Aber das dämpft nicht im Geringsten den Enthusiasmus wildfremder Leute, auf deine schwangere Wenigkeit zuzukommen, um sich zu erkundigen, wie deine Pläne für die Entbindung aussehen, ob dein Arzt generell Dammschnitte praktiziert und ob die Krankenversicherung alle Kosten übernimmt. Mit der Ernährung verhält es sich genauso. Hinz und Kunz wollen unbedingt wissen, was dein Baby essen wird und wie es ihm verabreicht wird. Und um das Ganze noch auf die Spitze zu treiben, fragen sie dich, wie deine Mutter dich gefüttert hat!

Bilde dir bloß nicht ein, dass ich diese Leute auch nur im Geringsten in Schutz nehmen und dir einreden möchte, sie seien nichts weiter als wohlmeinend neugierig, ihnen läge deine Gesundheit am Herzen oder sie führten lediglich eine Art unbefangene Umfrage bei jungen Müttern in ihrem sozialen Umfeld durch. Nicht die Bohne! Diese Leute dulden keine andere Meinung. Sie meinen, dir ihre eigene Meinung auf die Nase binden zu müssen, und es schert sie nicht im

176

Geringsten, ob du noch so sehr vom Gegenteil überzeugt bist. Wenn du unschlüssig bist, ob du stillen oder Fertigmilch füttern sollst, werden diese unfehlbaren Zeitgenossen übereifrig für eine der beiden Lösungen Partei ergreifen und ihre Überzeugung in der Regel lang und breit erklären und mit ihren eigenen wunderbaren Erfahrungen mit der Mutterschaft belegen. Aber nicht nur Mütter haben feste Überzeugungen zum Thema Ernährung. Dies ist jedermanns Domäne. Hinz und Kunz glauben, ihren Senf dazugeben zu müssen, selbst wenn sie Babys nur aus dem Fernsehen kennen. Männer raten dir wahrscheinlich, es so zu halten, wie ihre eigenen Frauen es gehalten haben (was selbstredend die beste Wahl war). Und wenn der eine oder andere Klugschwätzer nie ein Baby oder eine Frau hatte, rät er dir vielleicht einfach dazu, was irgendwelche Filmgrößen getan haben mögen. Wenn es für sie gut genug ist, wird es doch wohl für so ein kleines unbedeutendes Würstchen wie dich gut genug sein.

Ein paar allgemeine Denkanstöße

Wie du bereits weißt, muss eine Mutter viele Aspekte abwägen, bevor sie sich für oder gegen das Stillen entscheidet. Meiner Ansicht nach ist der springende Punkt hier die Frage: »Habe ich dieses Baby zur Welt gebracht?« Du würdest Bauklötze staunen, wenn du wüsstest, wie viele Adoptivmütter bereit sind, Hormone zu nehmen, damit ihr Körper Milch produziert. Nun, meines Erachtens ist zwar alles, was Mutter und Kind guttut, auch begrüßenswert, aber wenn Adoptivmütter sich für eine Hormonbehandlung entscheiden, kann ich mich des Eindrucks nicht erwehren, dass einer dieser Stillfanatiker sie von der irrigen Ansicht überzeugt hat, dass durchs Stillen ein stärkeres Band (wichtiges Modewort!) zwischen Mutter und Kind geknüpft würde. Glaub mir, ich kenne auch Fälle, wo eine Entfremdung zwischen Mutter und Kind eingetreten ist, obwohl die Mutter gestillt hat. Diese Art Ratschläge gehört in die Kategorie »Warum einfach, wenn's auch kompliziert geht?«.

Im Folgenden wollen wir ein paar Punkte ansprechen, die eine junge Mama sich durch den Kopf gehen lassen sollte, bevor sie sich für oder gegen das Stillen entscheidet.

1. Kannst du dich mit dem Gedanken anfreunden, deine schönen Sexspielzeuge in den nächsten Monaten in zwei Euter zu verwandeln?

Es macht viel aus, ob dir dein Mann beisteht, wenn du das Stillen lernst. Seine Missbilligung oder Ungeduld können auf eine Mutter während der anfänglichen Stillschwierigkeiten wie eine kalte Dusche wirken. Ich sprach schon von meiner Freundin Terry, die zum Stillen jedes Mal verstohlen ins Kinderzimmer schlich, wenn ihr Mann gerade nicht in der Nähe war. Er wollte nämlich seine Frau nach der Schwangerschaft so schnell wie möglich wieder für sich haben, einschließlich unversehrter Brüste. Du kannst dir wohl denken, was das Ende vom Lied war: Das Ganze endete in einem Riesenfiasko. Da sie das Gefühl hatte, sich verstecken und beeilen zu müssen, und außerdem keinerlei Unterstützung von ihrem Mann bekam, ließ der Milchflussreflex Terry im Stich. Ihre Milch floss nur noch, wenn sie einen Orgasmus hatte oder wie aus dem Ei gepellt Präsidentschaftskandidaten vorgestellt wurde. Ihrem Mann müssen beim Anblick dieser Sintflut die Haare zu Berge gestanden sein. Aber ich bin mir sicher, für manchen Politiker war dies eine willkommene Abwechslung zu endlosem Smalltalk und Händeschütteln.

2. Wann willst du wieder anfangen zu arbeiten?

Auch wenn du wieder zu arbeiten beginnst, heißt das nicht automatisch, dass du das Stillen aufgeben musst, vor allem, wo es doch ein Leichtes ist, diese großartigen Milchpumpen zu mieten. Wenn du allerdings nur ein paar Wochen Mutterschaftsurlaub hast, hast du vielleicht nicht genug Zeit, dir die nötige Technik anzueignen und einen ausreichenden Milchvorrat anzulegen. Das soll aber nun nicht heißen, Arbeiten und Stillen zu vereinbaren sei ein Ding der Unmöglichkeit. Du solltest dich aber fragen, ob du bereit und fähig bist, wieder in ein anstrengendes Berufsleben einzusteigen und zur Anregung der Milchproduktion jede freie Minute mit Stillen oder Milchabpumpen zu verbringen. Die Milchproduktion arbeitet schließlich nach dem Prinzip von Angebot und Nachfrage. Dein Körper wird also so lange Milch produzieren, wie dein Baby nachfragt. Er wird sogar die Produktion erhöhen, um mit dem Wachstum deines Babys Schritt halten zu können.

3. Durftest du dein Baby aus dem Krankenhaus mit nach Hause nehmen?

Es hat keinen Sinn, sich vorzumachen, derlei Dinge kämen nicht vor. Selbst wenn es in diesen Situationen meist ein Happy End gibt, kann es vorkommen, dass ein Neugeborenes aus verschiedenerlei Gründen noch etwas länger im Krankenhaus bleiben muss. Häufiger Grund für einen verlängerten Aufenthalt ist eine Frühgeburt. Wenn du deinen kleinen Liebling im Krankenhaus zurücklassen musstest, wirst du um dieses Gebäude wie der Mond um die Erde kreisen – da kann es also nicht an der großen Entfernung liegen, dass es teilweise schwierig ist zu stillen. Der Grund ist vielmehr, dass es Frühchen meist an der nötigen Kraft zum Saugen mangelt. Wenn eine Mutter sich in dieser Situation fürs Stillen entscheidet, ist sie vielfach gezwungen, ihre Milch nach einem bestimmten Zeitplan abzupumpen, um einen Milchvorrat anzusammeln und ihn im Krankenhaus zur Fütterung des Babys abzugeben.

Mütter, die sich aufgrund des hohen Nährwerts und der schützenden Antikörper der Muttermilch fürs Stillen entscheiden, finden sich gewöhnlich mit den Problemen und Nachteilen ab, die mit der ganzen Abpumperei und dem Abliefern verbunden sind. Mütter, die in erster Linie wegen der körperlichen Intimität ihrem Kind die Brust geben wollen, verlieren dagegen vielleicht den Mut, wenn ihnen diese Nähe von Anfang an verwehrt wird. Wenn Mamas bereits ein Kleinkind zu Hause haben und gleichzeitig ein Baby stillen müssen, das noch im Krankenhaus ist, kommt ihnen ihr Leben manchmal wie ein Autorennen vor, bei dem sie sich in einem fort im Kreis bewegen.

4. Wie steht es um Mamas Gesundheit nach der Entbindung?

Alles, was die Mama zu sich nimmt, wird mit der Muttermilch auch auf das Baby übertragen. Mamas Ernährung oder die Einnahme von Medikamenten spielt beim Stillen eine große Rolle. Musst du nach der Entbindung Antibiotika nehmen, wird dir der Arzt höchstwahrscheinlich ein Antibiotikum verschreiben, das auch für ein mit Muttermilch ernährtes Neugeborenes gut verträglich ist. Doch nicht alle Medikamente werden von Babys gut vertragen. Beratschlage dich mit deinem Arzt und dem Kinderarzt darüber. Am besten ist es, ihr trefft euch alle drei oder haltet eine Telefonkonferenz ab, damit du nicht nur die Rolle der hilflosen Vermittlerin zu übernehmen brauchst.

Wenn die Mutter HIV-positiv ist und ihr Kind nicht, kommt Stillen keinesfalls infrage. Ich glaube, ich werde nie über meine Empörung, Trauer und Betroffenheit hinwegkommen, die ich beim Tod von Elizabeth Glaser und ihrer über alles geliebten Tochter Ariel empfand. Elizabeth Glaser wurde durch eine Blutübertragung mit dem Virus infiziert und infizierte beim Stillen ihre Tochter.

Ich möchte hier anmerken, dass in den meisten Fällen die Entscheidung für oder gegen das Stillen nicht so klar auf der Hand liegt. In der Regel überlegen sich die meisten Mamas, welche Nachteile bei ihnen mit dem Stillen verbunden sein können und wie groß ihr Wunsch zu stillen ist. Nachdem sie diese zwei Punkte gegeneinander abgewogen haben, treffen sie dann ihre Entscheidung.

5. Verträgt dein Baby Fertigmilch oder Muttermilch besser?

Nur zum Beweis, dass sogar Mutter Natur hin und wieder Fehler unterlaufen (wie jeder Mama seit Eva): In einigen sehr seltenen Fällen verträgt das Baby die Muttermilch nicht. Klar, auch ein erfolgreich gestilltes Baby hat Verdauungsprobleme, wenn seine Mama sich mit einer großen Portion Brokkoli den Bauch vollschlägt, der in Olivenöl mit ganzen Knoblauchzehen zubereitet wurde. In diesem Fall ist aber nicht die Milch selbst an Babys Verdauungsproblemen schuld, sondern die Nahrungsaufnahme der Mutter. Bei Babys, die tatsächlich nicht die Milch ihrer Mutter verdauen können, schließt man meist auf Laktoseintoleranz. Ich war eigentlich immer der Meinung, dieses Phänomen betreffe nur Kuhmilch, bis ich erfahren habe, dass es auf jede Art von Milch zutrifft, die von einem stillenden Säugetier produziert wird. Demzufolge ist bei einer Laktoseintoleranz Fertigmilch auf Milchbasis also auch keine Alternative. Fertigmilch auf Sojamilchbasis im Regelfall jedoch schon. Wenn du und dein Arzt feststellt, dass dein Baby laktoseüberempfindlich ist, wirst du Fertigmilch als natürlichste Ernährungsweise der Welt betrachten, gleichgültig wie sehr du dich aufs Stillen gefreut hast.

6. Sind deine Brüste zu klein oder die Brustwarzen nach innen gekehrt?

Die Brustgröße spielt bei der Säuglingsernährung eigentlich keine Rolle. Denn es gibt keine ideale Brustgröße fürs Stillen. Meine Freundin May ist so flach wie ein Plättbrett, hatte aber so viel Milch, dass sie spielend eine ganze Kindertagesstätte damit hätte versorgen können. Wenn wir länger als eineinhalb Stunden zusammen verbrachten und ihr kleiner Liebling nicht dabei war, musste sie jedes Mal auf die Toilette rennen, um etwas Milch ins Waschbecken auszudrücken. Mir wurde bei diesem ganzen Spektakel grundsätzlich schlecht, nicht weil ich schockiert war, sondern weil ich jeden Tropfen meiner Muttermilch sorgsam aufbewahrte und doch nie mehr als zwei Fläschchen in Reserve hatte. Und Gott weiß, wie verzweifelt ich versucht hatte, meine Milch mit modernsten, verchromten Hochleistungsmilchpumpen mit Einspritzmotor abzupumpen. Meine Brüste waren mitunter so voller Milch, dass ich aufschrie, wenn nur der kleinste Windhauch darüber strich, und trotzdem konnte ich nicht einen Tropfen mehr Milch herausbekommen. May hingegen lehnte anmutig über dem Waschbecken, legte ihre Handfläche auf die Brust, presste leicht dagegen, und schon kam die Milch nur so herausgeschossen.

Falls an dem Gerücht etwas dran sein sollte, dass die Brustgröße etwas mit dem Stillen zu tun hat, so kann ich überzeugendere Argumente für kleinere als für größere Brüste vorbringen, auch wenn du nun einmal nichts daran ändern kannst, wie dich die Natur ausgestattet hat. Zum ersten Mal seit der Pubertät können Frauen mit kleinen Brüsten also dankbar sein, dass sie niemals auch nur annähernd Körbchengröße B tragen konnten (nebenbei bemerkt, wirst du wahrscheinlich herausfinden, dass durch die Mutterschaft kleinen Brüsten genauso erschreckend die »Luft ausgeht« wie größeren Oberweiten.) Erstens muss man sich einmal vorstellen, wie schwer diese Brüste sind. Meine vollbusigen Freundinnen litten oft unter Schmerzen im Rücken und im Schulterbereich. Ganz davon abgesehen war es fast ein Ding der Unmöglichkeit für sie, einen passenden BH zu finden. Und dann stell dir einmal vor, wie das Neugeborene versucht, an einer Brust zu saugen, die beinahe doppelt so groß wie sein Kopf ist! Du kannst von Glück sagen, dass die Sicht der Kleinen noch verschwommen ist, sonst würden sie wahrscheinlich schreiend versuchen, das Weite zu suchen. Übrigens: Auch wenn die Vermutung naheliegt, dass den Kleinen Erstickungsgefahr droht, wenn ihr winziges Gesichtchen in diesen prächtigen Brüsten versinkt, so können die Säuglinge jedoch ohne Probleme atmen. Bei einer großen Oberweite ist es vielmehr eine Herausforderung, dass die Mama mehr schlecht als recht über ihre Brust hinweg sehen kann,

182

um festzustellen, ob sie das Baby richtig angelegt hat. Später wird sie spüren, ob ihr Baby richtig saugt, aber am Anfang ist beim Stillen rein gar nichts instinktiv.

Bei Hohlwarzen, also nach innen gekehrten Brustwarzen (von deren Existenz ich nichts wusste, bis ich begann, Schwangerschaftsbücher zu lesen), liegt das Stillen ganz in eurer Hand, liebe Mütter. Wenn du meinst, dass du nicht stillen kannst, weil sich deine Brustwarzen nicht spitz aufrichten, dann finden wir das in Ordnung. Falls du deswegen aber zu Tode betrübt bist, interessiert es dich vielleicht, dass in den meisten Umstandsmodegeschäften kleine muschelförmige Brusthütchen aus Silikon angeboten werden, die dir bei diesem Problem helfen können. Sobald man sie aufsetzt, wird eine Sogwirkung erzeugt, durch die widerwillige Brustwarzen aufgerichtet werden.

Ich habe vier Kinder gestillt (und sollte wohl hinzufügen, dass ich bei jedem Kind immer früher abgestillt habe), und das Schockierendste bei der ganzen Angelegenheit war für mich die Tatsache, dass das Baby den ganzen pigmentierten Brustwarzenring in seinen Mund nimmt und halb verschlingt, anstatt in kleinen Schlückchen anmutig an einem Loch an der Spitze der Brustwarze zu nuckeln. Nach innen oder nach außen gekehrt, mir will also beim besten Willen nicht in den Kopf, was so geringfügige Unterschiede bei Brüsten ausmachen können, wenn dein Baby sowieso nicht nur von der Brustwarzenspitze trinkt. Davon abgesehen, wenn dein Wonneproppen (oder deine Milchpumpe) mit normaler Kraft saugt, waren deine Hohlwarzen die längste Zeit nach innen gekehrt. Wir können uns eher glücklich schätzen, wenn uns die Brustwarzen nicht vom Körper weggesaugt werden!

7. Wie stark ist dein Schlafbedürfnis?

Alle jungen Mütter leiden unter Schlafentzug, stillende Mütter aber ganz besonders. Denn wenn deinem kleinen Sonnenschein keine Mahlzeit ohne deine aktive Mitwirkung serviert werden kann, kannst du davon ausgehen, dass Papa schlafmäßig voll auf seine Kosten kommt. Ja, ja, ja, wir alle haben von Babys gehört, die die ganze Nacht durchschlafen, sobald sie vom Krankenhaus nach Hause kommen. Aber ist es unsere Schuld, dass deren Geburtshelfer sich weigerten, die Wehen einzuleiten, obwohl der errechnete Geburtstermin der Babys bereits zwei Monate überschritten war? Wir übrigen Mütter haben es hingegen mit lieben Kleinen zu tun, die in einem fort essen müssen.

Wenn du auch ein Baby hast, das in einer Tour gestillt werden will, sieh es als das Natürlichste der Welt an. Unlängst wurde nämlich ein afrikanischer Stamm untersucht, um herauszufinden, warum dessen Babys nur ein Drittel so viel wie amerikanische Durchschnittsbabys schreien. Der Grund ist ganz einfach: Die afrikanischen Babys werden rund alle 13 Minuten gestillt, und dies, bis sie drei oder vier Jahre alt sind. Die Sache ist die: Die meisten Babys wollen eben so viel wie möglich geknuddelt und gestillt werden. Im ersten Jahr wirst du nach und nach den goldenen Mittelweg finden zwischen deinem Bedürfnis, dein eigenes Leben zu leben, und dem Bedürfnis des Babys nach deiner Nähe. Ich beschloss immer dann, dass Zeit zum Abstillen war, wenn ich auf dem Markt nicht mehr imstande war, Obst zu wiegen und auszurechnen, wie viel mich sechs Bananen kosten würden. Schlafmangel raubte mir einfach den Verstand.

All die netten Büchlein, die die »Hausmannskost« so anpreisen, versichern uns übernächtigten Zombies, wir könnten mehr schlafen, wenn wir Milch abpumpten, da ja dann Papa oder eine andere liebevolle Person das Baby füttern könne. Laut meiner unwissenschaftlichen Umfrage trifft dies aber nur teilweise zu. Denn die Milchproduktion hängt doch davon ab, wie viel und wie oft dein Kleines trinkt. Wenn du nicht gerade in einem endlosen Milchstrom ertrinkst, musst du – auch wenn Papa das Baby füttert – noch weiterhin mitten in der Nacht aufstehen und Milch abpumpen. Tust du das nicht, wird deine Brust zu dieser nachtschlafenden Zeit bald keine Milch mehr vorrätig haben. Dann ist es nur noch eine Frage der Zeit, bis Mama all ihre tiefgekühlte Muttermilch aufgebraucht hat und es um zwei Uhr früh mit einem ausgehungerten und laut protestierenden Baby zu tun hat.

Ein naheliegender Kompromiss wäre beispielsweise, dem kleinen Wonneproppen ein- oder zweimal am Tag Fertigmilch zuzufüttern. Aber sei gewarnt: Diese zwei Fütterungen, zu denen dein Körper nichts beisteuern muss, machen gegebenenfalls süchtig.

Als ich von meinem hohen Ross herunterstieg und beschloss, einmal pro Tag Sojafertigmilch zuzufüttern, befand ich mich rasch auf einer gefährlichen Talfahrt, die unweigerlich dazu führen musste, dass das Baby und ich zu Fertigmilch-Junkies wurden.

Auf jede Mama, die die Zeit, in der sie stillte, genoss, sich aber dabei weiterhin schwanger und in ihrer Freiheit eingeengt fühlte, wie das bei mir der Fall war, kommt eine Mama wie meine Freundin Karen, die findet, es sei der Himmel auf Erden, ihr Baby zu stillen und ihm ihr ganzes Leben zu widmen. Damit mir meine egoistische Einstellung kein allzu schlechtes Gewissen verursacht, murmele ich leise vor mich hin: »Natürlich genießt sie das Stillen in vollen Zügen! Es ist ja schließlich ihr erstes Baby! Warte erst mal ab, bis sie versucht, Milch abzupumpen und gleichzeitig der großen Schwester auf die Finger zu klopfen, die gerade dabei ist, die neue Fertigmilch zu klauen.« Ihr seht, hier tun sich Abgründe meiner Seele auf!

8. Wie groß ist dein Vertrauen in deine Fähigkeit zu stillen?

Keine Frau weiß, wie gut sie das Stillen in den Griff kriegen wird, bevor sie es nicht selbst versucht hat. Aber einige von uns gehen die

Herausforderung eben mit mehr Selbstvertrauen an als andere. Und Selbstvertrauen ist das A und O beim Stillen. Nahezu jede junge Mutter, die ich kenne, findet es nämlich schwieriger, stillen zu lernen, als richtig Tango zu tanzen – und um einiges schmerzhafter. Wenn du also gleich bei den ersten Schwierigkeiten zu dem Schluss kommst, dass du etwas falsch machst oder nicht den richtigen Körperbau zum Stillen hast, bläst du die ganze Sache vielleicht gleich ab. Wenn du hingegen genau weißt, dass du dazu geschaffen bist, Babys zu stillen, trotz wunder Brustwarzen und der ständigen Sorge, dass dein kleiner Liebling nicht genug zu essen bekommt, stehen die Chancen bedeutend besser, dass du rasch Fortschritte bei der Stillerei machst.

Fragt man Frauen, die das Stillen schon nach kürzester Zeit aufgegeben haben, nach dem Grund dafür, so wird man meist zu hören bekommen: »Ich hatte nicht genug Milch, um mein Baby richtig ernähren zu können.« Ich verstehe voll und ganz, wie jede normale Mutter zu dem Schluss kommen kann, ihr Baby sei am Verhungern, wenn es alle ein, zwei Stunden nach mehr Milch schreit. Hier kann ich dir nur raten: Lass dir helfen! Eine arme frischgebackene Mama sollte sich nicht selbst ausdenken müssen, wie sie ihr Baby richtig anlegt und wie sie mit geschwollenen Brüsten und blutenden Brustwarzen fertig wird. Sonst kommt sie schnell zu der Überzeugung, ihr blieben nur zwei Möglichkeiten: die Stillerei ganz aufzugeben oder so fortzusetzen, selbst wenn sie glaubt, dass sie die Sache falsch anpackt. Unter solchen Umständen die Flinte ins Korn werfen zu müssen, kann besonders bitter und niederschmetternd sein. Es ist eine Sache, zu beschließen, dass dir das Stillen nicht liegt, aber eine andere, wenn du fühlst, dass dir diese Erfahrung genommen wurde, noch bevor du die Gelegenheit hattest, sie richtig auszuprobieren.

Für manche von uns erfordert das Stillen fast so ein Gottvertrauen wie die Kirche. Du musst daran glauben, dass Gott für alles Notwendige sorgen wird. Das Vertrackte am Stillen ist nämlich, dass du keine Möglichkeit hast, die Milchaufnahme zu überprüfen. Dein kleiner Wonneproppen bekommt Hunger, du legst ihn an, er saugt, du hoffst, dass er genug abbekommt, er hört auf und schläft normalerweise ohne jedes Dankeschön ein. Du siehst nicht, wie die Milch herauskommt, abgesehen von den paar Tropfen, die danebengehen. Du siehst nicht, wie voll der Bauch des Babys ist. Du hast einfach nur Vertrauen und betest darum, dass alles planmäßig klappt. Später wirst du anderen Anzeichen vertrauen. Beispielsweise dem Gefühl, wie deine Brüste sich zwischen zwei Fütterungszeiten füllen und wie schnell der Winzling von gierigem Saugen zu längeren, ruhigen Zügen übergeht. Du wirst den Inhalt der Windel deines Babys deuten wie eine Hellseherin ihre Kristallkugel. Anfangs jedoch würdest du alles dafür geben, wenn Neugeborene mit einem Zähler ausgestattet zur Welt kämen, auf dem abzulesen ist, mit wie viel Milliliter der Tank nach jeder Mahlzeit gefüllt ist, oder besser noch, wenn deine Brüste wie ein Messbecher mit geeichten Markierungen versehen wären.

9. Deine Schmerzgrenze

Unlängst las ich in einem Säuglingsratgeber folgenden Satz: »Stillen sollte nicht wehtun.« Nun, es sollte vielleicht nicht wehtun, im ersten Monat kann es jedoch so sehr schmerzen, dass du Sternchen siehst und dir der kalte Schweiß ausbricht, wenn dein Wonneproppen dich auch nur hungrig anguckt. Neulich aß ich mit acht Freundinnen zu Mittag, die alle Mütter sind. Nachdem eine Stunde lang Champagner geflossen war, begann ich ein Spiel, bei dem man unangenehme Aufgaben übernehmen muss, wenn man nicht die Wahrheit sagen will. Dabei kam eine erschütternde Wahrheit ans Tageslicht, die aber unser schlechtes Gewissen erleichterte, da sie für nahezu alle Mamas galt: Wir alle horteten sämtliche Schmerzmittel, die uns der Arzt verschrieben hatte, auch wenn unser »Intimbereich« noch so schmerzte, und sparten sie für die entscheidende halbe Stunde vor der Stillzeit auf. Ja, ich nahm die Medikamente in den ersten zwei Wochen wirklich nur, um die Schmerzen beim

Stillen ertragen zu können – so sehr tat es mir (und einigen meiner Freundinnen) weh. Und ich habe immerhin Entbindungen und eine Schönheitsoperation an der Nase tapfer überstanden – du kannst mich also wirklich nicht als Memme bezeichnen.

Schmerzen beim Stillen können auch durch falsches Anlegen entstehen oder aber einfach, weil es wehtut, wenn ein Schraubstock in Babyverkleidung ohne Rücksicht auf Verluste unsere zarten Brüste malträtiert. Als ich mein viertes Kind stillte, waren meine Brustwarzen genauso aufgerissen und verkrustet wie beim ersten Kind. Und ich glaube von mir behaupten zu können, dass ich zu diesem Zeitpunkt die Technik recht gut beherrschte. Meine Freundin Lori sagte, dass sie selbst bei ihrem dritten Baby noch in Tränen ausbrach, sobald sich der kleine Liebling in seinem Korbwagen drehte und aufwachte. Damals hatte Lori ein Kindermädchen, das jedes Mal, wenn sie das Baby zum Stillen brachte, zwitscherte: »Achtung Mama, wir kommen!« Beim Klang dieser Stimme befiel Lori jedes Mal panische Angst, denn sie wusste, dass sie kurz darauf höllische Schmerzen durchzucken würden, die von ihren Brustwarzen durch Brust und Nacken liefen und in ihrem Gehirn explodierten. Wenn du wirklich das Stillen durchziehen willst, ist erneut dein Gottvertrauen gefragt. Diesmal musst du vorbehaltlos glauben, dass die Schmerzen bald völlig verschwinden und du dann fast vergessen wirst, dass es sie jemals gab (das heißt, bis das nächste Baby dich mit hungrigen Augen anblickt). Wenn du es schaffst, in den ersten vier bis sechs Wochen die Hölle durchzustehen, wirst du mit wunderbar prallen und weichen Brüsten belohnt. Und du wirst dein Baby ruhig und entspannt anlegen, während du aufrecht mit einem Kissen in deinem Schoß sitzt und deine Füße auf einem Stillschemel abstellst. Nicht nur das, du wirst es sogar fertigbringen, dem Baby beim Bummeln im Einkaufszentrum die Brust zu geben und gleichzeitig mit deiner freien Hand den leeren Kinderwagen vor dir herzuschieben. Manche Mütter haben dem Stillen gegenüber aus anderen Gründen gemischte Gefühle und daran oft mehr zu knabbern als an den durchs Stillen verursachten Schmerzen.

So manche Mama hat verständlicherweise ein komisches Gefühl beim Stillen, da sie das Baby ja an eine ihrer intimsten Stellen lässt, oder sie empfindet es sogar als Eindringen in ihre Privatsphäre, insbesondere wenn sie es noch nie bei jemandem gesehen hat. Denn wir stillenden Mamas haben uns ja erst in den letzten 20 bis 30 Jahren geoutet, und es gab sehr viel Widerstand gegen eine derartige »öffentliche Zurschaustellung« von stillenden Müttern. Es ist schon merkwürdig – kein Mensch stört sich daran, wenn Teenager wie wild auf Bänken herumknutschen, aber öffentliches Stillen bringt die Leute zum Ausflippen. Wenn du dich beim Stillen nicht ganz entspannt fühlen kannst, aber nicht aufgeben willst, dann schaff dir, wann immer du stillst, eine Umgebung, in der du dich sicher und geborgen fühlst. Wenn du dich dafür in die Intimität deines Schlafzimmers zurückziehen musst, dann soll es eben so sein. Lass dich nicht unter Druck setzen, öfter unter Leute oder früher arbeiten zu gehen, nur um dann doch alle paar Stunden zum Stillen nach Hause gehen zu müssen. Aller Wahrscheinlichkeit nach wirst du sowieso als Exhibitionistin enden wie mehrere meiner Freundinnen.

Wenn du schon sechs bis acht Wochen gestillt hast und dir immer noch nicht ganz wohl bei der Sache ist, verschafft dir vielleicht eine elektrische Milchpumpe etwas Erleichterung. So kommt das Baby nämlich trotzdem in den Genuss von Muttermilch, und du kannst dein Oberteil häufiger anbehalten.

Noch ein letzter Punkt zu den Schmerzen beim Stillen: Viele Schwangerschaftsbücher raten der werdenden Mama, ihre Brustwarzen einen Monat vor Babys voraussichtlichem Geburtstermin durch Rollen, Kneifen und Reiben auf das Stillen vorzubereiten. Ich kann nicht beurteilen, ob diese Vorbereitungsmaßnahmen zu etwas taugen, da ich mich nie dazu durchringen konnte. Meine Hände erlahmten schon beim bloßen Gedanken daran. Meine Freundin Sara fand es sogar durchaus angenehm, aber sie tat es eher zur Einleitung der Wehen als zur Abhärtung ihrer Brustwarzen, da ja die Berührung der Brüste Oxytozin freisetzen kann. Außerdem übernahm ihr Mann das ganze Rollen, Kneifen und Reiben für sie, was die Angelegenheit wahrscheinlich um einiges angenehmer machte.

10. Wer sind deine Freunde?

Obwohl wir hier nicht die Werbetrommel fürs Stillen rühren wollen, können wir schlecht mit der Wahrheit hinterm Berg halten und dich glauben machen, dass nun, da ein neues Jahrtausend angebrochen ist, Säuglingsmilch und Fertigmilch politisch gleich korrekt seien.

Du brauchst nur eines der zig Bücher über Schwangerschaft und Kinderpflege aufzuschlagen, um dich mit eigenen Augen davon zu überzeugen, dass so gut wie jeder Babyexperte mit Verlagsvertrag in der Tasche Stillen für das Nonplusultra hält. Und dabei handelt es sich nicht mehr ausschließlich um Experten und Hippies, denn wenn du in einem x-beliebigen Einkaufszentrum die Leute befragen würdest, wie sie zum Stillen stehen, würdest du vermutlich auf mehr Muttermilchverfechter treffen als auf Anhänger von Fertigmilch. Selbst Fernsehspots für Fertigmilch machen sich ja eigentlich für die »Hausmannskost« stark, wenn sie ihrer Behauptung, ihre Fertigmilch sei das Beste seit Ambrosia, hinzufügen: »gleich nach der Muttermilch«.

Die perfekte Mutter

Wenn du eher eine Präferenz für Fertigmilch hast, kannst du dich von diesem »Stilltrend« ganz schön ins Bockshorn jagen lassen. Ich kenne nämlich kaum eine Mutter, die nicht dick auftragen würde, wenn sie erzählt, wie lange und wie ausschließlich sie ihr Baby gestillt hat. Und sogar nicht stillende Mütter fühlen sich oft gezwun-

190

gen, eine medizinische Ausrede dafür zu finden, dass sie sich nicht an den »Plan der Natur« halten. Und wenn sie gerade mitten in ihrer Wochenbettdepression stecken und nicht die geringste Lust auf diese Diskussion haben, lügen sie einfach und geben vor zu stillen. Als »Neuling« unter den Mamas hattest du ja bisher noch keine Gelegenheit, mit dem grundlegenden Glaubenssatz von uns Mamas vertraut zu werden:

Gibt dir eine andere Mutter zu verstehen, dass du nicht zu den Top Ten der perfekten Mütter gehörst, weil du bestimmte Regeln nicht befolgst, handelt es sich hierbei zweifellos um eine unbedarfte und unsichere Mutter, der es einfach an Intuition mangelt. Ich kann mich noch gut daran erinnern, wie ich während meiner ersten Schwangerschaft vier Monate lang das Bett hüten musste. Ich litt unter einer

PRAXIS

Mamas müssen nicht perfekt sein

Da du im Mama-Business noch neu bist, besteht die Gefahr, dass du Urteilen und Meinungen anderer gegenüber sehr empfindlich bist. Jede Anspielung, dass du dich nicht genug opferst oder ins Zeug legst, versetzt dir einen Dämpfer. Unser Trick 17: Überhör am besten die Ratschläge von irgendwelchen Prinzipienreitern, die strenge und unumstößliche Regeln für die perfekte Kindererziehung anpreisen. Soweit ich das nämlich beurteilen kann, erzielen Eltern, die sich einfach auf ihr Gefühl verlassen und bereit sind, ihren einmal eingeschlagenen Kurs hin und wieder zu ändern, weit bessere Erfolge als Eltern, die nur strikt irgendwelche Regeln befolgen. Mit dem Motto »Flatter wie ein Schmetterling und stich wie eine Biene« bist du für die meisten Stiche, die dir während deiner Mutterschaft versetzt werden, bestens gewappnet.

191

sogenannten Placenta praevia, die im Allgemeinen zu Blutungen, ständig eingeschlafenen Gliedmaßen und vielem mehr führt. Die Freundin einer Freundin rief mich tagaus, tagein an, um mich über die versteckten Gefahren der hohen Formaldehydkonzentration in Kinderbettmatratzen zu warnen oder um sich ihre Sorgen über die hohe Pestizidkonzentration in Babynahrung von der Seele zu reden. Da lag ich nun an mein Bett gefesselt und ließ mich von dieser Frau in Panik versetzen, die als Mutter so viel besser vorbereitet, selbstsicherer und reifer für ein gesundes Leben mit Produkten aus biologischem Anbau schien als alle, denen ich je zuvor begegnet war. Es stellte sich dann heraus, dass »reif« zwar ein Wort war, das auf sie zutraf, aber nur im Sinne von reif für die Anstalt, wenn du verstehst, worauf ich hinaus will.

Übrigens behielt ich die Kinderbettmatratze und machte bei der Babynahrung einen Kompromiss, indem ich Gläschen mit so schönen Aufschriften wie »Das Beste der Erde – ohne Natrium, aus biologischem Anbau« kaufte.

Bande knüpfen durchs Füttern

Wie baut man beim Füttern des Babys eine intime Beziehung zu ihm auf? Diese Frage ist in unserer Gesellschaft ein ganz heißes Eisen. Grundsätzlich erscheint ja alles ganz einfach. Das Neugeborene ist für all seine Bedürfnisse auf seine Mama angewiesen und würde ohne dich (oder jemanden wie dich) sterben. Wenn es Hunger hat, fütterst du es. Und während du es fütterst, hältst du es an dich geschmiegt, säuselst ihm süße Worte ins Ohr, küsst seine Händchen und hast nur noch Augen für sein vollkommenes Gesichtchen. Diese Nähe ist für das Kleine ein beinahe so grundlegendes Bedürfnis wie die Nahrungsaufnahme. Manche Leute werden jetzt einwenden, dass diese Nähe und Intimität durchs Stillen besser erreicht werde als mit dem Fläschchen. Aber das hört sich wieder nach Regeln an und macht mich argwöhnisch. Jede Mutter, die ihren kleinen Liebling beim Füttern in den Armen hält und ihm nicht das Fläschchen aufs Kissen legt und es allein im Kinderbettchen vor sich hin nuckeln lässt, wird von der Magie der Intimität zwischen Mutter und Kind erfüllt. Meine Erfahrungen haben mich zu folgender Erkenntnis geführt: Für Leute wie mich, die nicht stillsitzen und sich auf eine Sache konzentrieren können, ohne daran zu denken, dass noch der Kühlschrankkundendienst angerufen werden muss, die Anmeldung fürs Fitnessstudio abzuschicken ist oder noch die sechs Anrufe auf dem Anrufbeantworter zu beantworten sind, ist Stillen eine phantastische Einrichtung. Zum Stillen musste ich mich hinsetzen, mich entspannen und meine Aufmerksamkeit auf das Geschenk, das meine Tochter war, richten. Dabei sorgten sogar chemische Stoffe in meinem Gehirn dafür, dass ich mich ein bisschen wie im siebten Himmel fühlte – schon das allein wäre für mich Grund genug gewesen zu stillen.

Obwohl ich meine Babys über alle Maßen liebe, wäre ich sicher leicht in Versuchung geraten, das Fläschchen jemand anderem in die Hand zu drücken, um irgendwelche Besorgungen zu erledigen oder Hausarbeiten zu verrichten. Muttersein bedeutet, sich für unbegrenzte Zeit auf eine sehr persönliche Beziehung zu einem anderen einzulassen. Das kann zuweilen etwas Beängstigendes haben. Ich hatte immer das Gefühl, meine Babys und Kleinkinder wollten mehr von mir, als ich überhaupt zur Verfügung hatte, und selbst heute ängstigt mich das noch dann und wann. Und obwohl ich das weiß, bin stets ich es, die das Spiel »Tun wir so, als wären wir Kätzchen« abbricht; meine Tochter ist des Spiels nie überdrüssig, auch wenn wir bereits eine Stunde lang auf den Knien herumgekrabbelt sind. Ich bin es, die keine Lust mehr hat, den Kindern Geschichten vorzulesen (meine Rasselbande kann nie genug kriegen, selbst wenn wir vier Bücher durchgelesen haben und sie die Geschichten mittlerweile in- und auswendig kennen). Der Gedanke, dass ich irgendwann einmal dieses Verlangen der Kinder nach mir vermissen werde, schmerzt mich.

Dieser Schmerz gewährleistet jedoch nicht, dass ich immer weiß, wann es Zeit ist, mit der Arbeit oder dem Zeitunglesen aufzuhören, um mich für einige Zeit völlig den Kindern zu widmen. Zumindest als ich noch stillte, nahm mir da eine weit göttlichere Weisheit die Entscheidung ab.

Die Tatsache, dass wir uns beim Füttern ganz konkret und unmittelbar mit unseren Kinder befassen, erklärt vielleicht, warum viele Mütter sich noch länger als nötig um das leibliche Wohl ihrer Kinder sorgen. Du siehst das vielleicht an deiner eigenen Mutter. Da schneist du mit irgendeiner ungemein dringenden Nachricht ins Haus, und das Erste, was sie zu dir sagt, ist: »Setz dich erst mal hin, ich mach dir was zu essen.« In diesem Moment ist dein Bedürfnis nach Nahrung ungefähr so groß wie dein Verlangen, dir den Finger in einer Tür einzuklemmen, und du denkst dir im Stillen, dass eine derart abwegige Reaktion nur aus dem Munde einer Person mit gravierendem Dachschaden kommen kann. Die Sache ist die: Diese Momente großer Emotion können für eine Mutter so komplex und überwältigend sein, dass sie sich keinen anderen Rat weiß, als dich zu füttern. Eines Tages werden wir alle der Zeit nachtrauern, als die Bedürfnisse unserer Kinder noch mit einem Fläschchen oder der Brust befriedigt werden konnten. Du kannst deiner Mutter wirklich nicht vorwerfen, in alte Gewohnheiten zurückzufallen, nur weil sich deine Bedürfnisse geändert haben. Wenn damals ein Fläschchen Milch gut war, kann ja wohl jetzt ein Schinkenbrot nicht schaden, oder?

Schon im ersten Jahr unserer Mutterschaft senden wir Mamas in Sachen Ernährung alle möglichen Signale an unsere Babys aus. Bekanntermaßen sind wir Frauen heutzutage in puncto Essen ja völlig überdreht: Entweder sind wir verrückt nach Essen, stehen Essen eher skeptisch gegenüber oder aber verbinden Liebe mit Essen. Währenddessen überprüfen wir ständig im Spiegel oder auf der Waage, ob unsere Einstellung zum Essen auch nach außen sichtbar ist. Ich glaube, ich war noch nie in einer Krabbelgruppe, in der

194

nicht die eine oder andere Mutter gefragt hätte: »Glauben Sie, mein Baby ist zu dick/dünn?« Bemerkungen wie »Sie isst so viel, dass sie sicherlich zusätzliche Fettzellen aufbaut« oder »Ich glaube fast, ich produziere Sahne anstatt Milch, der Kleine ist so gut beieinander« kommen immer aus dem Mund von Frauen, die sich nicht darüber im Klaren sind, dass sie ihre Einstellung zum Essen bereits auf ihre Babys übertragen. Da versucht manche Mutter, den Milch- oder Fertigmilchverbrauch ihres Babys einzuschränken, damit es sich nicht sein ganzes Leben lang mit Übergewicht herumzuschlagen hat. Andere wiederum stecken dem Baby als Patentlösung für alles, von Langeweile bis Zahnen, ein Fläschchen in den Mund und sehen ein dickes Baby selbstzufrieden als Zeichen guter mütterlicher Pflege an.

Tipp
Wahrscheinlich ist es für uns alle zu spät, unsere Einstellung zur Ernährung noch zu ändern, aber es wäre schon ein großer Gewinn, wenn wir unseren Kindern eine einfache Lektion mit auf den Weg geben könnten: Iss nur, wenn du Hunger hast, und hör wieder auf, wenn du satt bist.

In den kommenden Jahren wirst du mit Erschrecken feststellen, wie oft du Essen als Bestechung, Belohnung, Strafe und was sonst noch alles – bloß nicht zu Ernährungszwecken – einsetzen wirst. Selbst diejenigen von uns, die sich in dieser Hinsicht für relativ gewissenhaft halten, geraten zuweilen in größere und kleinere Konflikte, welche Nahrungsmittel und welche Mengen davon unsere Kinder essen sollten.

Bis zum Ende des ersten Lebensjahres wird dein Kind nahezu das Gleiche essen wie du (vielleicht nicht gleich Sushi). Noch bevor es alt genug ist, nach deinem Teller zu greifen und sich zu bedienen, wird es dich mit offenkundigem Interesse beim Essen beobachten. Es wird ihm nicht entgehen, ob du den ganzen Tag isst, ob du dich zum Essen an einen Tisch setzt oder über die Spüle lehnst oder ob du dir nach einem Heulanfall den Bauch vollstopfst. Aus ebendiesem Grund haben Eltern früherer Generationen den Satz geprägt: »Tu, was ich sage, nicht, was ich mache.« Das Problem ist nur, dass es so nicht funktioniert. Und, so ungern ich es auch sage, vielleicht rechtfertigt das gelegentliche Auftauchen von Obst und Gemüse auf Mamas Teller mitunter all die Gläschen mit püriertem grünen und orangefarbenen Gemüse, die du deinem Kind servierst.

Was ein Jahr für einen Unterschied macht

Als frischgebackener Mama wird es dir beinahe unvorstellbar erscheinen, dass dein Baby am Ende des ersten Jahres tatsächlich etwas von seiner Geburtstagstorte essen wird. Da zerbrechen wir uns den Kopf, ob wir uns nun fürs Stillen oder fürs Fläschchen entscheiden sollen, und nach einem Jahr interessiert das keinen Menschen mehr. Klar, in diesem Jahr werden noch andere Entscheidungen anstehen, beispielsweise wann man feste Nahrung einführen und ob man nun zuerst Getreide oder Obst zufüttern sollte. Wenn aber dann Babys erster Geburtstag näher rückt, werden auf seinem Speisezettel sowieso sämtliche Nahrungsmittel vertreten sein. Zu diesem Zeitpunkt wirst du dann sogar genauso viel damit zu tun haben, ihm Dinge wieder aus dem Mund zu nehmen, wie ihm welche hineinzustecken.

Wir Freundinnen möchten dir ein kleines Geheimnis unter Müttern verraten, über das nicht so oft gesprochen wird, wie es eigentlich der Fall sein sollte: Eine Fahrt mit dem Riesenrad macht lange nicht so viel Spaß, wie dein Baby auf den Geschmack von Obst oder Getreide zu bringen. Es ist wahrhaftig ein Anblick für die Götter, wenn die Kleinen völlig perplex und schockiert aus der Wäsche gucken. Außerdem ist es einfach ein umwerfendes Gefühl, diejenige zu sein, die das Baby mit »richtigem Essen« vertraut macht. Der kleine Wonneproppen wird zweifellos alles wieder ausspucken. Aber sogar das hat seinen Reiz, denn schließlich weißt du ja genau, dass dein Sprössling eines Tages ganz bestimmt tadellos essen können wird. Vergiss nicht, für dieses Spektakel deinen Fotoapparat parat zu haben.

Während das Baby von Muttermilch oder Fertigmilch zu fester Kost übergeht, gibt es für uns Mamas ein paar großartige Lektionen fürs Leben zu lernen. Lektion Nummer eins: Auch wenn du schlaflose Nächte verbringst, weil du befürchtest, vielleicht nicht die richtigen Entscheidungen getroffen zu haben, werden deine Kinder prächtig gedeihen. Und bald schon werden neue Probleme auftauchen, über die du dir den Kopf zerbrechen kannst. Wenn dir also schon diese Essensangelegenheit schlaflose Nächte bereitet, wirst du vielleicht keine Energie mehr für das Krisenmanagement beim Töpfchentraining übrig haben. Lektion Nummer zwei: Das Thema Ernährung ist an sich schon kompliziert genug. Mütterliches Konkurrenzdenken hat einem da also gerade noch gefehlt. Erzählt dir eine Mutter, dass ihr frühreifer kleiner Liebling bereits mit der Gabel isst, während dein Schätzchen noch nicht mal ein Cornflake aufheben und in seinen Mund stecken kann, gratulier ihr – und fertig. Es ist absolut belanglos für dich, ab wann andere Kinder was essen. Garantiert werden die Kleinen bis zum Kindergartenalter alle an einem Tisch sitzen und selbstständig eine Mahlzeit essen können. Und selbst wenn nicht – was soll's? Solange du und dein Kinderarzt mit dem gesundheitlichen Zustand deines Kindes zufrieden seid, hast du doch alles bestens im Griff.

Alle bei bester Gesundheit?

Die Sorge um dein Baby

Wenn einem plötzlich bewusst wird, dass man als Mutter für die Gesundheit und das Wohlergehen eines winzigen Menschen verantwortlich ist, kann einem ganz schön mulmig werden. Du bist bereit, alles in deiner Macht Stehende zu tun, um dieser Verantwortung gerecht zu werden – ob das arme Würmchen beim Bäuerchenmachen nun auf deine Bluse spucken darf oder du bereitwillig jedes einzelne deiner Organe für dein Baby zur Transplantation spenden würdest. Wenn du allerdings daran denkst, was für ein völliger Amateur da einen Pflegejob bei einem hilflosen, kleinen Baby übernimmt, bekommst du weiche Knie. Was in aller Welt, fragst du dich, weiß ich denn schon von Fieber, Schmerzen beim Zahnen, Durchfall und verstopften klitzekleinen Nasen? Wenn du nicht gerade Kinderärztin oder Kinderkrankenschwester bist, hast du höchstwahrscheinlich keinen blassen Schimmer davon. (Übrigens verlieren meine Freunde, die beruflich im Bereich der Kinderheilkunde tätig sind, genauso die Nerven wie wir, wenn eines ihrer Kinder krank wird oder sich verletzt. Mit dem Unterschied allerdings, dass sie gewöhnlich die Privatnummer ihrer befreundeten Arztkollegen haben und so telefonisch schneller Hilfe bekommen können als unsereins. Außerdem behandelt man sie im Krankenhaus freundlicher und beschuldigt sie nicht, eine übertriebene Hysterie an den Tag zu legen.)

Bevor dich aber nun lähmendes Entsetzen befällt, weil dein Baby dir auf Gedeih und Verderb ausgeliefert ist, teilen wir die Aufgabe in leicht verdauliche Häppchen auf. Zuerst einmal bist du bei dieser Aufgabe ja nicht auf dich allein gestellt. Wenn du deine Hausaufgaben gemacht hast, hast du dir schon während der Schwangerschaft einen Kinderarzt gesucht, der nun im Notfall zur Verfügung steht. Hast du den Doktor deiner Träume aber noch nicht gefunden, nur keine Panik. Wir können dir sagen, worauf du bei der Wahl deines Kinderarztes achten solltest und wie du ihn finden kannst. Außerdem brauchst du nicht nur einen Kinderarzt, sondern auch eine Mutterschaft-Survival-Ausrüstung für die medizinischen Aufgaben, die dir als Mama bevorstehen. In diesem Kapitel werden wir noch näher auf diese »lebensnotwendigen Utensilien« eingehen. Wie recht hatten doch unsere Großmütter, wenn sie uns predigten: »Vorbeugen ist besser als heilen.« Wir haben deshalb ein paar Tipps für dich auf Lager, wie du Babys Umfeld möglichst sicher gestalten kannst, ohne dein Zuhause unbewohnbar zu machen.

Im Laufe des folgenden Jahres (der folgenden Jahre) werden du und dein Partner noch unzählige Male besorgt das Baby anstarren und euch fragen: »Ist das normal?« Es gehört zu den schwersten Aufgaben einer Mutter, alltägliche Dinge von Dingen zu unterscheiden, bei denen ein Arzt hinzugezogen werden muss. Wir Freundinnen sind zwar davon überzeugt, dass es immer richtig ist, auf Nummer sicher zu gehen, wenn du jedoch bei jedem Pups deines Babys dem Kinderarzt die Bude einrennst, wirst du schnell zur Nervensäge. Im Folgenden deshalb auch eine Reihe von »seltsamen, aber normalen« Dingen, die all unseren vollkommenen kleinen Babys widerfahren sind.

Letztlich wird dein Baby deinen besten Absichten und Vorsichtsmaßnahmen zum Trotz aller Wahrscheinlichkeit nach irgendwann im ersten Jahr krank werden. Du bist zwar zuversichtlich, dass sich dein Kleines bald wieder erholen wird. Du selbst allerdings wirst an dieser Krankheit ganz sicher zugrunde gehen. Nur Mut, wir Freundinnen werden dir beistehen. Wir haben schließlich genau dasselbe durchgemacht – und mit minimalem Dachschaden überlebt. Unsere Kinder? Ach ja, denen geht es prächtig.

Seltsam, aber normal

Entgegen unseren Erwartungen sind Babys nicht einfach Erwachsene in kleineren Körpern. Sie sind sozusagen noch nicht ganz fertig. Ihre Knochen sind noch nicht überall dort zusammengewachsen, wo unsere es sind, ihr Kreislauf und Verdauungssystem sind empfindlicher, und die Vernetzungen in ihrem Gehirn können einem Laien ziemlich komisch vorkommen. Frischgebackene Eltern sind berüchtigt für panikerfüllte Anrufe beim Arzt, weil ihnen an ihrem Baby etwas äußerst Beunruhigendes aufgefallen ist. In der Regel kann man den besorgten Eltern dann aber versichern, dass keinerlei Anlass zur Sorge besteht.

Im Folgenden kommen wir auf häufige Phänomene zu sprechen, bei denen wir Freundinnen allesamt dachten, unserem Baby sei irgendetwas Schlimmes zugestoßen, zumindest bis eine erfahrenere Mama oder der Arzt uns dann eines Besseren belehrten. Benachrichtige deinen Arzt ruhig, sobald dir etwas auffällt oder Sorgen bereitet, aber nicht, dass du dich dann beklagst, wir hätten dich nicht gewarnt, in welchen Fällen du dich als Greenhorn outest.

1. Spitzes Köpfchen und flaches Gesicht

Bekanntermaßen erblickt ein Baby in der Regel ja das Licht der Welt mit dem Kopf voraus. Das relativ harte Köpfchen, der größte Teil des Babys, muss als Erstes ausgetrieben werden, damit dein Muttermund und die Vagina ausreichend gedehnt werden, um freie Bahn für den Rest von Babys Körper zu schaffen. Stell dir den Kopf als eine Art Bohrmaschine vor, die Tunnel durch Berge gräbt. Die weichsten Teile des Kopfes – das Gesichtchen und der oberste Teil des Kopfes (die sogenannte Fontanelle) – werden auf dieser Reise oft etwas lädiert, sodass das Köpfchen eines Neugeborenen oft die Form einer Eiswaffel hat oder platt wie eine Flunder ist. Es ist für dich sicher keine großartige Neuigkeit, aber wir erinnern dich sicherheitshalber noch einmal daran, dass dein Neugeborenes in einem Monat völlig anders aussehen wird. Wie ich bereits sagte, kann ich meine neugeborenen Babys auf ihren Krankenhausfotos beim besten Willen nicht auseinanderhalten. Ich erkenne wirklich keines von ihnen, und wenn eines meiner Kinder ein Bild findet und fragt: »Mama, wer ist das?«, antworte ich jedes Mal: »Das bist du, mein Schatz, das schönste Baby, das je zur Welt kam.«

2. Zuckungen und plötzliches Auffahren

Babys sind sehr schreckhaft – und reagieren dann mit dem ganzen Körper. Wenn du ein Neugeborenes hochnimmst, ohne es vorher fest eingewickelt zu haben, wird es mit seinen Armen und Beinen herumzappeln wie ein Äffchen, das gerade von einem Ast fällt. Auch im Schlaf schrecken sie aus unerfindlichen Gründen auf. Diese Sache mit dem Herumzucken ist ganz normal, denn die Winzlinge müssen erst noch ihre Synapsen austesten.

3. Pochender Schädel

Als mein Mann zum ersten Mal bemerkte, dass der Kopf des Babys sich oben sanft auf und ab bewegte, dachte ich, er bekäme gleich einen Herzinfarkt. Es erinnerte ihn an all die Horrorfilme, in denen diese Art Pochen nur eines bedeuten kann: Gleich bricht ein außerirdisches Wesen hervor. Keine Panik, hier handelt es sich nicht um einen Alien. Der Herzschlag auf Babys Köpfchen rührt daher, dass sein Schädel oben noch nicht zusammengewachsen ist, und manchmal kannst du sogar die Venen unter seiner Neugeborenenhaut durchschimmern sehen.

4. Schielen

Hast du jemals in das süße Gesichtchen deines Babys geguckt und dabei bemerkt, dass es plötzlich zu schielen beginnt? Nein, du brauchst nicht gleich zum Augenarzt rennen. Nach neun (zehn) Monaten in nahezu vollständiger Dunkelheit brauchen die Kleinen ein paar Monate, bis sie beim Fixieren von Gegenständen in der Nähe und Ferne ihre Augenmuskeln richtig koordinieren können. Und vielleicht bist du auch nicht ganz unschuldig – die meisten Mamas halten ihr eigenes Gesicht nämlich so nah an das ihres unwiderstehlichen Lieblings, dass sich die Nasen berühren und das Baby gar nicht anders kann, als zu schielen, um die Mama weiterhin im Blickfeld zu haben.

5. Schlafen mit offenen Augen

Nein, wenn dein kleiner Liebling dich im Schlaf anstarrt, versucht er nicht, dich zu veräppeln. Er ist auch nicht von einem Dämon besessen. Wenn Babys tief schlafen, öffnen sich manchmal ihre Augenlider. Lass dir deswegen keine grauen Haare wachsen, selbst wenn ihre Blicke im Zimmer hin und her schießen. So sieht Rapid Eye Movement (der tiefe Schlaf, den du seit der Entbindung nicht mehr genießen durftest) bei Babys aus.

6. Karikaturenhafte Geschlechtsorgane

Neugeborene versetzen ihre nichtsahnenden Eltern oft durch ihre in ihrer Größe geradezu komisch anmutenden Hoden oder Schamlippen in ungläubiges Staunen. Väter bersten meist vor Stolz über ihre von der Natur so großzügig bedachten Söhne. Mütter dagegen sind in der Regel angesichts dieses »Mangels an Proportion« bei ihren Töchtern etwas besorgt. Keine Sorge, diese Übergröße währt nicht lange. Hinter dieser Entwicklung stehen die mütterlichen Hormone, die vor dem Durchschneiden der Nabelschnur über die durch die

Plazenta gebildete Brücke auf das Baby übertragen wurden. So kann es vorkommen, dass die Brüste winziger Babys eine milchähnliche Flüssigkeit absondern und manch neugeborenes Mädchen blutigen Ausfluss hat, der wie eine Babyperiode anmutet. Das weist nicht etwa darauf hin, dass die Pubertät frühzeitig eingesetzt hat. Es sind einfach nur mal wieder die Hormone, die verrücktspielen. Wie gesagt: Mutterschaft ist nichts für Zartbesaitete.

7. »Babyschuppen«

Bei vielen Babys bildet sich auf dem Köpfchen trockene, schuppige Haut. Du weißt schon, das Zeug, das unsere Mütter »Milchschorf« nannten. Auch wenn das Baby noch kaum Haare hat, kann es Babyschuppen bekommen, dies hat nämlich eher mit der Haut als mit den Haaren zu tun. Auch überängstlichen Mamas ist klar, dass Schuppen kein ernsthaftes Gesundheitsrisiko darstellen. Deshalb ist es jedoch nicht weniger beunruhigend, schließlich ist es ja der vollkommenen Schönheit unseres Babys abträglich – und das ist fast genauso schlimm. So schmieren wir Babys Köpfchen mit milder Babylotion ein, bis unseren Sprössling eine Schmalztolle à la John Travolta ziert. Wir entfernen die größeren Schuppen, trotzdem ist keine sichtbare Verbesserung zu erkennen, und – was noch schlimmer ist – mit dieser Methode kann man eine Infektion der Kopfhaut auslösen. Die meisten Ärzte werden dir raten, einfach gar nichts dagegen zu unternehmen und dir nicht weiter den Kopf darüber zu zerbrechen. Aber sie verstehen nun mal nicht, dass all deine Verwandten in vier Tagen zur Taufe des Babys anrücken werden und es in diesem Zustand nie im Leben einen guten ersten Eindruck hinterlassen kann. Unser Rat: Nimm einen leicht mit Babyöl benetzten Babywaschlappen zur Hand und streif damit ein paar der Schuppen ab. Spül gut mit warmem Wasser nach, trag etwas Lotion auf und kämme das bisschen Haar, das vorhanden ist, kunstvoll über den schuppigen Teil, so wie ein älterer Mann seine längeren Haare über die kahlen Stellen kämmt. Falls das alles nichts hilft, setz dem Kleinen einfach ein Hütchen auf.

8. Geburtsmale

Entgegen der Vorstellung, die wir aufgrund von Wendungen wie »Sie hatte die makellose Haut eines Babys« nähren, weist die Haut von Babys oft verschiedenste Unebenheiten und Flecken auf. Die gute Nachricht ist jedoch, dass fast alle wieder verschwinden, selbst die schrecklichen roten Male, die jeden Tag größer zu werden scheinen. Bis dein Kind schulreif ist und die anderen kleinen sechsjährigen Barbaren ihn – wie du befürchtest – wegen eines solchen Mals durch den Kakao ziehen könnten, ist ein rotes Mal aller Wahrscheinlichkeit nach schon längst verschwunden.

Mein erstes Kind hatte Male im Nacken und auf der Stirn. Sie waren purpurrot, hatten die Form von Schmetterlingen und waren flach. Meine Freundinnen erzählten mir, dass der im Nacken »Storchenbiss« hieß und der auf der Stirn »Engelskuss« genannt würde. (Aha!) Im Laufe des ersten Jahres bildeten sie sich nach und nach zurück. Aber selbst nachdem sie verschwunden waren, traten sie jedes Mal deutlich in Erscheinung, sobald sich mein Liebling die Seele aus dem Leib schrie. Erst viele Jahre später nutzte ich sie nicht mehr als eine Art Launenbarometer. Farbige Babys kommen oft mit bläulichen Malen rund ums Steißbein zur Welt. Auch diese bilden sich mit der Zeit zurück. Sie werden auch als »Mongolenfleck« bezeichnet, aber ich denke, es wäre wirklich an der Zeit, endlich einen etwas charmanteren Ausdruck dafür zu finden.

Nicht jedes Mal jedoch bildet sich zurück. Meine jüngste Tochter hat oben auf der Backe eine Art Leberfleck. Sollte vor deinem inneren Auge gerade das Bild einer künftigen Cindy Crawford auftauchen, liegst du aber falsch. Ich meine nämlich die linke Pobacke. Aber Mensch, sie kann doch später genauso viel Furore als Topmodel machen wie Cindy. In zehn Jahren wird sich vielleicht jeder mit einem Kajalstift einen Leberfleck auf die Pobacke malen.

Geburtsmale sind zwar vollkommen harmlos, sollten aber dennoch vom Kinderarzt regelmäßig kontrolliert werden (damit sie auch harmlos bleiben). Die monatlichen Untersuchungen reichen dazu völlig aus. Kein Grund also für panische Anrufe nach der Sprechstundenzeit, es sei denn, das Mal blutet oder es bildet sich langsam ein Teufelszeichen hinter dem Ohr.

9. Kunterbuntes Kacka

Der Stuhl(gang) von Babys sieht nicht wie jedermanns Stuhlgang aus, weder die Farbe noch die Konsistenz. Bis das Baby feste Nahrung zu sich nimmt, ist er eher dünn, aber nicht wässrig. Manchmal hat er sogar die Konsistenz von Hüttenkäse oder pürierten Zucchini. Die Farbpalette des ersten Stuhlgangs eines Neugeborenen, des sogenannten Mekonium (Kindspech), reicht von kohlrabenschwarz bis zu spinatgrün. Das ist völlig normal. Später ähnelt der Windelinhalt dann zunehmend einer Art Kürbisaufstrich, insbesondere bei Babys, die gestillt werden.

Augen wirst du aber machen, wenn du dein Baby an feste Nahrung gewöhnst und gekochte Rote Bete auf dem Speiseplan steht. Dieses Gemüse kommt fast in derselben Farbe wieder raus, die es ursprünglich hatte. Wenn eine Mutter zum ersten Mal Zeugin dieses »special effect« wird, fällt sie in der Regel fast in Ohnmacht. Keine Sorge: Es ist kein Blut – es ist Rote Bete. Auch Rosinen, mit denen du deinen Sprössling im ersten Jahr sicher füttern wirst, sind in dieser Hinsicht ein recht lustiges Nahrungsmittel. Wie gründlich dein Sprössling diese kleinen Teufel auch zu zerkauen scheint – sie kommen in der Windel völlig unversehrt wieder zum Vorschein, so als hätte man sie der Tüte entnommen und direkt dort eingerührt.

Wenn das Baby krank wird

Wenn ein Baby kränkelt, überkommt eine Mutter als Erstes ein Gefühl äußerster Verletzbarkeit. Jede Krankheit, selbst der geringste Schnupfen, wird von einer Mutter als Bedrohung ihrer eigenen Existenz aufgefasst. Wir alle, die wir unserem Baby mit Haut und Haaren verfallen sind, denken:

Wenn meinem Baby irgendetwas zustößt, werde ich mir das Leben nehmen müssen.

Wir können einfach nicht anders als uns jede Krankheit in den schwärzesten Farben auszumalen. Und uns erfasst dabei eine schreckliche, lähmende Angst, wir könnten das Baby verlieren. Für uns steht so viel auf dem Spiel, dass unser gesunder Menschenverstand nicht mehr den geringsten Einfluss auf unsere Emotionen hat. Ich möchte dir bestimmt keine Angst machen; du sollst vielmehr wissen, dass du nicht die erste Mama bist, die sich mitten auf den Fußboden setzt und losschluchzt. Wir haben alle schon einmal in die Augen unseres Babys gesehen und darin sein Flehen um Hilfe gelesen. Und wir alle haben jede Mühe und Tortur auf uns genommen, wenn dies unseren Babys auch nur einen einzigen Moment der Erleichterung bringen konnte. Es ist eine schreckliche Erfahrung, aber jedes Unglück hat auch sein Gutes. Und damit meine ich die Freude, die du darüber empfinden solltest, dass du fähig bist, jemanden so über alle Maßen zu lieben, dass du bereitwillig dein Leben für ihn geben würdest. Da siehst du plötzlich deine Mutter mit ganz anderen Augen, nicht wahr?

Ich erinnere mich an unzählige Augenblicke, als meine Kehle vor lauter Sorge und Angst wie zugeschnürt war und ich kaum noch sprechen konnte. In solchen Fällen übernahm mein Mann sämtliche Gespräche mit Ärzten und Schwestern, während ich das Baby keinen Augenblick aus den Augen ließ. Unser Rat: Wenn du nervös und durcheinander bist, solltest du während Babys erster Krankheit unbedingt jemanden an deiner Seite haben. Der Vater des Babys ist logischerweise die erste Wahl, da er sich um das Kind genauso sorgt wie du. Aber es gibt Zeiten, da ist eine Freundin oder ein anderer Verwandter genauso gut, wenn nicht sogar besser geeignet. Wenn du eine Freundin hast, die selbst Mutter ist und die dich beruhigen und dir beistehen kann, ruf sie sofort an. Doch selbst eine Freundin, die nie ein Kind in den Armen gehalten, geschweige denn eines zur Welt gebracht hat, kann ein Geschenk des Himmels sein. Schließlich soll sie sich um dich kümmern, nicht um das Baby.

Ruf den Arzt. Bei jeder Krankheit, bei der das Baby sich erbrechen muss, fröstelt, an Fieber und Atembeschwerden leidet, Grünes oder Fauliges aus irgendeiner Körperöffnung ausscheidet, wiederholt hustet oder andere Symptome erkennen lässt, die dir nicht geheuer sind, solltest du den Arzt verständigen – auch außerhalb der Sprechzeiten. Ärzte werden zwar nicht gern mitten in der Nacht aus dem Schlaf gerissen, aber sie akzeptieren es als Teil ihres Berufs. Lass dich nicht abschrecken, wenn die Stimme auf dem Anrufbeantworter wenig einladend klingt. Ausschlaggebend ist jetzt, dass dein Kind krank ist, und jeder sollte bereit sein, für Babys Wohlergehen und deine geistige Gesundheit alle erforderlichen Unannehmlichkeiten auf sich zu nehmen.

Wenn Babys krank werden, entwickeln sie manchmal Symptome, die die Lage gefährlicher erscheinen lassen, als sie es in Wirklichkeit ist. Auf ein paar von diesen Symptomen werde ich im Folgenden eingehen, und falls dein Baby eines von ihnen ausprobieren sollte, kannst du dir selbst Mut zusprechen, indem du folgendes Mantra beständig vor dir hersagst: »Vicki sagt, das ist normal, Vicki sagt, das ist normal.« Da wären also zum Beispiel die Fieberanfälle. Babys können so hohes Fieber bekommen, dass wir Erwachsenen damit in Eis gepackt in der Notaufnahme lägen. 40 und selbst 40,5 Grad Fieber sind ernst, aber an sich nicht gefährlich. Also bloß nicht gleich die Nerven verlieren! Du wirst staunen, wie schnell sich mit fiebersenkenden

Zäpfchen wieder die Normaltemperatur des Babys einstellt und dein kleiner Liebling lächelt und so tut, als sei nichts passiert. Natürlich musst du deinen Arzt benachrichtigen, wenn dein Liebling Fieber hat, damit er es in seinen Unterlagen vermerken kann. Aber vergiss einfach nicht, dass Babys Köpfchen heißer werden kann als unseres.

»Die Brech-Kanonade« – noch ein anderer erschreckender, aber in der Regel ungefährlicher Trick kranker Babys. Bist du vorher noch nie Zeuge dieses Schauspiels geworden, wirst du kaum deinen Augen trauen. Das Ganze geht folgendermaßen vonstatten: Ein kleines Baby öffnet seinen Mund, um zu erbrechen, und das ganze Zeug fliegt zwei Meter quer durchs Zimmer, als ob es von einer Kanone abgefeuert worden wäre. Selbst Babys, die nicht krank sind, sondern beim Füttern nur viel Luft geschluckt haben, beherrschen dieses Kunststück. Um aber eine ernsthafte Erkrankung auszuschließen, solltest du das Kleine möglichst bald vom Arzt untersuchen lassen. Eines darfst du aber sowohl bei Erbrechen als auch bei Fieber nicht vergessen: Es kann bei Babys sehr schnell zu einer Dehydrierung führen – und zwar viel schneller als bei uns Erwachsenen. Wenn du stillst, gib dem Baby die Brust, sooft es will, und wenn du es mit dem Fläschchen fütterst, solltest du sterilisiertes Wasser oder eine dieser Elektrolytlösungen vorrätig haben und ihm möglichst oft anbieten.

Zurück in den Job

Du willst wieder arbeiten

Wenn du Mutter Natur zum Lachen bringen willst, brauchst du ihr nur von deiner Absicht zu erzählen, in deinem Mutterschaftsurlaub – seien es nun sechs Wochen oder sechs Monate – ein Baby zur Welt zu bringen, dich davon zu erholen und wieder arbeiten zu gehen. Es ist so hinreißend naiv, wenn Frauen – natürlich handelt es sich um ihre erste Schwangerschaft – ihren Kalender hervorziehen und erklären, wie sie sich in der ersten Woche nach der Entbindung zu Hause erholen werden, in der zweiten Woche mithilfe von Fax und E-Mail langsam wieder einen Teil ihrer Arbeit von zu Hause aus aufnehmen werden und in der dritten oder vierten Woche ein sanftes Fitnessprogramm in Angriff nehmen wollen, damit sie bei ihrer Rückkehr in den Beruf wieder in die alte Garderobe passen. In dieser Zeit werden sie auch Vorstellungsgespräche mit einigen patenten (und bezahlbaren) Babysittern beziehungsweise Kindertagesstätten (die sie sich auch leisten können) führen, ihre Wahl treffen und ihren Liebling in den besten Händen wissen. Anfangs werden sie nur Teilzeit arbeiten, mit der vollen Unterstützung ihres Chefs und der Kollegen, damit sie für das Fläschchen am Nachmittag und rechtzeitig zur Zubereitung des Abendessens für die Familie wieder zu Hause sind. Die ganze Zeit über jedoch sind sie in allen beruflichen Angelegenheiten telefonisch erreichbar. Sie pumpen ihre Milch im Büro ab, damit das Baby in den Genuss aller Vorteile der Muttermilch und des leuchtenden Vorbilds einer Mutter kommt, die außer Haus arbeitet. Sie sind Powerfrauen – was sie nicht alles vorhaben!

Diejenigen unter uns, die sozusagen schon am anderen Ufer des Flusses angekommen sind, pflichten ihnen bei und ermutigen sie. Es ist wie mit den Schmerzen bei den Wehen: Warum sollten gerade wir ihnen diesen Traum zunichtemachen? Sie werden bald selbst ins kalte Wasser springen müssen, und wenn sie Glück haben, werden sie nicht untergehen. Noch sehen sie nicht die Strudel und Strömungen unter der Oberfläche und haben keine Ahnung, wie gefährlich die Furt sein wird. In der Zwischenzeit wiederholen wir Freundinnen immer wieder: »Spring rein – das Wasser ist warm« – und sind uns unserer Schuld bewusst.

Meine Freundinnen Donna und Amy bekamen ihre Babys in einem Abstand von drei Wochen und begannen beide letzte Woche wieder zu arbeiten. Donna ist Verkäuferin und liebt ihre Arbeit über alles. Und Amy arbeitet im Verlagswesen, was schon immer ihr Traum war. Und wie fühlen sie sich nun, da sie wieder arbeiten? Einfach schrecklich! Wie wirst du dich fühlen, wenn du geplant hast, in den nächsten sechs Monaten wieder arbeiten zu gehen? Mindestens genauso schrecklich!

Während der Schwangerschaft hättest du dir nie träumen lassen, dass es so viele verschiedene Aspekte zu berücksichtigen gilt. Wie hättest du auch ahnen sollen, wie sehr du dein Baby lieben würdest und wie sehr dich die Trennung von ihm seelisch und körperlich belasten würde? Ein einzigartiges Gefühl wechselseitiger Abhängigkeit. Nie im Leben hättest du dir vorstellen können, wie sich der Schlafmangel auf deinen Alltag auswirken würde, nämlich dass er dich begriffsstutzig, launisch und süchtig nach Süßigkeiten macht. Dazu kommt noch die Sache mit dem Stillen: Endlich hast du das Ganze so einigermaßen im Griff und genießt es sogar. Und nun kannst du dich darauf einstellen, ziemlich viel Zeit in Gesellschaft einer Milchpumpe auf der Damentoilette verbringen zu müssen, statt deinen Sprössling beim Stillen zu liebkosen. Und wo um alles in der Welt ist bitte eine liebevolle, verlässliche Betreuungsperson für dein Baby aufzutreiben (und zwar eine, die du dir leisten kannst)? Die Vorstellung, dein Baby, dein Ein und Alles, aus den Händen geben zu müssen, ist entsetzlich, selbst wenn es Papa ist, der sich um das Kind kümmert.

Tipp
Viele Mütter, die nach der Geburt in den Beruf zurückkehren, zeigen dir jedoch, dass es möglich ist. Es ist nicht nur möglich, sondern kann sogar ein wesentlicher und erfüllender Teil deines Lebens sein. Wir Freundinnen fühlen uns jedoch verpflichtet, dir zu sagen: Am Anfang wird es dich fast umbringen, wieder arbeiten zu gehen.

Die Entscheidung, wieder ins Berufsleben einzusteigen

Viele von uns gehen nur aus einem schwerwiegenden Grund wieder außer Haus arbeiten – des Geldes wegen! Die Sache ist nämlich die: Entweder sind wir die Haupternährer unserer Familie oder aber unser zweites Gehalt wird benötigt, um das Loch in der Haushaltskasse zu stopfen, das trotz des Einkommens unseres Partners noch bleibt. Wir brauchen uns gar nicht erst auf irgendwelche endlosen Diskussionen über unser Bedürfnis nach Selbstverwirklichung oder gesellschaftlichem Engagement außerhalb von Heim und Herd einzulassen. Wir sind schlicht und einfach auf das Geld angewiesen, um unsere Rechnungen zu bezahlen, die mit einem neuen Familienmitglied noch höher werden.

Die meisten von uns sind wahrscheinlich Teil eines Doppelverdiener-Haushalts, haben eine ebenso gute Ausbildung und berufliche Schulung genossen wie unsere Männer und wissen sowohl unseren Job als auch das Mehr an Komfort, das zwei Gehälter mit sich bringen, zu schätzen (du weißt schon, alle zwei Jahre einen Urlaub oder

Kabelfernsehen). Wir sind in dem Glauben erzogen worden, Muttersein und Beruf ließen sich gut unter einen Hut bringen, und so haben wir uns locker vom Hocker in die Mutterschaft gestürzt, in der Annahme, dass wir mithilfe eines Smartphones unser Leben als berufstätige Frau und Mutter, inklusive der Erholung und karitativer Tätigkeiten, spielend auf die Reihe kriegen würden.

Während der Schwangerschaft wiegen wir uns weiterhin in dem Glauben, dass die Mutterschaft keine oder nur geringe Auswirkungen auf unsere Arbeit oder Karriere haben wird. Zurzeit sind zwei Lehrerinnen an der Grundschule meiner Kinder zum ersten Mal schwanger. Voller Optimismus planen die beiden Frauen, in den großen Ferien zu entbinden und dann übergangslos zum Schulanfang im Herbst wieder ihre Arbeit aufzunehmen. Ihnen ist wohl kaum klar, dass ihre bevorstehende Mutterschaft sie bereits jetzt, während der Schwangerschaft, an ihrem Arbeitsplatz beeinflusst. Die beiden leisten nämlich bereits mehr als ihre Kollegen, wenn sie trotz ihrer morgendlichen Übelkeit den Stundenplan einhalten und tapfer ihre Geruchsaversionen unterdrücken, während die Schüler Sparschweinchen aus Pappmaché basteln.

Das ist nur einer der unzähligen Gründe, warum ich so stolz bin, eine Frau zu sein. Keine einzige meiner Freundinnen hat ihren Job an den Nagel gehängt, als sie schwanger war, auch wenn sie sich ganz schön zusammenreißen musste. Sie zogen die Sache einfach durch. Natürlich, die Schwangerschaft machte es ihnen nicht gerade leichter, aber diese Schwierigkeiten galt es zu überwinden. Ich habe Hochachtung für Leute wie meine Freundin Mary, die einen Politiker von Rang und Namen interviewte, sich auf der Toilette erbrach, anschließend ihren Lippenstift nachzog und gleich darauf – mit Crackern, Wasser und Kopfwehtabletten gewappnet – in die Redaktion marschierte. Oder meine Freundin Rosemary, die drei Stunden am Telefon vehement die Rechte ihres Kunden in irgendeiner komplizierten Vertragsverhandlung verteidigte, dann die Tür zu ihrem Büro schloss und, während die restlichen Kollegen zum Mittagessen gingen, in einen tiefen Schlaf fiel; nach der Mittagspause wachte sie auf, bereit, sich erneut in den Kampf zu stürzen, diesmal allerdings mit dem Abdruck des Sofapolsters auf der Backe. Wenn du während der Schwangerschaft gearbeitet hast, hättest du dir ja eigentlich ausrechnen können, was für ein Jonglierakt es sein würde, Mutterschaft und Beruf miteinander zu vereinbaren. Aber wir optimistischen Mamas versteifen uns irgendwie auf die Überzeugung, alles Weitere sei das reinste Kinderspiel, wenn nur dieses Baby erst einmal auf der Welt ist. Aber da hat Mutter Natur auch noch ein Wörtchen mitzureden.

Wie sag ich's meinem Chef?

Kurz nachdem wir von unserer Schwangerschaft erfahren haben, sorgen wir uns bereits darum, wie man diese Nachricht wohl in der Arbeit aufnehmen wird. Viele von uns bewahren monatelang absolutes Stillschweigen, bis sie den Eindruck haben, dass die Kollegen schon darüber tuscheln, wie man sich nur so gehen lassen und so dick werden könne. Bekanntermaßen werden schwangere Arbeitnehmerinnen und die damit verbundene Arbeitsunterbrechung an allen Arbeitsplätzen mit einer gewissen Skepsis betrachtet (vielleicht mit Ausnahme von ganz aufgeklärten, fortschrittlichen Firmen). Natürlich gibt es bezahlten Mutterschaftsurlaub und einen rechtlichen Schutz gegen Diskriminierung, aber es ist auch ein offenes Geheimnis, dass eine Schwangerschaft das Unternehmen viel Zeit und Geld kostet und ihm eine Menge anderer Unannehmlichkeiten bereitet.

Es gibt wohl kaum eine werdende Mutter, die die Personalleitung oder ihren Vorgesetzten von ihrer Schwangerschaft in Kenntnis setzt und gleichzeitig ankündigt, sie werde nach der Geburt ihre Stelle aufgeben. Selbst wenn das ihre Pläne sein sollten, wäre dies ein äußerst unvorsichtiges Vorgehen. Schließlich wollen wir unseren bezahlten Mutterschaftsurlaub ja auf keinen Fall aufs Spiel setzen.

Tipp
Mach dich mit allen gesetzlichen und tarifvertraglichen Mutterschutzbedingungen vertraut, bevor du deinem Chef die Schwangerschaft mitteilst. Wenn er falsch informiert ist – und du auch –, geht dir vielleicht einiges an Geld und Versicherungsschutz durch die Lappen.

Wir möchten auch nicht, dass unsere anstehende Mutterschaft etwaigen Beförderungen oder Gehaltserhöhungen im Wege steht. Wenn wir die aufregende Nachricht für uns behalten können, ist es wirklich ratsam, die Schwangerschaft zu verschweigen, bis der Kollege am Schreibtisch gegenüber Kindsbewegungen beobachten kann. Aus Fairness gegenüber deinem Chef solltest du ihm allerdings mindestens zwei Monate Zeit geben, um eine Mutterschaftsvertretung für dich zu suchen. Glaub uns Freundinnen: Du bleibst vielleicht länger weg, als du denkst.

Doch den meisten von uns will es immer noch nicht in den Sinn, warum um alles in der Welt wir in einer Zeit hoher Arbeitslosigkeit eine Stelle mir nichts, dir nichts aufgeben sollten, nur weil wir ein Kind kriegen. Es gibt, so rufen wir uns in Erinnerung, jede Menge Möglichkeiten und Ideen, wie eine Frau die Karriere und auch ein oder zwei Babys unter einen Hut bringen kann. Wir können es mit Jobsharing oder Teilzeit versuchen. Wir können zu Hause ein Büro einrichten wie die Frau aus der Computerwerbung, die alles, was mit Telekommunikation und dem Internet zu tun hat, aus dem Effeff beherrscht und in ihrem Nachthemd und den flauschigen Pantoffeln den ganzen Laden spielend schmeißt.

Und unsere Ehemänner sind ja schließlich auch noch da, oder? Dank ihrer feministischen Mütter sind sie mit einem stärkeren Pflichtbewusstsein aufgewachsen und sehen ein, dass zu ihren Pflichten als gleichberechtigter Elternteil auch Windelwechseln und Kinderarztbesuche gehören. Und unser Arbeitgeber hat womöglich eine derart

216

ausgeprägte soziale Ader, dass er auf dem Arbeitsgelände eine Kindertagesstätte eingerichtet hat. Dann wäre doch alles nur noch ein Klacks! Stimmt's? Ja, klar.

Die Wirklichkeit sieht anders aus

Mamas, die außer Haus arbeiten, erleben gute und schlechte Tage. Die guten Tage ähneln so ziemlich den Träumereien, die du in deiner blühenden Phantasie nährst, seitdem du von deiner Schwangerschaft erfahren hast. Die schlechten Tage kannst du dir nicht einmal in deinen schlimmsten Alpträumen vorstellen. Versuchen wir es mit diesem kurzen Szenario, damit du dir ein besseres Bild machen kannst:

Dein Baby ist fünf Monate alt und zahnt. Du arbeitest seit einem Monat wieder Vollzeit, da dein Chef fand, dass du an diesen Freitagen, an denen du eigentlich »von zu Hause aus arbeiten« solltest, zu lange brauchtest, um seine Anrufe zu beantworten. (Sei ehrlich: Ein paar dieser »Arbeitsstunden« hast du benutzt, um dir beim Friseur die Haare färben zu lassen, die Wäsche zur Reinigung zu bringen und eine neue Babyschaukel zu kaufen.)

Dein Mann hat die Grippe, und du hast den leisen Verdacht, dass nur unsägliche Verzweiflung dein Immunsystem schützt. Dein Sprössling hat die ganze Nacht kein Auge zugemacht. Anfangs dachtest du noch, es sei wegen des Zahnens, aber am nächsten Morgen kannst du die Augen kaum noch aufhalten und bist überzeugt, dass es sich nur um eine Mittelohrentzündung in beiden Ohren handeln kann. Der Babysitter kommt nicht vor Mittag, da dein Mann seine Arbeitszeit so abgestimmt hat, dass er morgens auf das Baby aufpassen kann. Du hast um neun Uhr eine Personalsitzung, und man wird dich hundertprozentig vermissen, wenn du nicht erscheinst. Das Baby muss ganz offensichtlich zum Arzt, und wer würde sein kran-

217

kes Kind schon ohne elterlichen Begleitschutz zum Arzt schicken? Schließlich könnte das Kleine ja eine Spritze verabreicht bekommen oder eine ähnlich traumatische Erfahrung machen. Dein Mann, der Vater deines Kindes, ist zu nichts zu gebrauchen und an seinen 40 Grad Fieber ist nun einmal nicht zu rütteln (insgeheim bist du allerdings davon überzeugt, dass du im umgekehrten Falle das Baby auch noch mit 43 Grad Fieber zum Arzt gebracht hättest). Du beschließt endlich, das Baby, dem es hundeelend geht, bei deinem Mann zu lassen, dem es auch hundeelend geht, und betest zu Gott, dass nichts passieren möge, was seitens deines Mannes schnelles Handeln oder klares Urteilsvermögen erfordert. Du wirst also zu deiner Personalsitzung gehen, dich dort die erforderlichen 60 Minuten um einen wachen und interessierten Gesichtsausdruck bemühen und dir anschließend irgendeine Ausrede einfallen lassen, um dein Baby zum Arzt bringen zu können.

Während der Sitzung machst du dir solche Sorgen um deinen kleinen Schatz, dass du ihn ununterbrochen hilflos schreiend vor dir siehst. Diese mütterlichen Gefühle lösen bei dir den Milchflussreflex aus, und du fühlst, wie deine Bluse vorn feucht wird. Natürlich hast du heute früh die Stilleinlagen völlig vergessen – so zerstreut und erschöpft, wie du warst –, und du bist dir nicht einmal sicher, ob du noch welche vorrätig hast. Und so siehst du aus, als ob sich auf deiner Brust langsam zwei große runde Zielscheiben auszubreiten beginnen.

Mit knallrotem Gesicht sprintest du aus der Sitzung und schnappst dir die Milchpumpe mit sämtlichen Röhrchen und Fläschchen. Nachdem du zehn Minuten nach der Dichtung für eines der Pumpröhrchen gesucht hast und in der Schachtel mit den Büroklammern fündig geworden bist, sitzt du hinter geschlossener Tür an deinem Schreibtisch und versuchst, Milch auszupressen. Verständlicherweise fühlst du dich in diesem entscheidenden Moment etwas unter Druck, da du weißt, dass alle in der Personalsitzung auf dich warten.

Das Telefon klingelt zweimal, aber du kannst nicht antworten, weil sonst die Saugwirkung an deinen Brüsten flöten ginge – du hältst ja in jeder Hand ein Plastikfläschchen mit den durchsichtigen Plastikröhrchen, die so stark an deinen Brüsten ziehen, dass deine Brustwarzen sich bei jedem Pumpen mindestens zehn Zentimeter in die Länge ziehen. Plötzlich ist das Baby, das noch einige Augenblicke zuvor dein ganzes Denken bestimmt hat, deiner Erinnerung fast völlig entfallen. Du starrst auf das gerahmte Bild auf deinem Schreibtisch, um deinem Körper klar zu machen, warum du diese ganze Tortur überhaupt auf dich nimmst.

Es ist nun kurz vor zehn. Du hast die Personalsitzung verpasst und wirst zu spät zum Kinderarzt kommen, wenn du auch nur einen Augenblick damit verlierst, deinem Chef und den Mitarbeitern zu erklären, warum du wie von der Tarantel gestochen den Sitzungsraum verlassen hast. Außerdem ist dein Chef ein Mann, und er bekommt immer einen etwas bedenklichen Gesichtsausdruck, wenn du irgendeine Bemerkung über Brüste, die als Nahrungsquelle dienen, fallenlässt. Im Übrigen bist du mittlerweile schweißgebadet, weil du (1.) dein Jackett anhast, um die Milchflecke auf deiner Bluse zu kaschieren; (2.) deine Hormone immer noch verrücktspielen und dich hin und wieder eine Hitzewallung überkommt und (3.) weil du am Rande eines Nervenzusammenbruchs stehst, da dein kleiner Liebling seine Mama braucht und seine Mama nicht für ihn da ist.

Auf dem Heimweg rufst du deinen Mann an und der Anrufbeantworter meldet sich. Du weißt, das kann nur auf eines von zwei Horrorszenarien hindeuten: Entweder ist dein Mann wegen seines hohen Fiebers ohnmächtig geworden und das Kleine ist nun unbeaufsichtigt oder dem Baby geht es schlechter als heute früh, als du es verlassen hast, und dein Mann befindet sich in genau diesem Moment mit ihm im Krankenhaus. Einen Moment lang wird dir klar, wie unaufmerksam du fährst, und du dankst dem Himmel, dass man von Müttern nicht verlangt, dass sie wie Piloten eine bestimmte

Anzahl von Stunden schlafen, bevor sie sich hinters Steuer setzen dürfen. Ansonsten würdest du die ganze Zeit mit öffentlichen Verkehrsmitteln vorliebnehmen müssen.

Zu Hause angekommen, triffst du dein Baby und deinen Mann noch genauso an, wie du sie verlassen hast. Offenbar fühlte sich dein Mann nicht in der körperlichen Verfassung, ans Telefon zu gehen, und überließ deshalb alle Anrufe dem Anrufbeantworter. Sobald das Baby seine geliebte Mama sieht, verwandelt es sich von einem ruhigen Engelchen in einen schreienden Orang-Utan. Du lässt es im Raum auf und ab hüpfen, singst Lieder und brichst selbst in Tränen aus, als das Telefon klingelt. Es ist deine Assistentin, die dir mitteilen möchte, dass UPS diesen Expressbrief verloren hat, den du gestern abgeschickt hast, und sie möchte wissen, ob du die Empfangsbestätigung dafür in deiner Aktentasche hast, da sie im Büro nirgendwo zu finden ist. Du versuchst zu überlegen, wo sie sein könnte, aber die Schreie des Babys durchdringen dein Trommelfell wie scharfe Nadeln, und du musst deine ganze Selbstbeherrschung zusammennehmen, um deiner Assistentin nicht zu sagen, dass du UPS hasst, deinen Job hasst, sie dafür hasst, dass sie dich in dieser offensichtlichen Krise auch noch belästigt, und am meisten von allen hasst du deinen kranken Mann, da er nichts tut, um dich aus diesem Alptraum zu erlösen.

Nach dem Besuch beim Arzt und einem Halt an der Apotheke, wo du 40 Minuten anstehen musst, bis du dein Penizillin kriegst, setzt du das Baby wieder zu Hause ab, wo bereits – falls das Schicksal es gut mit dir meint – der Babysitter wartet. (Ich verzichte hier lieber auf die sehr reale Möglichkeit, dass der Babysitter von den Bazillen, die dein Mann im ganzen Haus verbreitet hat, selbst die Grippe bekommen hat und die nächsten paar Tage nicht arbeiten kann. Warum unnötig einen hysterischen Anfall provozieren?) Du ziehst dir eine andere Bluse an, schnappst dir zwei Müsliriegel und eine Cola Light und steigst wieder ins Auto, um zur Arbeit zurückzufahren.

Du fühlst nur noch ein dumpfes Gefühl von Versagen und Elend bei der Aussicht, den restlichen Tag mit einem stupiden Job zu verbringen, der nichts bedeutet im großen Lauf der Dinge, während dein kostbares Kind, eine Offenbarung für alle, die du kennst, und zweifellos dein herausragendster Beitrag zum Universum, krank und mutterlos ist.

Vielleicht verkraftest du diese düsteren Zukunftsaussichten besser, wenn wir sie uns nach und nach genauer ansehen.

Kinderpflege/-betreuung

Ehemänner sind eine Möglichkeit ...

Wenn du dich nicht die ganze Zeit um deinen kleinen Liebling kümmern kannst, erwägst du vielleicht, dich auf die zweite Person im Universum zu verlassen, die das Kleine genauso abgöttisch und hingebungsvoll liebt wie du – seinen Vater. Es ist ja bekannt, dass die Unbeholfenheit, die viele Männer im Umgang mit kleinen Babys an den Tag legen, nur ein Trick ist, um unnötigen Strapazen aus dem Weg zu gehen, genauso eben wie sie auch Dinge fragen wie: »Liebling, weißt du, wo wir die Schere aufbewahren?« Sie können sich genauso gut um das Baby kümmern wie du, vom Stillen einmal abgesehen.

Du hättest dir bereits während der Schwangerschaft Gedanken darüber machen sollen, wer auf deinen Sprössling aufpassen soll, wenn du wieder arbeitest. Wie wir bereits vorher erwähnt haben, ist nun der richtige Zeitpunkt, um gemeinsam mit deinem Mann die Einstellung eurer Arbeitgeber in Bezug auf Mutter- und Vaterschaftsurlaub unter die Lupe zu nehmen. Ich kenne einen Mann – er ist Lehrer –, der gerade einen dreimonatigen Vaterschaftsurlaub genommen hat, um seiner Frau zu helfen, sich um ihre neugeborenen Zwillinge zu kümmern. Nun, fast jeder seiner Kollegen zeigte mit dem Finger auf ihn, als sei er das siebte Weltwunder – oder vielleicht vom anderen Ufer. Aber er hat sich trotzdem beurlauben lassen. Wir Freundinnen finden diese Entscheidung einfach bewundernswert.

Wenn ein Mann sich ein paar Tage frei nimmt, um seiner Frau mit dem Baby zu helfen, legt er diesen Urlaub meist auf die Zeit der Entbindung und die ersten Tage seiner neuen Familie zu Hause. Es ist allerdings keine schlechte Idee, mit diesem Urlaub zu warten, bis das Baby ein oder zwei Monate alt ist. So schwierig es auch sein mag, sich in den ersten zwei Wochen an die Mutterschaft zu gewöhnen – um den ersten Monat herum wird es noch schwieriger. In den ersten zwei Wochen schläft ein Baby in der Regel mehr als später, wenn es seine Augen öffnet und ihm klar wird, dass es sich nicht mehr im wohlig warmen Bauch der Mama befindet. Um dich von der Entbindung zu erholen, wirst du anfangs noch viel liegen und wenig mehr tun, als deinen kleinen Liebling zu füttern und zu wickeln. Ungefähr einen Monat später, wenn du wieder laufen kannst, ohne das Gefühl zu haben, dass gleich deine Gebärmutter herausflutscht, und du etwas Kontrolle über die Milch in deinen Riesenbrüsten gewonnen hast, wirst du den Beistand deines Partners noch mehr zu schätzen wissen als gleich nach der Entbindung. Er kann dir dann nämlich dabei helfen, langsam deinen Weg zurück in die reale Welt zu finden. Vielleicht fängst du gleich wieder an zu arbeiten oder möchtest diese Zeit nutzen, um deine Rückkehr in die Berufswelt vorzubereiten.

Andere Familienmitglieder

Als meine Freundin Julie wieder als Maniküre zu arbeiten begann, kümmerte sich ihre Mutter um den kleinen Spross. Eine Oma, Tante oder eine andere Verwandte kann ein Geschenk des Himmels sein, wenn du am Ende deines Mutterschaftsurlaubs angelangt bist. Das Gute an ihnen ist, dass sie deinen Sprössling wie ein Familienmitglied lieben, weil er ja schließlich auch zur Familie gehört. Stammt

dein Babysitter aus der Familie, wüsstest du es höchstwahrscheinlich auch, wenn er ein Vorstrafenregister hätte. Nun, da du Mama
bist, muss ich dir nicht erst erzählen, wie grauenvoll die Vorstellung
ist, dass du deinen kleinen Liebling in jemandes Obhut lässt, der
dann mit ihm auf und davon geht. Der Alptraum jeder arbeitenden
Mutter.

Mit deiner blühenden Phantasie kannst du dir aber wahrscheinlich
auch ausmalen, dass nicht immer eitel Sonnenschein herrscht, wenn
jemand aus der Familie das Baby betreut. Einerseits bemühen sich
doch die meisten von uns noch, ihre Unabhängigkeit von Müttern
und Schwiegermüttern unter Beweis zu stellen. Wenn diese aber
nun unser Baby betreuen, sind wir leicht versucht, kein gutes Haar
an ihren mütterlichen Fähigkeiten zu lassen, da wir ja nie wirklich
Gelegenheit dazu hatten, als sie uns aufzogen.

Und wenn wir nicht jede Entscheidung in Sachen Baby zum Anlass für eine heftige Auseinandersetzung nehmen, verfallen wir ins
Gegenteil und entwickeln selbst wieder kleinkindhafte Impulse.
Machen wir uns nichts vor: Wenn deine Mutter deinen Sprössling
aufopferungsvoll umsorgt, mit ihm schmust und gurrt, wirst du unweigerlich irgendwann auch mit etwas Zuneigung bedacht werden
wollen, besonders nach einem harten Arbeitstag. In beiden Fällen
wirst du irgendwann deine Stellung als leibliche Mutter behaupten
wollen, und das kann hart werden, wenn die »Zweitmutter« so stark
in dein Leben involviert ist.

Meine Schwiegermutter half meiner Schwägerin jeden Tag mit den
Kindern, als sie noch klein waren. Die beiden Kleinen haben nie
miterlebt, wie plötzlich ein Teenagermädchen mit Hausaufgaben
unter dem Arm in der Tür stand und zum Babysitten, Telefonieren
und Fernsehen blieb. Als meine Kinder auf der Welt waren und ich
wieder zu arbeiten anfangen wollte, erwähnte ich einmal meiner
Schwägerin gegenüber, wie ungemein glücklich sie sich schätzen

könne, dass ihre Mutter ihr so unter die Arme griff. Sie lächelte süffisant und sagte: »Wie erklärst du dir dann, dass ich nach New Jersey umziehen möchte und keine Nachsendeadresse hinterlasse?« Offensichtlich hatte sie für die zärtliche, liebevolle Betreuung ihrer Kinder mit einem gewissen Mangel an Privatleben bezahlt, nicht zu vergessen die ständigen Kommentare ihrer Mutter in allen häuslichen Angelegenheiten – vom optimalen Zeitpunkt für die Taufe bis zur Weichspülerdosierung für Babys Wäsche. Besagte Schwiegermutter half mir zu Hause, als meine Kinder geboren wurden, und ich genoss ihre liebevolle, aufopfernde und zuvorkommende Art in vollen Zügen. Wäre sie meine Mutter und nicht meine Schwiegermutter gewesen, hätte die Sache wahrscheinlich ganz anders ausgesehen.

Bezahlte Hilfen

Wenn du eine bezahlte Hilfe für dein Baby einstellst, hast du bei der Bestimmung der Regeln völlig freie Hand. Selbst wenn du als Mutter noch relativ unerfahren bist – für den Babysitter oder die Kinderfrau bist du der Boss. Klar, wenn du erst einmal aus dem Haus bist, sieht die Sache anders aus. Selbst wenn deine Kinderfrau ein Juwel sein sollte, macht sie die Dinge auf ihre Art und Weise, wenn du ihr nicht mehr auf die Finger schauen kannst. Deshalb ist es eine gute Idee, die Bewerberin im Vorstellungsgespräch mit hypothetischen Fallbeispielen zu konfrontieren. Entsprechen ihre spontanen Antworten deinen Vorstellungen, ist sie eine gute Kandidatin.

Tipp
Stell nie jemanden ein, von dem du hoffst, du könntest ihn ändern. Das klappt bei Ehemännern nicht – und ist bei Kinderfrauen und Babysittern ein ebenso hoffnungsloses Unterfangen.

Bei so mancher berufstätigen Mama bleibt vom Einkommen oft nicht mehr viel übrig, wenn man das Geld für die Kinderbetreuung abzieht. Meine Freundin Lisa rechnete nach der Geburt ihres zweiten Kindes aus, wie viel es sie kosten würde, ein Kindermädchen einzustellen, damit sie wieder arbeiten gehen könnte. Das Resultat war, dass sie beschloss, selbst einen Babysitterservice einzurichten. Das gesparte Geld plus das Geld der anderen Eltern machte das Zuhausebleiben zu einer attraktiven Alternative. Lisa ist allerdings auch eine Frau, die durch nichts aus der Ruhe zu bringen und von einem unglaublichen Idealismus beseelt ist. Ach ja, und vor einem Jahr zog sie in eine andere Stadt, um all diesen Babys zu entkommen.

Die meisten von uns finden ihre Kindermädchen und Babysitter durch Mund-zu-Mund-Propaganda. Wir erzählen dem Kindermädchen einer Freundin, dass wir Hilfe brauchen, und sie schickt uns eine ihrer Freundinnen. Zwar gibt es Agenturen und Vermittlungsstellen, aber sie sind oft sehr teuer. Erkundige dich darum zuerst nach ihren Vermittlungsgebühren, bevor du sie bittest, dir Bewerberinnen zu schicken. Hier in Los Angeles, wo es wenig Kindermädchen gibt, verlangen die größeren Agenturen eine Gebühr in Höhe des ersten Monatsgehalts der Kinderfrau, zuzüglich Mehrwertsteuer!!

Nach vier Kindern und unzähligen Babysittern hätte ich genug Stoff für ein Buch über den Umgang mit dieser Berufsgattung (Mensch, das ist doch mal eine gute Idee!). Fürs Erste möchte ich dir aber nur die grundlegendsten Regeln erläutern.

1. **Stell eine Kinderfrau oder einen Babysitter nur nach einer ein- oder zweiwöchigen Probezeit in deinem Haushalt ein.** Um ihre Fähigkeiten realistisch einschätzen zu können, musst du sie in Aktion gesehen haben. Manche können gut reden, haben aber in puncto Kinderpflege nichts auf dem Kasten und umgekehrt. Yolanda, Kolumbiens Pendant zum magischen Kindermädchen Mary Poppins, machte in ihrem Vorstellungsgespräch einen so mürrischen Eindruck, dass ich es nur mit ihr probierte, weil ich vor Schlafmangel schon auf dem Zahnfleisch ging. Sie war dann vier Jahre lang ein unersetzliches Mitglied unseres Haushalts.

2. **Verlange von deinem Babysitter den Nachweis eines negativen Tuberkulosetests.** Es mag ja vorkommen, dass sich dein Sprössling bei eurem Kindermädchen einen Schnupfen holt (auch wenn dir bei diesem Gedanken das Blut in den Adern gefriert), aber es ist völlig unverantwortlich, dein Kind dem Risiko auszusetzen, sich mit einer ernsten Krankheit anzustecken, die immer noch weltweit verbreitet ist.

3. **Wenn dein Babysitter bei dir zu Hause arbeitet, erkundige dich nach seiner Adresse und Telefonnummer.** Vergewissere dich auch, ob sie stimmen, also sieh dir das Haus an und wähl die Nummer. Ich muss beschämt gestehen, dass ich einmal eine Frau eingestellt habe, die immer mit der Arzthelferin meines Kinderarztes zur Kirche ging. Ich überlegte nicht lange – Arzthelferin, Kirche, was konnte da schon schiefgehen? Nun, eines Dienstags, als sie von ihrem freien Wochenende zurückkommen sollte, tauchte sie einfach nicht wieder auf. Ich saß da mit dem Baby im Arm und brach auf der Veranda in Tränen aus. (Verstehst du jetzt langsam, wie man auch später noch schubweise von einer Wochenbettdepression heimgesucht werden kann?) Ich konnte es einfach nicht fassen, dass sie mein Baby nicht genug liebte, um zu ihm zurückzukommen, und ich mich nach einem höllischen Sonntag und Montag noch mit weiteren schlaflosen Tagen und Nächten herumschlagen musste. Noch schockierter aber war ich, als mir zum ersten Mal bewusst wurde, dass ich nicht einmal ihre Telefonnummer hatte, geschweige denn wusste, wo sie wohnte. Was, wenn ich eines Tages nach Hause gekommen wäre und meinen kleinen Liebling nicht mehr vorgefunden hätte? Was hätte ich gemacht, in der Kirche der Arzthelferin meines Kinderarztes angerufen? Ich bekomme immer noch weiche Knie, und mir dreht es den Magen um, wenn ich daran denke, was für ein unglaubliches Risiko ich eingegangen bin.

4. **Mach es dir zur Gewohnheit, zu unerwarteter Zeit daheim aufzukreuzen.** Schließlich willst du wissen, was dein Babysitter

und dein Baby anstellen, wenn niemand zuschaut. Wirf ruhig einen kurzen Blick durchs Fenster oder erkundige dich bei Nachbarn, was sie gesehen haben. Dieses Verhalten, das man in einem anderen Kontext möglicherweise als »Schnüffeln« bezeichnen würde, ist durchaus angebracht, wenn es um das Wohlergehen deines Babys geht. Ich bin sogar der Meinung, dass »Schnüffeln« durchaus ein Zeichen guter Elternschaft ist – und zwar, bis die Kinder ausziehen.

5. **Auch als meine Kinder dann in den Kindergarten gingen,** konnte man mich oft hinter Büschen versteckt vor ihrem Spielplatz beobachten, wo mir der Matsch an den Schuhen hochspritzte und ich sie ausspionierte. Ich hätte eigentlich einen dieser Armeehelme mit Laubbüscheln darauf benutzen können. Selbst jetzt noch schaue ich ab und zu mal an der Schule meiner älteren Kinder vorbei – unter dem Vorwand, ihnen einen Pulli vorbeizubringen. Anschließend verstecke ich mich im Flur und beobachte sie im Klassenzimmer.

6. **Das soll nun nicht heißen, dass ich keinem über den Weg traue.** Ich traue nur mir selbst nicht zu, den richtigen Personen zu vertrauen. Ich will einfach vermeiden, auf Kosten meiner Kinder zu vertrauensselig zu sein, und das solltest du auch tun.

7. **»Denk daran: Das erste Kindermädchen, das du einstellen wirst, wird nicht dein letztes sein.«** Ich erinnere mich daran, wie mein Freund Jerry, Vater von drei erwachsenen Kindern, mich mit diesen weisen Worten zu trösten versuchte, als unser erstes Kindermädchen mir und dem Baby den Laufpass gab. Dein Verstand sagt dir, dass dieser Rat wohl seine Richtigkeit hat, aber gefühlsmäßig willst du es einfach nicht wahrhaben. Insbesondere bei unserem ersten Kind trauen wir jungen Mütter es uns oft nicht zu, das Kleine richtig versorgen zu können. Und über kurz oder lang werden wir schnell von kompetenten und erfahrenen Babysittern abhängig. Mir nichts, dir nichts sind wir überzeugt, dass der Schlüssel zu unserem Erfolg als berufstätige Mama – ja, Mensch, der Schlüssel zu unserem

eigenen Überleben und dem unserer Babys – an einer Kette am Hals unseres heiß geliebten Kindermädchens hängt. Und wir sind so überzeugt von der angeborenen unwiderstehlichen Anziehungskraft unseres Lieblings, dass es für uns unvorstellbar ist, wie jemand seine Beziehung mit dem Baby beenden kann, ohne auf der Stelle tot umzufallen.

8. **Glaub mir, liebe Freundin, sie werden dich verlassen** – entweder weil sie wechseln wollen oder weil du willst, dass sie wechseln. Du wirst um sie trauern. Du wirst dich im Stich gelassen fühlen. Du wirst befürchten, dass dein Sprössling einen psychischen Schaden davonträgt. Du wirst sicher sein, dass du nie wieder ein anderes Kindermädchen findest. Aber glaub uns: Du wirst jemanden finden und jemanden danach und jemanden danach. Und dein Baby wird wachsen, und du wirst dazulernen, und ihr werdet euch beide prächtig entwickeln, und wenn ihr nicht gestorben seid ...

9. **Bereite dich auf eventuelle Notfälle vor.** Am allerwichtigsten – Mütter müssen jederzeit telefonisch erreichbar sein. In unserem Zeitalter der Handys und Rufumleitungen gibt es wirklich keinen Grund, warum der Babysitter dich im Notfall nicht erreichen sollte. Wenn dein Babysitter den Führerschein hat und du nicht in New York City oder in unmittelbarer Nähe eines Krankenhauses wohnst, sollte er Zugang zu einem Auto haben – zu seinem eigenen, deinem oder dem eines Nachbarn –, während er auf das Kind aufpasst. Ich weiß nicht, wie es dir geht, aber ich habe hinsichtlich der Notrufnummer so meine Bedenken. Ich habe sie einmal gewählt, als jemand in die Wohnung meiner Mutter eingebrochen war, und ich wurde so lange in die Warteschleife gelegt, dass ich im Endeffekt mit keiner Menschenseele sprach. Ich werde also den Teufel tun und mich auf diese Leute verlassen, wenn mein Baby Fieber hat oder blutet. Bei einem Notfall ist es am besten, du benachrichtigst die Person, die dir oder deinem Babysitter am ehesten helfen kann. Bring die Nummern des Giftnotrufs, des Kinderarztes,

der Feuerwehr und so weiter auf dem Telefon an, und zwar in fetten Großbuchstaben (»reife« Babysitter und »reife« Mamas sind weitsichtig, und sicher möchtest du verhindern, dass eine von euch beiden in einem solchen Fall wie ein aufgeschrecktes Huhn erst die ganze Wohnung nach der Lesebrille durchforsten muss). Der Babysitter sollte dem Arzt den gesundheitlichen Zustand des kleinen Patienten genau beschreiben. Wenn eine Fahrt ins Krankenhaus notwendig ist, sollte sich der Babysitter erkundigen, ob er das Baby selbst hinfahren oder auf einen Krankenwagen warten soll. Als der Kleine meiner Freundin Sally hinfiel und sich am Kopf verletzte, sagten ihr die Notärzte, sie solle losfahren in Richtung Krankenhaus und sie würden dann auf der Autobahn auf sie warten! Ihr Nachbar fuhr sie und ihren Sohn, unterwegs stießen sie auf den Krankenwagen, und der Kleine erhielt rechtzeitig die notwendige Behandlung.

Kindertagesstätten und Tagesmütter

Während viele von uns das unerhörte Glück haben, dass sich jemand (bezahlt oder erbettelt) zu Hause um das Baby kümmert, trifft das nicht für alle berufstätigen Mütter zu. Wenn du deinen kleinen Liebling am ersten Arbeitstag zurücklassen musst, hast du das Gefühl, man würde dir einen Körperteil amputieren. Lässt du ihn in einer Kindertagesstätte oder im Haus einer Tagesmutter, wo du nur ein paarmal gewesen bist, ist dir zum Sterben elend. Falls es dich irgendwie tröstet – mit der Zeit wird es dir weniger schwer fallen, dein Kind tagsüber abzugeben. In den ersten Monaten sind die Kleinen allerdings sehr zarte und empfindliche Geschöpfe, und so solltest du weder Zeit noch Mühe scheuen, für dein Baby den optimalen Platz zu finden.

Mamas am Arbeitsplatz

Es ist kein Zufall, dass der Mutterschutz etwa drei Monate dauert. In dieser Zeit haben wir uns von der Entbindung weitgehend erholt und die Ernährung und Pflege unseres Babys gut im Griff. Und wir haben sogar wieder Lust auf Haarstyling und eine neue Farbe. Dies ist genau der Moment, wo dir bewusst wird, dass du dieses Martyrium nicht nur überstehen wirst, sondern vielleicht sogar wieder etwas Kontrolle gewinnen und zu deinem eigenen Stil finden wirst. Und genau dann wird dir der Boden unter den Füßen weggezogen! Gerade, als du dachtest, du hättest eine Zeiteinteilung, mit der du leben könntest, musst du wieder arbeiten gehen und alles über den Haufen werfen. Als Erstes kannst du gleich den Friseurtermin streichen, schließlich lässt sich unmöglich alles in einem 24-Stunden-Tag unterbringen. Ich weiß es aus eigener Erfahrung. Ich hatte früher dichtes, fast hüftlanges Haar und lange, gepflegte Fingernägel. Langsam, so langsam, dass ich mir dessen gar nicht bewusst wurde, geriet die Pflege meiner perfekten Erscheinung immer mehr ins Hintertreffen. Und nun, vier Kinder und drei Bücher später, habe ich kürzeres Haar als Peter Pan und von Fingernägeln ist keine Spur mehr zu sehen.

Die meisten Mamas, die ich kenne – und alle meine Freundinnen, die Mamas sind, sowieso –, geben ihr Bestes, damit weder Familie noch Arbeitgeber den Eindruck bekommen, sie kämen zu kurz. Da der Tag ja nur 24 Stunden hat, kommt vor allem eine Person zu kurz, und das ist die Mama. Sie wird sich die halbe Nacht um die Ohren schlagen, um das Mobile ihres Drittklässlers fertigzustellen, wird aber trotzdem aufstehen, um die Sprösslinge für die Schule zu wecken, da sie weiß, dass der Tag für ihre Kinder so besser anfängt. Sie wird ihrem Job nachkommen und sieben Tage die Woche arbeiten, insbesondere frühmorgens und spätabends, wenn die Kinder im Bett sind. Gestern Abend musste ich meine Arbeit unterbrechen, um mit meinem Sohn einer Trauerfeier beizuwohnen. Sie galt seinem Wellensittich, der endlich in den Himmel gekommen war (nach fünf Stunden eines endlos langen Todeskampfes, den mein Sohn von Anfang bis zum Ende verfolgt hatte).

An dieser Stelle möchte ich dir dringend ans Herz legen, dir selbst auch etwas Zeit zuzugestehen, denn niemand wird sie dir von sich aus anbieten. Ich muss jedoch zugeben, dass ich selbst dabei in meinem eigenen Leben immer noch nicht so ganz den Dreh heraus habe. So darfst du also ruhig die Ohren auf Durchzug stellen. Meinem Mann und mir gelangen in den neun Jahren, seit wir Eltern sind, zwei romantische Fluchten. Ich weiß nicht, aber irgendwie fühlen wir uns einfach so einsam und schuldbewusst ohne die Knirpse, dass wir unsere Ferien fast immer mit ihnen verbringen.

Das Einzige, wofür ich mir allerdings Zeit nehme, ist Fitnesstraining. Ich muss einfach raus und mehrmals die Woche Rad fahren oder joggen, um ein bisschen fit zu bleiben, vor allem aber, um Dampf abzulassen und mich vom guten alten Endorphin mal wieder in Hochstimmung versetzen zu lassen. Da offenbar keine von uns Mamas mehr Zeit für ein Mittagessen mit den Freundinnen abzweigen kann, schätze ich solche Radtouren mehr und mehr. Wir versuchen, jeden Samstag und Sonntag frühmorgens, bevor Baseballtraining und Tanzaufführungen beginnen, eine Gruppe zusammenzutrommeln. Während dieser 90-minütigen Radtouren quatschen wir über alles: Ehemänner, Kinder, Schulen, Fruchtbarkeitskrisen, fehlende Ehemänner, plastische Chirurgie und wie wir den Stadtrat dazu bringen können, ein Jugendzentrum zu bauen, damit unsere Kinder nicht irgendwo herumlungern, wo wir kein Auge auf sie haben können. Also eine Mischung aus Selbsthilfegruppe und Bürgerinitiative, bei der eine ganze Menge Witze gerissen werden.

Erinnert dich der Hamster in seinem Rad an dein momentanes Leben? Du kannst beim besten Willen nicht alles unter einen Hut bringen: zur Arbeit gehen, deinem Baby das Sprechen beibringen, deine

231

Ehe abwechslungsreich und leidenschaftlich gestalten, mehrmals am Tag Milch abpumpen oder stillen, zur Reinigung gehen (seit du ins Berufsleben zurückgekehrt bist, ziehst du dich ja wieder wie ein normaler Mensch an), das Abendessen kochen, ein oder zwei Ladungen Wäsche waschen – und das alles an einem Tag. Und das ist noch ein guter Tag. Ein schlechter Tag ist, wenn all diese Dinge zu erledigen sind und zudem noch (1.) das Baby krank ist, (2.) du krank bist oder (3.) das Auto in der Werkstatt ist. Wir können dir nur raten: Finde dich damit ab! Hier handelt es sich nicht um einen vorübergehenden Zustand. So wird deine Zukunft auf absehbare Zeit aussehen. Es liegt nun an dir, Prioritäten zu setzen und unnötigen Ballast abzuwerfen. Gestatte dir kleine Pausen, wie zum Beispiel nach 18 Uhr den Anrufbeantworter anzustellen, nach dem Abendessen ein Bad mit deinem Baby zu nehmen und die Nachmittage am Wochenende für Sex zu reservieren. Wenn dies bedeutet, dass du öfter essen gehst oder deinen Haushalt mehr als gewöhnlich vernachlässigst, sollte dich das freuen. Schlussendlich wirst du dir auf deinem Totenbett nicht einen Augenblick lang wünschen, ein saubereres Haus gehabt zu haben.

Wieder schwanger?
Herzlichen Glück-
wunsch!

Das zweite Kind

Fast jeder hat einen Bruder oder eine Schwester, und eine durchschnittliche Familie hat mehr als ein Kind. Was soll denn also bitte so Besonderes daran sein, ein zweites Kind in die Welt zu setzen? Nur die Mutter eines heiß geliebten Einzelkindes kann den inneren Konflikt, die Schuldgefühle und die Angst nachempfinden, die mit der Entscheidung für ein zweites Kind zusammenhängen. Zum einen wissen wir alle tief in unserem Inneren, dass es praktisch unmöglich ist, jemals ein anderes Baby so sehr zu lieben wie unser erstgeborenes Kind. So viel Liebe kann ein Mensch gar nicht zur Verfügung haben. Zum anderen: Wer hat denn schon genug Zeit, sich um mehr als ein Kind zu kümmern – oder, apropos, genug Geld? Und wie steht es mit Schwangerschaft und Entbindung, die noch einmal überstanden werden müssen? Allein diese Aussicht kann dich dazu veranlassen, wie eine Irre zu verhüten.

Und doch, wenn die Babys kurz vor ihrem ersten Geburtstag an der Schwelle zum Kleinkind stehen, spielen die meisten Mamas zumindest mit dem Gedanken, noch einmal Nachwuchs zu bekommen. Vielleicht einfach nur, weil alle es tun, oder vielleicht, weil dir langsam der Verdacht kommt, dass dein Baby nicht für immer und ewig ein Baby bleiben wird. Sobald unsere Babys lernen, sich von uns weg zu bewegen, zuerst krabbelnd und dann laufend, beginnen wir, den Neugeborenengeruch und die Art zu vermissen, wie sie mit angezogenen Beinchen auf unserer Brust schliefen und dabei ihren Popo wie eine kleine Stinkbombe in die Höhe reckten. Meine Babys kamen in Abständen von zwei Jahren oder weniger zur Welt. Du kannst dir also ohne Weiteres ausrechnen, dass ich dazwischen nicht allzu viel Zeit in einem normalen hormonalen Zustand verbrachte. Mein Leben lief ungefähr nach folgendem Muster ab:

Ich bekam ein Baby, ging fast im Wirbel der Mutterschaft unter, erwachte langsam wieder zu neuem Leben, nahm ab, schmiss Babys erste Geburtstagsparty, trank bei der Geburtstagsfeier meines Mannes ein Glas über den Durst, und schwupps – war ich auch schon wieder schwanger.

Wenn du mir nicht glaubst, so lass dir gesagt sein, dass mein Mann im März Geburtstag hat und drei meiner Kinder im November und Dezember geboren sind, zwei davon mit einem Tag Abstand voneinander. Wenn du nächstes Mal in der Praxis deines Frauenarztes bist, leih dir seine Berechnungsscheibe aus und stell dann selber fest, was ich meinem Mann immer zum Geburtstag schenke.

Ich glaube, ich bekam meine Kinder in so kurzen Abständen, weil (1.) meine eigenen Eltern es genauso gehalten hatten und ich den geringen Altersunterschied zwischen mir und meinem Lieblingsbruder als sehr schön empfunden hatte; (2.) weil ich bereits 34 war und eine lange Geschichte mit Unfruchtbarkeitsproblemen hinter mir hatte, bevor ich schließlich mein erstes Kind bekam, und nicht zu lange warten wollte, bevor ich es noch einmal versuchte; (3.) weil ich wusste, dass ich vielleicht nicht mehr den Mut hätte, noch einmal ganz von vorn anzufangen, wenn ich erst mal all diese Windeln und Fläschchen los wäre; (4.) weil ich sichergehen wollte, Kinder in meinem Nest zu haben, bis bei mir die Senilität einsetzt; und (5.) weil es mir schwerfällt, mich auf Dinge zu konzentrieren, die nicht das Ausmaß einer Krise annehmen, und ich besorgt war, ich würde ganz vergessen, dass ich Mutter bin, wenn ich nicht so viele Kinder hätte, dass es beim besten Willen nicht von der Hand zu weisen wäre. Mit anderen Worten: Wann immer ich das durch ein Kind verursachte Chaos so langsam in den Griff bekam, konnte ich einfach nicht anders, als noch ein Baby zu bekommen, damit die Herausforderung bestehen blieb.

Ich habe sehr wenige Freundinnen mit einem Einzelkind. Interessanterweise haben diese paar Freundinnen außergewöhnliche Kinder und eine wunderbare Beziehung zu ihnen. Familien mit Vater, Mutter und einem Kind oder sogar nur mit einem Elternteil und einem Kind scheinen offensichtlich ganz gut zu funktionieren. Viele Familien mit Einzelkind haben sich allerdings erst nach wiederholten erfolglosen Versuchen, erneut Nachwuchs zu bekommen, damit abgefunden. Oft wird ihnen erst klar, wie schön, intim und relativ unkompliziert das Leben mit einem Einzelkind ist, nachdem die Natur oder die Umstände sie zur »Dreiecksfamilie« gemacht haben. Ich will dir hier bestimmt nichts ein- oder ausreden, aber es regnet, eines meiner Kinder liegt krank auf der Couch und erbricht sich gerade, zwei sitzen eingezwängt in Klassenzimmern mit geschlossenen Fenstern, in denen es vor Viren nur so wimmelt, und meiner Dreijährigen ist so langweilig, dass sie alle meine Lippenstifte durchprobiert. (Ich hoffe bloß, sie benutzt nur ihren eigenen Körper als Leinwand, aber ich bin zu beschäftigt, um dauernd nachzusehen ...)

Manchmal werden wir nur zum zweiten Mal schwanger, weil wir nicht hören wollten, als die Freundinnen uns sagten, dass wir schwanger werden könnten, während wir stillen – und zwar noch bevor wir unsere erste Periode nach der Entbindung haben. Obwohl die Geburt eines Kindes immer ein Segen und ein Grund zum Feiern ist, ist es einfach von Vorteil, wenn du wenigstens die Absicht hattest, wieder schwanger zu werden. Und wenn du nicht die Absicht hattest, lüg einfach. Wenn die Leute nämlich wissen, dass es sich um einen »Betriebsunfall« handelt, werden sie glauben, du hättest völlig den Kopf verloren.

236

Gemeiner Verrat

Gut, nehmen wir an, mit deinem Kind hat sich nun alles eingespielt, und eines Tages findest du heraus, dass du wieder schwanger bist. Anfangs ist das jedes Mal eine wahnsinnig aufregende Nachricht. Was für ein Glück, dass solch ein Wunder noch einmal eingetreten ist und dein Partner und du einen kleinen Menschen geschaffen haben. Dir bleibt bestenfalls eine Stunde, um dein Glück von ganzem Herzen zu genießen. Dann wird dir plötzlich dämmern, dass du den größten Fehler deines Lebens begangen hast. Zumindest wird es dir die meiste Zeit über so vorkommen. Dein kleiner Liebling, dein über alles geliebtes erstgeborenes Engelchen, wird dir das Eindringen einer weiteren Person in euren magischen Kreis so übelnehmen, dass es dich für immer hassen wird und, noch bevor es sauber ist, einen Therapeuten brauchen wird.

Wie um Himmels willen konntest du nur auf den Gedanken kommen, ein kleiner Bruder oder eine kleine Schwester würde dein erstes Kind glücklich machen? Jemand, mit dem es deine Liebe und Aufmerksamkeit teilen muss? Jemand, der ihm sein Spielzeug wegnimmt oder in seinem Zimmer ein Chaos anrichtet? Bist du noch ganz bei Trost? Das ist, als ob du sagen würdest, die neue Freundin deines Mannes (die nicht zu uns Freundinnen zählt) sei bei dir herzlich willkommen, weil sie für dich eine nette Gesellschaft sein wird. Du kannst deinem Baby kaum ins Gesicht sehen, ohne dass dich schlimmste Schuldgefühle überkommen. Jemand wird die Liebesbeziehung zu deinem Kind zerstören. Und es ist alles deine Schuld!

Erwarte nicht, mit diesen widerstreitenden Gefühlen bis zur Ankunft des Babys im Reinen zu sein. Besser noch – stell dich lieber darauf ein, nie damit ins Reine zu kommen. (Jedes meiner Kinder ist immer noch davon überzeugt, dass ihm seine Geschwister tagtäglich meine Aufmerksamkeit rauben.) Meine Freundin Sondra und ich haben beide nach der Geburt unseres zweiten Babys in Windeseile

237

das Krankenhaus verlassen; die Ärzte hatten gerade ausreichend Zeit, die Nabelschnur zu durchtrennen. Wir brannten vor Ungeduld, unser neues Baby dem kleinen Prinzen zu Hause vorzustellen, und wollten nicht eine Minute länger warten. Unsere größte Sorge war, ob unser Erstgeborener unsere kurze Abwesenheit bemerkt und sich verlassen gefühlt hatte. Wir konnten nur beten, dass er uns vergeben würde, dass wir zur Entbindung ins Krankenhaus mussten, anstatt bei ihm zu bleiben. Für den Fall, dass ich in dieser hektischen Zeit bei dir nicht auf taube Ohren stoße, würde ich dir gern folgenden Rat geben: Bleib nach der Geburt des zweiten Kindes so lange im Krankenhaus, wie man dich bleiben lässt. Unsere Erstgeborenen werden 48 Stunden später genauso gleichgültig beziehungsweise ablehnend reagieren wie fünf Stunden später. Als ich mein viertes Kind zur Welt brachte, musste mein verzweifelter Mann regelrecht mit Gewalt in mein Krankenzimmer eindringen, um mich herauszuholen. Ich hatte mich dort hinter Blumen und Bettpfannen verbarrikadiert. Natürlich übertreibe ich etwas. Aber ich konnte mich von diesem Zimmer mit seiner Ruhe und Stille nur schweren Herzens trennen.

Der Tag hat einfach nicht genug Stunden

Das stimmt, aber wir Mamas verbringen unser halbes Leben damit, mehr Zeit herauszuschlagen. Eine Faustregel besagt, dass ein zweites Baby dein Leben nicht proportional beeinflusst. Mit anderen Worten: Zwei Kinder zu haben ist nicht nur zweimal so anstrengend, wie eines zu haben – es ist noch anstrengender als das. Du musst uns einfach glauben. Eine andere, ebenso zutreffende Faustregel besagt, dass es keinen großen Unterschied macht, ob du jetzt drei oder vier Kinder hast. Warum, weiß ich auch nicht. Ich vermute, mit vieren hast du bereits alle Hoffnung aufgegeben, die Lage unter Kontrolle zu halten, und bist schon so zerstreut, dass du ein weiteres Äffchen im Rudel gar nicht bemerkst.

Warum es um so vieles anstrengender ist, sich um zwei Kinder kümmern zu müssen? Nun, einmal davon abgesehen, dass du nun zusätzlich zu deinem ersten Kind auch dein zweites pflegen und füttern musst, hast du dich nun auch mit ihrer Beziehung untereinander auseinanderzusetzen. Neben dem Stillen, den Bäuerchen, den Krabbelgruppen und all den anderen Aufgaben als Mama musst du also noch dein Baby trösten, das gerade von seinem großen Bruder oder der großen Schwester mit der Rassel eins übergezogen bekommen hat – oder mit irgendetwas viel Härterem, Schärferem und Gefährlicherem. Außerdem ist es auch ziemlich zeitaufwendig, dein älteres Kind ständig aus Babys Kinderbettchen verscheuchen zu müssen, wo es steif und fest behauptet, auch ein Baby zu sein und kein anderes Baby in seinem Bett zu wollen.

Eines der Dinge, die uns Insider wirklich belustigen, ist die Tatsache, wie unterschiedlich wir die Entwicklung unseres ersten Kindes und aller weiteren Babys dokumentieren. Für unseren Erstgeborenen haben wir noch ein wunderschönes Babyalbum angelegt und dort in handschriftlichen Beobachtungen und Reflexionen die Meilensteine seiner Entwicklung festgehalten. Es gibt unzählige Fotos und Videos von Babys »erstem Mal« – von der ersten richtigen Mahlzeit bis zu deren erstmaliger Ausscheidung ins Töpfchen. Alle Babys, die nicht Erstgeborene sind, finden Bücher voller leerer Seiten vor. Die meisten von uns nutzen die Bücher zu guter Letzt als Ablage für Taufscheine und Unterlagen vom Kinderarzt. Bei meinem dritten Baby machte ich mir erst gar nicht mehr vor, dass ich das Album jemals wieder auf den neuesten Stand bringen würde. Stattdessen nahm ich eine große Hutschachtel und warf dort alles hinein. Wer hat denn schon Zeit, Tagebucheinträge zu »Muttis Träume für deine Zukunft« zu verfassen, wenn Mutti dieser Tage doch nicht einmal genug schläft, um auch nur von irgendetwas zu träumen?

Andere Leute haben wahrscheinlich lauter kluge Ratschläge für eine bessere und effizientere Organisation und die richtige Prioritätensetzung parat. Nach dem Motto: Mutter mehrerer Kinder? Kinderspiel! Wir Freundinnen würden dir nie so dreist ins Gesicht lügen. Einige von uns sind nun einmal mit dem Talent gesegnet, zwei Kinder zugleich ausgehfertig machen zu können, in sauberer Kleidung, mit großen Fliegen oder Hosenträgern und mit gekämmtem Haar. Andere von uns rasen mit heulenden Kindern von Ort zu Ort, die in nicht zueinander passenden Klamotten stecken und deren Gesichter ständig mit Eis verschmiert sind. Das ist mehr eine Frage des persönlichen Stils, aber es sagt nichts darüber aus, ob du eine gute Mutter bist oder nicht. Tu einfach, was du kannst. Muttersein bedeutet harte Arbeit, die nie endet. Und du setzt nur einen Fuß vor den anderen. Und gerade dann, wenn du denkst, du kannst keinen einzigen Schritt mehr gehen, siehst du aus den Augenwinkeln, wie dein älteres Kind das neue Baby liebevoll in den Arm nimmt (und es auch wirklich ernst zu meinen scheint), und du wirst vor Freude weinen und die Engel singen hören.

Wird mich eine erneute Schwangerschaft umbringen?

Allem Anschein nach sind die meisten von uns so gebaut, dass sie mehr als eine Schwangerschaft überstehen – auch wenn unser gesunder Menschenverstand das Gegenteil behauptet. Zwar ist jede Frau einzigartig und ihre Schwangerschaft auch, einige Punkte lassen sich aber doch verallgemeinern.

1. Deine zweite Schwangerschaft wird viel schneller vergehen als die erste

Die zweite Schwangerschaft dauert neun (zehn) Monate, genauso lange wie die erste. Aber höchstwahrscheinlich wirst du so damit beschäftigt sein, dich um dein erstes Kind zu kümmern und zu versuchen, es irgendwie in dein Leben zu integrieren, dass du deine

240

Schwangerschaft oft vollkommen vergessen wirst. Ich wette, das kannst du von deiner ersten Schwangerschaft nicht behaupten!

Erinnerst du dich noch, wie vorsichtig du während der ersten Schwangerschaft warst? Wie du den Mann im Supermarkt gebeten hast, dir die Lebensmittel in den Wagen zu laden, oder Küchen mit Mikrowellen gemieden hast? Da du so sehr auf dich achtgegeben hast, hast du natürlich auch viel öfter an die Schwangerschaft gedacht, und deshalb kam sie dir wahrscheinlich auch viel länger vor. Beim zweiten Kind bleibt dir einfach nicht die Zeit für solche Spielereien. Du schleppst nicht nur eigenhändig deine Einkäufe nach Hause, sondern setzt darüber hinaus auch deinen erstgeborenen Dreißigpfünder auf sein heranwachsendes Geschwisterchen in deinem Bauch und trägst ihn in der Weltgeschichte umher. Und wenn sich deine schwangere Wenigkeit nicht selbst in die Küche begibt und dann und wann die Mikrowelle anwirft, wird niemand in der Familie eine warme Mahlzeit bekommen.

2. Deine Schwangerschaften werden sich mehr ähneln als sich unterscheiden

Gut, das eine Baby trägst du vielleicht weiter oben oder unten als das andere, oder bei der einen Schwangerschaft sitzt der Bauch vielleicht höher oder tiefer. Und wenn man ein Mädchen bekommt, wird man im Gesicht ja angeblich pausbäckiger als bei einem Jungen, aber ansonsten wird sich deine zweite Schwangerschaft recht ähnlich abspielen. Wenn du während der ersten Schwangerschaft beispielsweise an morgendlicher Übelkeit gelitten hast (auch bekannt als »Progesteronvergiftung«), kannst du dich bei deinen folgenden Schwangerschaften auch darauf gefasst machen – diesmal vielleicht schlimmer, vielleicht weniger schlimm, aber höchstwahrscheinlich wirst du wieder das Vergnügen haben.

Du gehörst vielleicht zu den schwangeren Frauen, die unter Heiß-hungeranfällen oder Aversionen gegen bestimmte Nahrungsmittel leiden. Während sich die jeweiligen Nahrungsmittel von Schwangerschaft zu Schwangerschaft unterscheiden, wirst du auch bei der zweiten Schwangerschaft – in der einen oder anderen Richtung – auf bestimmte Nahrungsmittel extrem reagieren.

Wir Freundinnen haben festgestellt, dass wir bei jeder unserer Schwangerschaften dasselbe Gewicht auf die Waage brachten, plus minus zwei bis drei Kilo. In meinem Fall machte es keinen Unterschied, ob ich alles verschlang, was mir zwischen die Finger geriet (wie bei meinem ersten Baby), oder ob ich so beschäftigt war, dass ich das Essen komplett vergaß (wie bei meinem vierten Baby). Jedes Mal nahm ich rund 19 Kilo zu (okay, 20).

Während in der Regel mit jedem Kind die Wehen kürzer und wirksamer werden, bleibt die Art der Wehen oft gleich. Gehörst du zu den Müttern, die ohne mit der Wimper zu zucken ein Baby zur Welt bringen, wirst du dich, wenn nicht irgendwelche außergewöhnlichen Umstände eintreten, bei jedem Baby genauso leicht tun. Leider trifft auch das Gegenteil zu. Wenn du bei deiner ersten Geburt eine »Wehenschwäche« hattest, besteht statistisch gesehen bei dir eine größere Wahrscheinlichkeit als bei deiner Freundin mit der spielend leichten Geburt, dass du auch beim nächsten Mal nicht davon verschont wirst.

Zum Schluss möchten wir noch eine Binsenweisheit »an die Frau bringen«, die du zur Kenntnis nehmen kannst oder auch nicht: Wenn du nach der Geburt deines ersten Babys Symptome einer Wochenbettdepression zeigst, wird das wahrscheinlich auch nach der Geburt deines zweiten Babys der Fall sein. Wir wollen hier nicht den Teufel an die Wand malen, sondern dich nur daran erinnern, dass du dir jetzt deine Gedanken machen solltest, was du dagegen unternehmen kannst. Dieses Wissen wird dir später gute Dienste leisten.

242

3. Familie und Freunde werden nicht viel Aufhebens um deine Schwangerschaft machen

Wenn eine Frau zum ersten Mal schwanger ist, benehmen sich alle um sie herum, als ob es auch ihr erstes Baby wäre. Man könnte fast meinen, sie hätten noch nie selbst entbunden oder würden niemanden kennen, der schon vor dir ein Baby zur Welt gebracht hat. Jede noch so kleine Veränderung wird mit überschwänglichen Glückwünschen bedacht. Auch beim kleinsten Unbehagen wirst du bemitleidet und jeder macht sich Sorgen. Nun, bei deiner zweiten Schwangerschaft solltest du dich besser gleich darauf einstellen, dass sich kein Mensch mehr für die zweite Runde interessiert. Damit kannst du keinen Hund mehr hinterm Ofen hervorlocken, es sei denn, du erwartest Sechslinge oder Miezekätzchen.

Männer nehmen es in dieser Beziehung besonders leicht. Derselbe Schatz, dessen ganzer Lebensinhalt darin bestand, dir mitten in der Nacht Nektarinen besorgen zu dürfen, wenn dich danach gelüstete, wird dich nämlich nun bitten, doch aufzustehen und ihm ein paar Eier in die Pfanne zu hauen – und das, obwohl dich gerade schon zum zweiten Mal eine besonders gemeine Attacke von Morgenübelkeit überkommen hat. Bei deinen Frauenarztbesuchen bist du völlig auf dich allein gestellt. Aber am allerschlimmsten ist, dass die kleinen emotionalen Ausbrüche und Weinkrämpfe, die dein Partner in der ersten Schwangerschaft tolerierte und dir nachsah (wenn auch nur halbherzig), ihn jetzt nur noch langweilen und nerven. Das Motto lautet: Eine Frau hat bei jedem Ehemann nur einmal den Status eines »Gefäßes mit wertvollem Inhalt«. Entweder du findest dich damit ab oder du schaffst dir einen neuen Mann an.

243

4. Der größte dauerhafte Schaden entsteht bei der ersten Schwangerschaft

Wenn du Bedenken hast, ein weiteres Baby in die Welt zu setzen, weil du deinen Brüsten, deiner Scheide oder selbst deinen Füßen nicht noch mehr zumuten willst, kannst du beruhigt sein: Eine zweite Schwangerschaft macht da kaum mehr einen Unterschied. Dies merkst du bereits, kurz nachdem du zum zweiten Mal schwanger geworden bist. Innerhalb von zehn Minuten nach dem Schwangerschaftstest wird dir auffallen, dass du bereits wie im fünften Monat aussiehst. Das liegt aber nicht daran, dass das Baby diesmal schneller wächst, sondern dass deine erste Schwangerschaft Bauchmuskeln und Gebärmutter einen ziemlichen Tribut abverlangt hat, gleichgültig wie viele Sit-ups du absolviert hast, um wieder in Form zu kommen.

Einige von uns Freundinnen behaupten, dass ihr Busen erst bei ihrer zweiten oder dritten Schwangerschaft daran glauben musste. Sie geben zwar zu, dass er nach der ersten Schwangerschaft lange nicht mehr so fest war, sind aber felsenfest davon überzeugt, dass es bei jedem neuen Baby mit ihrem Busen weiter bergab ging. In diesem Punkt stimme ich mit ihnen nicht ganz überein. Ich glaube vielmehr, jedes Mal wenn unsere beiden Schätzchen bei einer erneuten Schwangerschaft wieder prall und lebendig werden, vergessen wir, wie schlaff sie vorher waren. Wir wollen einfach nicht einsehen, dass es sich nur um ein vorübergehendes Wiederaufblühen handelt und die ganze Pracht wieder vorbei ist, sobald du abstillst. Schlimmer noch, aber nichtsdestoweniger zutreffend, ist die Tatsache, dass wir bei jeder Schwangerschaft älter sind und die Schwerkraft sich eben auch bemerkbar macht.

Wird mein Baby mir je verzeihen?

Die Antwort ist »Jein«. Ja, es wird Zeiten geben, in denen deine Kinder sich von ganzem Herzen lieben und dankbar sind, mit einem Geschwisterchen an der Seite die Welt erkunden zu dürfen. Klar, wenn dein Baby mit dem Neuzuwachs Bekanntschaft schließt, verbünden die beiden sich als Erstes gegen ihre Mutter – aber das ist ein anderes Thema. Ich habe die Erfahrung gemacht, dass meine Kinder die meiste Zeit wie Pech und Schwefel zusammenhalten, sobald ich aber hinzukomme, prügeln sie wie wild aufeinander ein. Sie scheinen sich alles gern zu teilen – bis auf Mama (o ja, und ihr Barbie-Traumhaus und ihren Nintendo DS).

Nein, sie werden dir nie wirklich verzeihen, dass du sie nicht als Einzelkind hast aufwachsen lassen, insbesondere da Kinder nun einmal nie mit ihrer Mutter in irgendeiner Weise Nachsicht üben, zumindest nicht, bis sie selbst Kinder haben. Dann wird es ihnen wie Schuppen von den Augen fallen, dass sie mit ihrer Mutter all die Jahre viel zu hart ins Gericht gegangen sind. Ich habe es aufgegeben, auf die Beziehung meiner Kinder untereinander großen Einfluss ausüben zu wollen. Die Grenze ziehe ich bei Prügeleien, die Arztbesuche nach sich ziehen, und bei Streitereien, die sich in meiner Hörweite abspielen und mich zur Weißglut treiben. Du brauchst nur deine eigenen Freunde zu fragen, ob sie ihre Geschwister mögen, und du wirst erfahren, dass manche ihre Geschwister hingebungsvoll lieben, andere seit dem katastrophalen Weihnachtsfest vor vier Jahren nicht mehr miteinander gesprochen haben und wiederum andere sich abwechselnd nahestehen und dann wieder nicht. Wer weiß, warum wir Geschwister nicht generell gemeinsam durch dick und dünn gehen? Rivalitäten zwischen Geschwistern gab es schon bei Kain und Abel. Warum also sollte deine Familie eine Ausnahme bilden?

Warum betrachtest du die Herausforderungen, mit denen ein Erstgeborener konfrontiert wird, wenn ein neues Baby ins Haus kommt, nicht einfach als eine Art Abhärtung fürs Leben? Wie alle Erwachsenen wissen (und sich noch immer darüber ärgern), gehören einem nicht alle Spielsachen, wird man nicht von allen mit Liebe überschüttet, ist man nicht immer der Erste und gewinnt nicht immer jedes Spiel. Klar, es fällt keinem so leicht, das zu akzeptieren, aber irgendwann wird jeder einmal einsehen müssen, dass man eben dann und wann leer ausgeht. Warum also nicht gleich lernen, wie man damit zurande kommt? Im Leben meines dritten Kindes und zweiten Sohnes dreht sich bereits alles darum, wie schrecklich sein großer Bruder ist. Egal, um was es geht – sein großer Bruder sitzt immer am längeren Hebel. Manchmal blutet mir dabei das Herz. Zum Beispiel, wenn der Kleine schluchzt, weil sein Bruder ihn »immer als Letzten anfasst«. Aber ich nehme an, wir müssen noch ein paar weitere Szenen dieses Dramas auf uns wirken lassen, bevor sich feststellen lässt, ob dieser allmächtige große Bruder das Leben des kleinen Bruders zugrunde gerichtet oder ihm die Schlüssel zum Erfolg mit auf den Weg gegeben hat.

Kommen wir nun zu einer etwas pragmatischeren Sichtweise. Denk an deine alten Tage, wenn deine Kinder flügge geworden und von zu Hause ausgezogen sind (hoffst du jedenfalls). Wenn du nur ein Kind hast und einen Anruf pro Tag erwartest, ist das eine ganze Menge. Hast du jedoch mehrere Kinder, können sie die Last, nett zu dir zu sein, untereinander aufteilen. Ich bin sicher, es wird Zeiten geben, in denen zumindest eines meiner Kinder meinen Anblick nicht ertragen kann. Und der Gedanke, dass ich dann noch drei andere habe, denen ich das Leben schwer machen kann, ist recht tröstlich. Ich habe vor, später einmal einen Jeep zu kaufen und meine Kinder der Reihe nach abzuklappern. Ich werde ein paar Wochen oder Monate in der jeweiligen Auffahrt parken und versuchen, mich in irgendeiner Weise nützlich zu machen. Dann, wenn sie drauf und dran sind, einen Arzt zu rufen, der Euthanasie praktiziert, werde ich in die nächste Auffahrt einfahren. Meine Sprösslinge werden sich alle sehr nahestehen, da sie sich am Telefon ständig darüber austauschen werden, was für eine Plage ihre verrückte Mutter doch geworden ist und wer sich in diesem Jahr opfert und mich in den großen Ferien zu sich nimmt.

Umgang mit Geschwisterrivalitäten

Nach der Geburt deines zweiten Kindes wird man sich als Erstes erkundigen: »Und was sagt denn der kleine Johnny zu seinem neuen Schwesterchen?« Wenn man dir diese Frage stellt, nachdem du gerade eine Woche mit dem Baby zu Hause bist, wird dich eine Kombination aus Wunschdenken und Voreiligkeit zu folgender Antwort verleiten »Oh, er ist ganz hin und weg von der Kleinen! Er scheint kein bisschen eifersüchtig zu sein!« Wart nur ab, liebe Mama. Ein Kind unter fünf Jahren, das nicht eine Zeit durchmacht, in der es das neue Baby abgrundtief hasst, steht entweder so unter der Fuchtel seiner Eltern, dass es sich nichts traut, oder lebt in einer völlig anderen Welt. Selbst Kinder, die noch nicht sprechen können, werden ihre Missbilligung dem Neuzugang gegenüber deutlich zum Ausdruck bringen. Mach dir nicht vor, dass diese Übergangszeit reibungslos ablaufen wird, nur weil du dir gelobt hast, dich für die Familie aufzuopfern. Wir Freundinnen haben uns auch alle Mühe gegeben, um es unserem Erstgeborenen so leicht wie möglich zu machen, und sind kläglich daran gescheitert.

Trau nie dem älteren Kind

Da du nicht weißt, wann dein älteres Schätzchen zum ersten Mal seine Ablehnung zum Ausdruck bringen wird, tust du gut daran, jederzeit damit zu rechnen. Ein Säugling sendet schließlich auch nicht erst ein Warnsignal aus, bevor er sich zum ersten Mal auf die andere Seite rollt. Darum musst du jederzeit darauf gefasst sein. Meine eigene Mutter vertraute mir einmal mein neugeborenes Brüderchen an, weil ich ihm Küsschen gab und liebevoll mit ihm schmuste. Sie

247

wandte sich nur einen Augenblick lang ab – und drehte sich sofort wieder um, als ihr Säugling (mit einem roten Zahnabdruck auf der Wange) in ohrenbetäubendes Geschrei ausbrach. Mein eigener Erstgeborener nahm seine neue kleine Schwester so liebevoll in den Arm ... und drückte sie dann fester – und immer fester, bis sie fast keine Luft mehr bekam. Auch scheinbar harmlose Spiele in der Nähe des neuen Babys enden garantiert in einer Katastrophe. Wenn dein älteres Kind im selben Raum wie das Baby mit Bauklötzen spielt, wird eines der Bauklötzchen unweigerlich den Kopf des Babys treffen, egal wie groß das Zimmer ist oder wie wenig der Größere von der Anwesenheit des Babys Notiz zu nehmen scheint. Ich kann mir selbst nicht so ganz erklären, wie es dazu kommt, aber es läuft immer darauf hinaus. Verlass dich drauf!

»Wann geht das neue Baby wieder?«

Die älteren Geschwister finden die ersten paar Tage nach dem Einzug des Babys oft noch ganz spannend und abwechslungsreich. Anfangs können sie sich beim besten Willen nicht vorstellen, wie lange der Spaß dauern wird. Beschleicht das ältere Baby dann langsam der dunkle Verdacht, dass dieses neue kleine Geschöpf für immer bleiben wird, wird es versuchen, einen Weg zu finden, um es wieder loszuwerden. Eine Möglichkeit ist natürlich, ihm wehzutun. Wie wir bereits sagten, versuchen fast alle älteren Geschwister irgendwann, dem kleineren wehzutun. Sei also auf der Hut, aber lass dich davon nicht zu sehr beunruhigen. Es sagt überhaupt nichts darüber aus, wie die zwei in Zukunft miteinander auskommen werden – du brauchst dir also den Traum von einer glücklichen Familie nicht gleich abzuschminken.

Eine andere Art, das Baby hinauszuekeln, ist, seinen Platz als Baby der Familie einzunehmen. Mach dich darauf gefasst, dass dein Kleinkind wieder gestillt werden will, dein Vorschüler wieder in einem Stubenwagen schlafen will und vormals eigenständige Toilettenbesuche plötzlich nicht mehr so hinhauen. Für mich ist das das Babysyndrom, das heißt, ein Kind ist augenscheinlich zu alt für bestimmte Verhaltensweisen und fällt trotzdem wieder in sie zurück – ein Fünfjähriger will also beispielsweise plötzlich wieder in einem Hochstuhl oder Sportwagen sitzen. Sie möchten einfach alles ausprobieren. Sogar Sechs- oder Siebenjährige wollen sich noch einmal vergewissern, ob ein Fläschchen noch so gut schmeckt, wie sie es in Erinnerung haben (tun wir das nicht alle?) und werden eines des Neugeborenen ausprobieren wollen. Während dieser Zeit wirst du dich für das Verhalten deines Kindes vielleicht etwas schämen oder dir Sorgen machen, zum Beispiel wenn sich dein Kindergartenkind in den Windeln deines Babys an den Esstisch setzt. Deshalb ist es aber noch nicht zurückgeblieben oder verhaltensgestört. Jedes andere Kind, das gerade von seinem Thron gestoßen wurde, würde sich genauso verhalten. Lass sie einfach gewähren, ohne irgendwelche Kommentare dazu abzugeben oder dich einzumischen. Ich finde es ermüdend, mit dem Kind endlose Diskussionen zu führen, die mit der Einleitung »Schätzchen, Mama versteht und akzeptiert dein Bedürfnis, zu ...« beginnen.

Vor allem frühreife Erstgeborene, egal welchen Alters, können schnell eins und eins zusammenzählen. Sie merken, dass du keine Zeit mehr für das neue Baby haben wirst, wenn sie selbst dich mit ihren Bedürfnissen die ganze Zeit auf Trab halten, und denken, das Kleine werde dann ganz sicher verschwinden. Da aber auch Säuglinge sehr clever sind und ihr elementares Bedürfnis nach Essen, Wärme und Zuwendung anmelden, ist der Erstgeborene gewöhnlich gezwungen, seinen eigenen bescheidenen Bedürfnissen etwas mehr Dringlichkeit zu verleihen. Im Klartext heißt das dann also: Wenn der Säugling schreit, weil er hungrig ist, wird das ältere Kind wahrscheinlich etwas zerbrechen oder so tun, als ob es fast vom Esstisch fiele. Wenn dem neuen Baby die Windeln gewechselt werden, macht das ältere Baby ein Bächlein auf den Teppich. Und wenn alles nichts zu nutzen scheint, können beide zur Not ein anhaltendes schrilles Geschrei anstimmen, bis Mama dann wirklich der Geduldsfaden reißt. Falls dir nicht jemand Schützenhilfe leistet (also für jedes Kind eine Bezugsperson), bleibt dir im Prinzip nichts anderes übrig, als diese anstrengende Anpassungszeit über dich ergehen zu lassen und einfach zu versuchen, einigermaßen die Nerven zu behalten. Einstweilen raten wir dir Folgendes:

Tipp
Wenn du deine kostbare Aufmerksamkeit unter deinen Kindern verteilst, bevorzuge lieber das ältere Kind. Natürlich geht das sehr oft gegen unseren natürlichen Instinkt, aber wir wetten zehn gegen eins, dass diese Regel dir langfristig gute Dienste leisten wird.

Sicherlich braucht dich das neue Baby, aber das Einzige, das nur du ihm geben kannst, ist Muttermilch. Die restliche Zeit über braucht es einen Menschen mit »liebevollen Armen«. Also auch Papa, Oma oder eine andere Person deines Vertrauens, wie ein Babysitter, können das Schmusen und Schaukeln übernehmen, während du versuchst, am Leben deines älteren Kindes aktiv teilzunehmen. Dies wird dir zeitweise fast das Herz brechen. Aber gebrochene Herzen scheinen in der Mutterschaft an der Tagesordnung zu sein. Das weißt du doch bereits, du brauchst jetzt also gar nicht so erstaunt zu tun.

Denk doch mal nach: Das neue Baby hat keine Vergleichsmöglichkeit, ob es benachteiligt wird oder nicht. Es weiß nicht, dass du dich in seinen ersten drei Lebensmonaten mit seinem älteren Geschwisterchen verkrochen und dieses nach Strich und Faden verwöhnt hast. Lass es in der Gewissheit aufwachsen, es sei das Normalste von der Welt, in einen Autositz gepackt und den ganzen Tag in der Gegend herumkutschiert zu werden, während der ältere Bruder oder die ältere Schwester zur Vorschule, zu Spielnachmittagen und Geburtstagsfeiern chauffiert werden. Dein zweitgeborenes Kind kann ruhig das erste Baby in deiner Familie sein, das einen Laufstall kennenlernt. (Da ist es sowieso sicherer – außer Reichweite des älteren

Babys.) Babys sind im Grunde kleine unverwüstliche Wesen und werden sich an fast alles gewöhnen.

Als mein drittes Kind zur Welt kam, hatte ich bereits ein dreijähriges und ein fast zweijähriges Kind zu Hause. Mein Vater sagte mir – mit scharfer Beobachtungsgabe –, dass ich nun mehr zu tun hätte »als ein Mann mit einem amputierten Bein in einem Popo-Tretwettbewerb«. Da hatte er den Nagel wirklich auf den Kopf getroffen. Ich kann mich noch, nostalgisch und schuldbewusst zugleich, daran erinnern, wie ich die Nächte damit verbrachte, Nummer drei kennenzulernen, da die Tagesstunden den älteren zwei vorbehalten waren. Er war so schön im sanften Schein der Nachtlampe. Ich stillte ihn stundenlang, während er mich mit diesen dunkelgrauen Augen, die für Neugeborene so typisch sind, anblickte. Wenn dann der Morgen anbrach, wurde er dem Babysitter in die Hand gedrückt, mit dem er fast den ganzen Tag verbrachte, während ich verzweifelt versuchte, meinen anderen beiden Kindern das Gefühl zu vermitteln, alles sei wie gehabt. Zum Stillen jedes neuen Babys versteckte ich mich sogar im Schlafzimmer oder an einem anderen Ort außer Sichtweite des älteren Kindes, um dessen Eifersuchtsanfällen vorzubeugen. Ob ich mir sicher bin, das Richtige getan zu haben? Noch nicht, aber das war ich mir bisher noch bei keiner meiner elterlichen Entscheidungen. Ich vermute allerdings, dass mein Verhalten die Ankunft jedes neuen Geschwisterchens langfristig dann doch etwas einfacher machte.

Im Gegensatz zu den fügsamen Neugeborenen bemerken Erstgeborene sofort, wenn sie wie der »abgesetzte Kaiser« behandelt werden. Sie fühlen sich in diesen Momenten dann nicht nur unsicher und vernachlässigt, sondern kommen unweigerlich zu dem Schluss, Mama habe weniger Liebe zu vergeben, wenn es da noch ein Geschwisterchen gibt. Kinder sehnen sich nicht nur nach Aufmerksamkeit, sondern sie haben auch das Bedürfnis nach Ritualen und verlässlichen Verhältnissen; ihre ganze Entwicklung beruht darauf. Wenn sie wegen des neuen Babys wiederholt zurückstecken müssen, werden sie eifersüchtig. Und wenn ihre geliebte Routine gestört wird, bringt sie das leicht aus dem Gleichgewicht. Die Welt an sich ist schließlich schon beängstigend genug. Und wir tun unseren Babys wirklich einen großen Gefallen, wenn sie sich auf unsere vertraute Beständigkeit verlassen können. Ein neues Baby kann das Leben deines kleinen Erstgeborenen völlig auf den Kopf stellen. Für den Zweitgeborenen aber gilt: »Was ich nicht weiß, macht mich nicht heiß.« Außerdem wird dein älteres Kind über kurz oder lang zur Schule gehen, und dann wird das Baby seine Mama ganz für sich allein haben.

10 DINGE
die Mamas nicht tun

1. Junge Mamas verlassen nicht einfach jederzeit das Haus.

2. Junge Mamas essen nicht im Sitzen.

3. Junge Mamas lesen nichts, für das sie mehr Zeit brauchten als für einen Toilettenbesuch.

4. Junge Mamas haben keinen blassen Schimmer, welcher Film für den Oscar nominiert wurde.

5. Junge Mamas mögen anderer Leute Kinder nicht, besonders nicht in der Nähe ihres Engelchens.

6. Junge Mamas hören sich keine Geschichten an, bei denen Kindern Leid zugefügt wird.

7. Junge Mamas gehen abends nicht immer mit dem befriedigenden Gefühl zu Bett, ihre Sache gut gemacht zu haben.

8. Junge Mamas tragen nichts, das chemisch gereinigt oder gebügelt werden müsste.

9. Junge Mamas hören sich keine hippen Sendungen mehr an.

10. Junge Mamas schlafen nicht lange genug, um einen Traum von Anfang bis Ende träumen zu können ODER

10. Junge Mamas erinnern sich nicht mehr, wie sie sich früher für ein gepflegtes Äußeres ins Zeug legten ODER

10. Junge Mamas erinnern sich an gar nichts mehr.
(Ich glaube, das ist alles ...)

Nachwort

Selbst nach neun Jahren kann ich mich noch in allen Einzelheiten an den ersten Geburtstag meines Erstgeborenen erinnern. Natürlich habe ich es damals gehörig übertrieben. Mein Mann und ich waren so aufgeregt, dass wir schon vor Sonnenaufgang aufstanden und ein kleines Kinderauto (so eins wie die Feuersteins gefahren haben) in das Kinderzimmer schoben, um unser Geburtstagskind aufzuwecken. Da standen wir nun, bis auf den schwachen Schein des Nachtlichts in völliger Dunkelheit, klatschten in die Hände und sangen »Happy Birthday«, bis unser kleiner Liebling in derselben Festtagsstimmung war wie wir. Dann, während Papa ihn in seinen neuen Wagen setzte, stand ich einfach nur da und weinte. Ich konnte es nicht fassen und kann es bis heute nicht fassen, dass wir es so weit gebracht hatten. Der winzige kleine Junge, der drei Wochen zu früh auf die Welt gekommen war, der seine Eltern mindestens um zehn Jahre hatte altern lassen und sich bis zwei Tage vor seinem Geburtstag standhaft geweigert hatte, auch nur einen Schritt zu gehen, stand dort, strahlte uns an, und wir konnten uns kaum halten vor Glück.

Das erste Jahr kann für junge Mütter der Himmel und auch die Hölle auf Erden sein – und oft beides gleichzeitig. Am Aussehen und an den Fertigkeiten deines Sprösslings siehst du ganz deutlich, dass er sich verändert hat und gewachsen ist. Weniger offensichtlich, aber vielleicht genauso unglaublich ist, wie du an der Mutterschaft gewachsen bist. Du hast noch deine Zweifel, ob du als Mama alles richtig machst, aber du hältst es für möglich, dass du schon noch die Kurve kriegst. Es ist Zeit einzusehen, dass dieser Umbruch in deinem Leben nicht wieder rückgängig zu machen ist – so sieht jetzt die »Normalität« aus. Deshalb kannst du jetzt etwas Luft holen, und wir wünschen dir weiterhin viel Spaß.

Als mein erstes Baby in diesem Alter war, konnte ich mir nicht vorstellen, dass ich die Kraft hätte, dies alles noch einmal durchzustehen, aber ich wusste bereits, dass ich es tun würde.

Herzlichen Glückwunsch, liebe Freundin.

Wir wussten, du würdest das Kind schon schaukeln.

Dank

Letzte Nacht fragte mich eines meiner Kinder mit trübsinnigem Unterton: »Mama, wann hörst du mit der ewigen Schreiberei auf und hast wieder mehr Zeit für uns?« (Sehr aufbauend für mich, aber so ist das mit Kindern eben manchmal.) Da ich zu Hause arbeite, fragte ich meine Tochter, was ihrer Meinung nach denn zu kurz komme. Sie antwortete: »Morgens und nachmittags mich und meine Freunde nicht nur zu den Tanz- und Gymnastikstunden fahren, sondern auch zusehen.« Nun, meine kleinen Lieblinge, Mami ist wieder auf Achse. Ich weiß, dass ich nicht so viel Zeit für euch hatte, während ich an diesem Buch schrieb, aber ihr wart sehr verständnisvoll und großzügig. Ich hoffe nur, dass ihr Vier später auch einmal etwas findet, das euch so viel Freude macht wie mir das Schreiben. Ich habe euch alle ganz wahnsinnig lieb und verspreche, mit euch bald bis zum Abwinken Spaghetti essen zu gehen.

Nun zum Besten, humorvollsten, liebevollsten und verständnisvollsten Mann der Welt, meinem Ehemann Jimmy: Danke, dass wir unser Arrangement in puncto elterliche Pflichten neu ausgehandelt haben und du die Stepptanzstunden und die Babygymnastik übernommen hast. Ich schulde dir ein Baseballtraining und eine Chorprobe. Ich verspreche dir, mich in Zukunft an unser Abkommen »No Working on Weekends« zu halten, auch wenn es mich noch so in den Fingern juckt. Vor allem aber: Ich liebe dich über alles. Ach ja, und ich verspreche, nicht noch einmal schwanger zu werden oder einen neuen Welpen mit nach Hause zu bringen, ohne dies vorher mit dir abzusprechen.

Danken möchte ich auch Ray Manzella, der mir seit vielen Jahren ein solch guter Freund ist, der mir dabei geholfen hat, meine Fähigkeiten zu erkennen, und der – obwohl er ein Bild von einem Mann ist – glatt eine Freundin sein könnte. Danke, dass du mir die Augen geöffnet hast, damit ich über meinen Tellerrand hinaussehen konnte.

Nun zu den Leuten von Putnam Berkley Books, insbesondere zu Phyllis Grann und Chris Pepe: In dem Moment, als ich eure Büros betrat, fühlte ich mich wie zu Hause. Dank euch beiden für die ausgezeichnete Betreuung, und Chris: Lass mich dich zu deinem großen Schreibtalent beglückwünschen. (PS: Jetzt, wo wir das Buch unter Dach und Fach gebracht haben, lasst uns doch mal um die Häuser ziehen und auf ein paar Martinis ins Vier Jahreszeiten gehen.)

Jody, meine Gute, danke, dass du jeden Tag für mich, meine Kinder und ihre Freunde da warst und dich all der Handwerker, Baseballtrainer, Karate- und Klavierlehrer angenommen hast. Danke, dass du dir jeden Nachmittag mein Gejammer angehört hast, wenn mir partout nichts mehr einfallen wollte. Du gehörst zur Familie!

Nun zu meinen Freundinnen – und ihr wisst, wen ich damit meine: Danke, dass ihr mir immer wieder gezeigt habt, dass die guten Zeiten schöner sind, wenn man sie mit Freunden teilt, und dass sich die schlechten Zeiten mit Freunden besser ertragen lassen (manchmal sogar irrsinnig komisch sein können). Besonders wenn es sich dabei um so außergewöhnliche Frauen handelt, wie ihr es seid. Ich liebe euch, Mädels.

Register

SERVICE

Liebe Leserin, lieber Leser

hat Ihnen dieses Buch weitergeholfen? Für Anregungen, Kritik, aber auch für Lob sind wir offen. So können wir in Zukunft noch besser auf Ihre Wünsche eingehen. Schreiben Sie uns, denn Ihre Meinung zählt!

Ihr TRIAS Verlag
E-Mail-Leserservice: heike.schmid@medizinverlage.de
Lektorat TRIAS Verlag, Postfach 30 05 04, 70445 Stuttgart,
Fax: 0711 89 31-748

**Bibliografische Information
der Deutschen Nationalbibliothek**
Die Deutsche Nationalbibliothek
verzeichnet diese Publikation in
der Deutschen Nationalbibliografie;
detaillierte bibliografische Daten sind
im Internet
über http://dnb.d-nb.de abrufbar.

Redaktion: Annette Barth
Zeichnungen: Daniela Sonntag,
Stuttgart

Umschlaggestaltung und Layout:
CYCLUS Visuelle Kommunikation,
Stuttgart

Ins Deutsche übersetzt von Alexander
Messerer und Kerstin Brenner

© 2000 Droemersche Verlagsanstalt
Th. Knaur Nachf. GmbH & Co. KG
München
Die amerikanische Originalausgabe
erschien 1997 unter dem Titel The
Girlfriend's Guide to Surviving the
First Year of Motherhood bei Perigee
Books, New York
Copyright © 1997 by Vicki Iovine

1. gekürzte Auflage
© 2013 TRIAS Verlag in MVS Medizin-
verlage Stuttgart GmbH & Co. KG
Oswald-Hesse-Straße 50, 70469
Stuttgart

Printed in Germany

Repro und Satz: Fotosatz Buck,
Kumhausen
gesetzt in: Adobe InDesign CS5
Druck: Offizin Andersen Nexö Leipzig,
Zwenkau

Gedruckt auf chlorfrei gebleichtem
Papier

ISBN 978-3-8304-6746-5   1 2 3 4 5 6

Auch erhältlich als E-Book:
eISBN (PDF)   978-3-8304-6747-2
eISBN (ePub) 978-3-8304-6748-9

Wichtiger Hinweis: Wie jede Wissenschaft ist die Medizin ständigen Ent-
wicklungen unterworfen. Forschung
und klinische Erfahrung erweitern
unsere Erkenntnisse, insbesondere
was Behandlung und medikamentöse
Therapie anbelangt. Soweit in diesem
Werk eine Dosierung oder eine
Applikation erwähnt wird oder Ratschläge und Empfehlungen gegeben
werden, darf der Leser zwar darauf
vertrauen, dass Autoren, Herausge-
ber und Verlag große Sorgfalt darauf
verwandt haben, dass diese Angaben
dem Wissensstand bei Fertigstellung
des Werkes entsprechen, jedoch kann
eine Garantie nicht übernommen
werden. Eine Haftung des Autors, des
Verlags oder seiner Beauftragten für
Personen-, Sach- oder Vermögens-
schäden ist ausgeschlossen.

Geschützte Warennamen (Warenzei-
chen) werden nicht besonders kennt-
lich gemacht. Aus dem Fehlen eines
solchen Hinweises kann also nicht
geschlossen werden, dass es sich um
einen freien Warennamen handelt.

Besuchen Sie uns auf facebook!
www.facebook.com/
mama.mag.trias